国家社科基金项目"新教传教士《论语》英译版本汇校与翻译研究"
（15BZJ024）

《论语·学而》英译选本汇校集释

以理雅各《中国经典》第一卷为底本

姜 哲◎著

中国社会科学出版社

图书在版编目（CIP）数据

《论语·学而》英译选本汇校集释：以理雅各《中国经典》
第一卷为底本 / 姜哲著 .—北京：中国社会科学出版社，
2019.5
　ISBN 978-7-5203-4512-5

　Ⅰ.①论… Ⅱ.①姜… Ⅲ.①儒家 ②《论语》—注释—英文
Ⅳ.① B222.22

　　中国版本图书馆CIP数据核字（2019）第105020号

出 版 人	赵剑英
责任编辑	史慕鸿
责任校对	李　莉
责任印制	戴　宽

出　　版	中国社会科学出版社
社　　址	北京鼓楼西大街甲158号
邮　　编	100720
网　　址	http://www.csspw.cn
发 行 部	010—84083685
门 市 部	010—84029450
经　　销	新华书店及其他书店

印　　刷	北京明恒达印务有限公司
装　　订	廊坊市广阳区广增装订厂
版　　次	2019年5月第1版
印　　次	2019年5月第1次印刷

开　　本	710×1000　1/16
印　　张	18.75
插　　页	2
字　　数	279千字
定　　价	88.00元

中西思想对话中的"道"之为"道"

—— 《〈论语·学而〉英译选本汇校集释》读后

杨慧林

奉读姜哲的新著，不由想到他进站从事博士后研究之时正值"中国古代典籍英译本汇释汇校"立项，遂借殊胜因缘，蒙他参与始终。然而一旦展开工作，也许才能体会"汇释汇校"的挑战；因此又经一再限定范围，这项课题总算完成了一套五卷本的文字。姜哲《〈论语·学而〉英译选本汇校集释》之所以聚焦在"学而"一篇，并且紧扣五个相互关联的英译本，应该是力图避免取例过宽之憾。其中的见识，亦是对当年未能施展的初衷有所弥补。

姜哲读书治学，令我印象最深的是其文献考释的"习惯"。积习成癖未尝不是学人之间的调侃，积习成功却意味着为学之人不可或缺的严谨。我还记得曾约姜哲撰文参加《中国人民大学学报》和《中国文化研究》组织的专栏笔谈，我在自己的文章中提及陈寅恪《王静安先生遗书序》，文献出处则使用了近年出版的一个选本。这对姜哲的"习惯"而言当然万万不可，于是他认真核对了该文首刊于《学衡》的版本，并告诉我"其中的一处标点确有不同"。可见无论戏谑为"癖"还是赞誉为"功"，均非虚言。后来，我据此修改了那条注释；"中国古代典籍英译本汇释汇校"的参与者大概也都有过类似的经验，因而获益颇多。如果读者能耐心追随姜哲对"学而"英译的"汇校集释"，我相信定有同感，也必有所得。

除去《论语》中英文版本的详尽考辨之外，本书从"学而"选取36个关键词，借助大量的中文文献对英文译释予以解析，并以"校释者按"作结。细读作者的行文，可知考据之间其实透露着有趣的义理，从而也启发出进一步的思考空间。

比如关于"学而"第二章"本立而道生"的"释道"一段，姜哲不仅引述许慎、段玉裁等等，还通过苏慧廉的译文和注释，推测传教士倾向于将"道"解作"道路"（the Way, the right road）的可能意指，及其与"上帝之道"、"太初有道"和《新约·约翰福音》第14章的联系。

这一段本是耶稣安慰他的门徒："我去原是为你们预备地方去。我若去为你们预备了地方，就必再来接你们到我那里去，我在哪里，叫你们也在那里。我往哪里去，你们知道；那条路，你们也知道。"多马对他说："主啊，我们不知道你往哪里去，怎么知道那条路呢？"耶稣说："我就是道路、真理、生命……"（约 14:2-6）

其中"地方"、"往哪里去"、"道路"及至"真理"的逻辑和文字，与英文钦定本（KIV）几近相同：I go to prepare a place for you. And if I go to prepare a place for you, I will come again, and receive you unto myself; that where I am, there ye may be also. And whither I go ye know, and the way ye know. Thomas said unto him, Lord, we know not whither thou go; and how can we know the way? Jesus said unto him, I am the way, the truth, and the life. (John 14:2-6) 由此，确实可以呼应苏慧廉以及其他传教士对《论语》之"道"的译解。

但是如果继续追究源头，当会发现更有趣的表达。希腊文的《新约》原本是如何使用这些概念，或可留给热爱考释的姜哲予以论说，不过至少在《新约》被翻译为拉丁文的武加大译本（Vulgate）之时，"我是道路、真理、生命"（Ergo sum via, veritas et vita）就已经别具深意。比如 via, veritas et vita 中三个词的头韵和尾韵，是否要为"道理"和"真理"给出天然的连接形式？与之头尾相应的 vita，是否意味着"生命"之于"我"和"你们"的贯通？进而言之，"道路、真理、生命"在中文和英文都难以彰显的相互关联、相互界定、相互成全，是否可能在拉丁文的修辞中得以暗示？

传教士的翻译活动，颇为典型地体现着语言差异中的哲思。比如与"道路、真理、生命"相似的"三位一体"句式，在《圣经》文本中甚多；

《启示录》的"今在、昔在、永在"（启 1:4, ... Grace and peace to you from him who is, who was and who is to come）便是一例。如果说"道路、真理、生命"的循环是互为论证，那么 who is, who was and who is to come 应该是使无法描述的时间得以描述。也许可以说这就是奥古斯丁说的现在、过去和未来三个时间，描述时间的却并非任何时间，而是"是"的三种时态。

借此推及巴丢（Alain Badiou）对"谓词性描述"及其"自足"性质的强调，[①]进而参较朱利安（François Jullien）关于"神是"（Diue est）与"我是"（je suis）的辩难，[②]苏慧廉讨论的"道路、真理、生命"似乎恰恰忽略了至关重要的"我是"。对照阅读《约翰福音》和《启示录》的这两段经文，还可以提出更为"较真儿"的问题：为什么"我是"在《圣经》和合本被用作"我就是"？为什么"今在、昔在、永在"的顺序（Rev 1:4）在多个中文译本中都变为"昔在、今在、永在"（启 1:4）？此中的变化甚为微妙，却并非微不足道，正所谓"人思索存在时，存在也就进入了语言"。

总之，"关键词"之根本在于具有解释力的思想工具，而绝不仅仅是那些固化，却充满歧义的称谓。研究者的路径可能不同，落点却往往在此。这既是姜哲带给我们的思考，也是本书留给我们的课题。

---

① ［法］阿兰·巴丢、［斯］斯拉沃热·齐泽克：《今日哲学》（Alain Badiou and Slavoj Žižek, Philosophy in the Present, Peter Engelmann, ed., Peter Thomas and Alberto Toscano, trans., Cambridge: Polity Press, 2009, p.32）。

② ［法］朱利安：《回复成中英》，卓立译，见于方维规主编《思想与方法：全球化时代中西对话的可能》，北京：北京大学出版社，2014 年，第 63 页。

目　　录

绪　论

一　早期《论语》英译及译本释要

就现有资料而言，《论语》最早的西文译本并非英语，而是署名意大利耶稣会士罗明坚（Michele Ruggieri，1543—1607）的"四书"拉丁语译本。该译本手稿现藏于意大利罗马国家图书馆伊曼努尔二世馆（Biblioteca Nazionale Vittorio Emanuele II），标题为"神父罗明坚收集的资料"（A P. Michaele Rogerio collecta），编号"Fondo Gesuiticon. 1185/3314"。手稿的第三部分即为《论语》，其标题是"*De Consideratione*"（直译为"论省察"），完成时间大概在1592年。[①] 而第一部在西方刊印的《论语》拉丁语译本，则是由两位佛兰芒（Flemish）耶稣会士柏应理（Philippe Couplet，1623—1693）、鲁日满（François Rougemont，1624—1676）[②] 与奥地利耶稣会士恩理格（Christian Herdtrich，1624—1684）及意大利耶稣会士殷铎泽（Prospero Intorcetta，1625—1696）编译完成的，其书名为《中国哲学家孔夫子，或以拉丁语表述中国人的智慧》（*Confucius sinarum philosophus, sive*

---

① 参见［意］麦克雷著，张晶晶译《〈论语〉在西方的第一个译本：罗明坚手稿翻译与研究》，《国际汉学》2016年第4期，第24页；王慧宇《早期来华耶稣会士对儒家经典的解释与翻译——以罗明坚〈中庸〉手稿为例》，《国际汉学》2016年第4期，第29—30页。

② 按：大陆汉语学界常称柏应理和鲁日满为比利时耶稣会士。然而，柏应理实际上生于梅赫伦（Mechelen），该城虽然现在是比利时的领土，但当时却属于受西班牙控制的尼德兰地区。鲁日满的情况也与柏应理相似，他生于马斯特里赫特（Maastricht），当时亦是在西班牙的控制之下，现在则属于荷兰。参见［法］梅谦立编著《中国哲学家孔夫子（1687）：儒家经典的首次翻译》（Thierry Meynard S. J., ed., *Confucius Sinarum Philosophus (1687): The First Translation of the Confucian Classics*, Rome: Institutum Historicum Societatis Iesu, 2011, p.10）。

Scientia sinensis latine exposita)。① 该书 1687 年出版于法国巴黎，除《论语》之外，书中还包括《大学》和《中庸》的译文以及译者们撰写或编译的一些资料。② 次年，在阿姆斯特丹又出版了该书的法语编译本，书名为《中国哲学家孔夫子的道德教训》(*La Morale de Confucius, philosophe de la Chine*)。③ 而 1691 年这个法语编译本的英语转译本又在英国伦敦出版，题为《孔夫子的道德教训——一位中国哲学家，他的鼎盛期在我们的救世主耶稣基督降生前 500 多年——本书是该国知识遗产的精粹之一》(*The Morals of Confucius. A Chinese Philosopher, Who Flourished Above Five Hundred Years Before the Coming of Our Lord and Saviour Jesus Christ. Being One of the Most*

---

① ［比］柏应理等译著：《中国哲学家孔夫子，或以拉丁语表述中国人的智慧》(Philippe Couplet et al., *Confucius sinarum philosophus, sive Scientia sinensis latine exposita*, Parisiis: Apud Danielem Horthemels, 1687)。

按：以西文对包括《论语》在内的"四书"进行翻译的历史是一个较为复杂的过程，详情可参见［法］梅谦立著《〈孔夫子〉：最初西文翻译的儒家经典》，《中山大学学报》(社会科学版) 2008 年第 2 期，第 131—142 页；李新德著《耶稣会士对〈四书〉的翻译与阐释》，《孔子研究》2011 年第 1 期，第 98—107 页。

② 按：很多大陆汉语学界的学者都认为该书的中文书名为《西文四书直解》，笔者手里有该书的电子版，翻检几遍却并未发现这个所谓的中文书名。查找相关资料得知，这一说法似应源于法国学者费赖之 (Louis Pfister, 1833—1891) 所著《在华耶稣会士列传及书目 (1552—1773)》(*Notices biographiques et bibliographiques sur les jésuites de l'ancienne mission de Chine. 1552-1773*)，在该书 1932 年法文版第 311 页确有这一表述，但未作具体说明。于是，笔者就此问题先后求教于中山大学法国学者梅谦立和北京外国语大学学者罗莹。梅谦立在信中表示《中国哲学家孔夫子，或以拉丁语表述中国人的智慧》一书中没有汉字，因为在当时的欧洲还无法将其使用。但是，该书的注释确实大都依据明张居正 (Cham Kiu Chim, 1525—1582) 的《四书直解》，至于费赖之是否看到所谓的中文书名，他也无从得知。罗莹也非常确定地表示，《中国哲学家孔夫子，或以拉丁语表述中国人的智慧》一书，不管是现在藏于法国巴黎国家图书馆的手稿，还是在 Google Book 上不同图书馆所藏的印本，都没有出现过"西文四书直解"的字样。此外，她还进一步指出，费赖之的著作所本的是柏应理用拉丁文编纂的《赴华传教耶稣会士名录 (圣方济各·沙勿略去世之后，或 1581 年至 1681 年间)》(*Catalogus patrum Societatis Jesu Qui Post Obitum S. Francisci Xaverii primo sæculo, sive ab anno 1581. usque ad 1681. in Imperio Sinarum Jesu-Christi fidem propagarunt*, 1686) 一书，而柏应理所本的又是韩霖 (1596?—1649)、张庚 (1570—?) 的《圣教信证》(1647)，该书在"殷铎泽"的传记部分列出了他的一部著作为《西文四书直解》(三卷)。韩、张二人作此书时，柏应理还未在巴黎出版《中国哲学家孔夫子，或以拉丁语表述中国人的智慧》，这说明"西文四书直解"这一标题最早可能是用于指称殷铎泽当时已经完成的一些"四书"拉丁语译文。

③ ［法］路易·库赞或让·德·拉·布吕内编译：《中国哲学家孔夫子的道德教训》(Louis Cousin, ou Jean de La Brune, trad., *La Morale de Confucius, philosophe de la Chine*, Amsterdam: Pierre Savouret, 1688)。

Choicest Pieces of Learning Remaining of That Nation)。①

　　既然《孔夫子的道德教训》是一个转译本，那么第一部真正意义上的《论语》英译本，则应该归于在印度传教的英国新教传教士马士曼（Joshua Marshman，1768—1837）。1809 年，马士曼在印度塞兰坡（Serampore）出版了《孔子的著作，包括原文及译文；前附有关中国语言和文字的论文》(*The Works of Confucius; Containing the Original Text, with a Translation. To Which Is Prefixed a Dissertation on the Chinese Language and Character*) 第一卷。②然而，该书虽是直接译自《论语》原文，却并非全译本；因为这一卷中只包括《论语》"学而"第一至"乡党"第十的内容，而第二卷则始终未见刊印发行。

　　因此，《论语》的第一个英文全译本，可能要记在另一位英国新教传教士高大卫（David Collie，?—1828）的名下。1828 年，高大卫的"四书"英译本在当时为英国殖民地的马六甲（Malacca）出版，其书名为《通常被称为"四书"的中国经典著作，译文及注释》(*The Chinese Classical Work Commonly Called the Four Books; Translated, and Illustrated with Notes*)。③该书既可能是《论语》的第一个英文全译本，也可能是"四书"的第一个英文全译本。此外，在译本《序言》(Preface) 的注释中，高大卫也提到了上述马士曼的《论语》译本。④

----

　　①《孔夫子的道德教训——一位中国哲学家，他的鼎盛期在我们的救世主耶稣基督降生前 500 多年——本书是该国知识遗产的精粹之一》(*The Morals of Confucius. A Chinese Philosopher, Who Flourished Above Five Hundred Years Before the Coming of Our Lord and Saviour Jesus Christ. Being One of the Most Choicest Pieces of Learning Remaining of That Nation*, London: Randal Taylor near Stationers Hall, 1691)。

　　按："Confucius"实际上是对"孔夫子"的拉丁语音译，所以在柏应理等人的拉丁语译本中我们回译为"孔夫子"，在法语节译本和英语转译本中我们也沿用"孔夫子"的译法。但在本书的其他地方，"Confucius"还是被直接译为"孔子"。

　　②［英］马士曼译：《孔子的著作，包括原文及译文；前附有关中国语言和文字的论文》(Joshua Marshman, trans., *The Works of Confucius; Containing the Original Text, with a Translation. To Which Is Prefixed a Dissertation on the Chinese Language and Character*. vol.I, Serampore: The Mission Press, 1809)。

　　③［英］高大卫译：《通常被称为"四书"的中国经典著作，译文及注释》(David Collie, trans., *The Chinese Classical Work Commonly Called the Four Books; Translated, and Illustrated with Notes*, Malacca: The Mission Press, 1828)。

　　④［英］高大卫：《序言》，见于［英］高大卫译《通常被称为"四书"的中国经典著作，译文及注释》(David Collie, "Preface," in David Collie, trans., *The Chinese Classical Work Commonly Called the Four Books; Translated, and Illustrated with Notes*, Malacca: The Mission Press, 1828, p.iv)。

　　在此之后的 1861 年，英国著名汉学家、牛津大学首位中文教授理雅各（James Legge，1815—1897）出版了《中国经典：附有译文、注疏、绪论及详细索引》第一卷（*The Chinese Classics: With a Translation, Critical and Exegetical Notes, Prolegomena, and Copious Indexes*, vol.I, *Containing Confucian Analects, The Great Learning, and The Doctrine of the Mean*）。① 该卷包括《论语》（*Confucian Analects*）、《大学》（*The Great Learning*）、《中庸》（*The Doctrine of the Mean*），与其同时出版的第二卷为《孟子》（*The Works of Mencius*），② 因此这两卷其实也构成了一部"四书"英译本。在第一卷的《序言》（Preface）中，理雅各对华人黄胜（Hwang Shing，1827—1902）的协助以及湛约翰（John Chalmers，1825—1899）③ 对"主题词和专名索引"（indexes of Subjects and Proper Names）的汇编工作表示感谢。④ 此后，在对《中国经典》的翻译及修订上，理雅

　　① ［英］理雅各译：《中国经典：附有译文、注疏、绪论及详细索引》初版本 / 第一卷（James Legge, trans., *The Chinese Classics: With a Translation, Critical and Exegetical Notes, Prolegomena, and Copious Indexes*, vol.I, *Containing Confucian Analects, The Great Learning, and The Doctrine of the Mean*, Hong Kong: At the Author's; London: Trübner & Co., 1861）。

　　② ［英］理雅各译：《中国经典：附有译文、注疏、绪论及详细索引》初版本 / 第二卷（James Legge, trans., *The Chinese Classics: With a Translation, Critical and Exegetical Notes, Prolegomena, and Copious Indexes*, vol.II, *Containing The Works of Mencius*, Hong Kong: At the Author's; London: Trübner & Co., 1861）。

　　③ 按：湛约翰与理雅各同为"伦敦传道会"（London Missionary Society）牧师，尤以字典编辑见长。此前，湛约翰已经出版了《初学粤音切要》（*A Chinese Phonetic Vocabulary, Containing All the Most Common Characters, with Their Sounds in the Canton Dialect*, Hong Kong: The London Missionary Society's Press, 1855）和《英粤字典》（*An English and Cantonese Pocket-Dictionary, for the Use of Those Who Wish to Learn the Spoken Language of Canton Province*, Hong Kong: The London Missionary Society's Press, 1859），后来又陆续出版了三卷本《康熙字典撮要》（光绪四年广东伦敦教会藏板，1878）和《汉字结构述解》（*An Account of the Structure of Chinese Characters Under 300 Primary Forms; After the* Shwoh-Wan, *100, A.D., and The* Phonetic Shwoh-Wan, *1833*, London: Trübner & Co., 1882）。此外，湛约翰还于 1868 年翻译出版了《老子》（*The Speculations on Metaphysics, Polity and Morality, of "The Old Philosopher," Lau-tsze*, London: Trübner & Co., 1868）。

　　④ ［英］理雅各著：《序言》，见于［英］理雅各译《中国经典：附有译文、注疏、绪论及详细索引》初版本 / 第一卷（James Legge, "Preface," in James Legge, trans., *The Chinese Classics: With a Translation, Critical and Exegetical Notes, Prolegomena, and Copious Indexes*, vol.I, *Containing Confucian Analects, The Great Learning, and The Doctrine of the Mean*, Hong Kong: At the Author's; London: Trübner & Co., 1861, p.xi）。

各几乎倾注了余生的全部心血,其不仅在译文上数次修改以极尽典丽考究,而且在注释的专业性与丰沛程度上也令人叹为观止!我们甚至可以这样说,在其之后的汉学家或中国典籍的翻译者,鲜有能望其项背者。

当然,《论语》的翻译并不会因为这一高峰而止步不前,但后来者即便无法翻越,也不可能无视这一伟大的存在。1869 年,英国语言学家、汉学家、剑桥大学第一任中文教授威妥玛(Thomas Francis Wade,1818—1895)①也推出了他的《论语》英译本,其题名为《论语:被西方世界作为 Confucius 而知晓的孔子的言论》(*The Lun Yü: Being Utterances of Kung Tzŭ, Known to the Western World as Confucius*)。②据译者本人所述,该译本于 1861 年 1—2 月在北京完成;那么,其与理雅各《中国经典》初版本第一卷的发行时间应该基本相同。而译者翻译《论语》恐怕并非为了出版,只是数年之后出于避免原稿散佚之故才少量发行。此外,威妥玛还提到他在注释中经常采用一位中国学者 K. 的观点,③而此人在解释《论语》时主要遵从的是"汉儒"而非宋代的朱熹(1130—1200)。④这一点确实与其之前的马士曼、高大卫、理雅各多倚重朱熹《论语集注》⑤的做法有所不同。

---

　　①　按:威妥玛的生平与著作简介,可参见 [法] 考狄著《威妥玛》(Henri Cordier, "Thomas Francis Wade," *T'oung Pao*, vol.6, no.4, 1895, pp. 407–412)。

　　②　[英] 威妥玛译:《论语:被西方世界作为 Confucius 而知晓的孔子的言论》(Thomas Francis Wade, trans., *The Lun Yü: Being Utterances of Kung Tzŭ, Known to the Western World as Confucius*, Hertford: Stephen Austin, 1869)。

　　按:笔者使用的是该文献缩微副本的打印本。缩微副本藏于中国国家图书馆缩微文献阅览室,编号为 "\3468\7.1.568"。该文献的原本亦藏于中国国家图书馆,索书号为 "C\PL2997. L82\1869"。

　　③　按:"K." 的真实姓名与身份尚需进一步考证,但从治学观念上看应该是反对"宋学"的清代"汉学"之士。

　　④　参见 [英] 威妥玛《序言》,见于 [英] 威妥玛译《论语:被西方世界作为 Confucius 而知晓的孔子的言论》(Thomas Francis Wade, "Preface," in Thomas Francis Wade, trans., *The Lun Yü: Being Utterances of Kung Tzŭ, Known to the Western World as Confucius*, Hertford: Stephen Austin, 1869)。

　　按:上述威妥玛关于译本情况的介绍存于译本正文之前,但并未标以 "Preface" 之名,此名为笔者所加。

　　⑤　按:朱熹的《论语集注》为单行本,后世将其与《大学章句》、《孟子集注》和《中庸章句》并称为《四书章句集注》,亦称《四书章句》或《四书集注》。关于《四书章句集注》之名,可参见李致忠著《小议〈四书章句集注〉》,《文献》2010 年第 2 期,第 8—9 页。

一位默默无闻的英国新教传教士詹宁斯（William Jennings，1847—1927）于1895年在伦敦出版了《论语：附有注释及导言的译本》（*The Confucian Analects: A Translation, with Annotations and an Introduction*）一书。①詹宁斯的这部《论语》英译本被收入"约翰·卢布克爵士百部丛书"（Sir John Lubbock's Hundred Books），②该丛书广泛收录了东西方宗教、哲学、文学等方面的经典著作，且在时间跨度上也较大。在"翻译说明"（Note on the Translation）中，詹宁斯虽然向理雅各在《中国经典》中所做的工作致以敬意，但同时也指出他的译文与理雅各多有分歧，有时甚至也不同于标准的中文注疏。③至于究竟何为《论语》之标准的中文注疏，詹宁斯并未明言，但恐怕亦多指朱熹的《论语集注》，也许还包括《十三经注疏》中的《论语注疏》。

19世纪最后一部《论语》英译本1898年出版于上海，尤其值得一提的是其作者为曾在西方接受过教育的中国学者辜鸿铭（Ku Hung-ming，1857—1928）。该书的完整标题为《论语：新颖而别致的译本，以引用歌德和其他作家来进行阐释》（*The Discourses and Sayings of Confucius: A New Special Translation, Illustrated with Quotations from Goethe and Other Writers*），④标题页上也确实引用了《浮士德》（*Faust: Eine Tragödie*）第一部中的一句名言："繁华易逝，惟真长存（Was glänzt, ist für den Augenblick geboren; Das Echte bleibt der Nachwelt unverloren）。"⑤而这"长存"之"真"，想必亦是指

---

①　［英］詹宁斯译：《论语：附有注释及导言的译本》（William Jennings, trans., *The Confucian Analects: A Translation, with Annotations and an Introduction*, London: George Routledge and Sons, 1895）。

②　约翰·卢布克（John Lubbock，1834—1913），英国银行家、政治家、博物学家。

　　按："约翰·卢布克爵士百部丛书"的具体书单，可参见［英］约翰·卢布克著《生活之趣》（John Lubbock, *The Pleasures of Life*, London: Macmillan and Co., Limited, 1913, pp.50–53）。

③　［英］詹宁斯：《翻译说明》，见于［英］詹宁斯译《论语：附有注释及导言的译本》（William Jennings, "Note on the Translation," in William Jennings, trans., *The Confucian Analects: A Translation, with Annotations and an Introduction*, London: George Routledge and Sons, 1895, p.36）。

④　辜鸿铭译：《论语：新颖而别致的译本，以引用歌德和其他作家来进行阐释》（Ku Hung-ming, trans., *The Discourses and Sayings of Confucius: A New Special Translation, Illustrated with Quotations from Goethe and Other Writers*, Shanghai: Kelly and Walsh, 1898）。

⑤　［德］歌德：《浮士德》（Johann Wolfgang von Goethe, *Faust: Eine Tragödie*, Erster Theil, New York: Leypoldt & Holt, 1870, p.6）。

其所翻译的《论语》。不过，终究为中国学者的辜鸿铭，却与"传教士－学者"理雅各突显《论语》经解的厚重历史不同，其在翻译中国古代典籍时极欲卸去传统注疏的"重负"，而"轻巧"地以西方文学、哲学、宗教之片言只语相"附丽"。所以，当我们再来检视辜鸿铭在译本《序言》（Preface）中对理雅各的批评时，① 心头不禁会有一般别样的滋味。

当时间进入 20 世纪的第一个十年，又有三部《论语》英译本问世。1907 年，英国著名汉学家翟理斯（Herbert Allen Giles，1845—1935）之子翟林奈（Lionel Giles，1875—1958）在伦敦出版了《孔子的言论:〈论语〉精华新译》（*The Sayings of Confucius: A New Translation of the Greater Part of the Confucian Analects*）。② 该书被列入"东方智慧丛书"（The Wisdom of the East Series），由英国汉学家艾尔弗雷德·朗斯洛特·克兰默－宾（Launcelot Alfred Cranmer-Byng，1872—1945）③ 和印度裔医学博士沙普尔吉·阿斯帕尼阿尔吉·卡帕迪亚（Shapurji Aspaniarji Kapadia，1857—1941）④ 共同担任主编。在《编者按》（Editorial Note）中，二人指出编辑这部丛书的目的是要以一种谦卑的方式达成东方和西方的亲善与理解。⑤ 至于翟林奈的译本，不仅没有全部翻译（约占《论语》所有篇章的三分之二），而且还打乱了《论语》二十篇的原有顺序，按八个主题重新进行了编排。这八个主题依次为：为政（Government and Public

① 参见辜鸿铭《序言》，见于辜鸿铭译《论语：新颖而别致的译本，以引用歌德和其他作家来进行阐释》（Ku Hung-ming, "Preface," in Ku Hung-ming, trans., *The Discourses and Sayings of Confucius: A New Special Translation, Illustrated with Quotations from Goethe and Other Writers*, Shanghai: Kelly and Walsh, 1898, pp.vii–viii）。

② ［英］翟林奈译：《孔子的言论:〈论语〉精华新译》（Lionel Giles, trans., *The Sayings of Confucius: A New Translation of the Greater Part of the Confucian Analects*, London: John Murray, 1907）。

③ 按：克兰默－宾翻译了这套丛书中包括《诗经》（*Book of Odes*, 1905）在内的很多中国古代诗歌。

④ 按：卡帕迪亚编译了这套丛书中的《琐罗亚德斯的教训与拜火教哲学》（*The Teachings of Zoroaster and the Philosophy of the Parsi Religion*, 1905）。

⑤ ［英］克兰默－宾、卡帕迪亚：《编者按》，见于［英］翟林奈译《孔子的言论:〈论语〉精华新译》（L. Cranmer-Byng and S. A. Kapadia, "Editorial Note," in Lionel Giles, trans., *The Sayings of Confucius: A New Translation of the Greater Part of the Confucian Analects*, London: John Murray, 1907, p.6）。

Affairs）、个人德性（Individual Virtue）、孔子视人（Confucius' Estimate of Others）、孔子自视（Confucius on Himself）、杂言（Miscellaneous Sayings）、容色言动（Personalia）、他人视孔子（Confucius as Seen by Others）和弟子之言（Sayings of the Disciples）。翟林奈这样做的原因，主要是为了西方读者可以更为系统地接受儒家的思想学说。① 在译本的《导言》（Introduction）中，翟林奈还批评了理雅各和詹宁斯从基督教观点对孔子及其思想的苛责，后者尽管已经有所意识但却未能贯彻始终。② 进而，翟林奈认为这种"苛责"势必会影响对《论语》的理解以及译文的准确性。但是，译者的"先入之见"与译文的"准确性"之间，恐怕并非是这样一种单一的决定关系，具体的分析我们会在实际的校释中适时地给出。

　　1909 年，时任中国海关洋员的赖发洛（Leonard A. Lyall，1867—？）出版了自己的《论语》（*The Sayings of Confucius*）英译本。③ 在 1925 年的《第二版序言》（Preface to Second Edition）中，赖发洛指出："这是一本面向英语读者的书，而那些除了中国学者以外不会有人对之感兴趣的长篇注释是不合时宜的。"④ 然而，这种堂皇的理由恐怕只是赖发洛简陋至极的注释在面对理雅各译本时的一种"自我辩解"而已。此外，赖发洛译本第二版的译文还在第一版的基础上进行了"更为符合原文"的调整，⑤ 而 1935 年的第三版又再次做出了修改。⑥

　　我们在此所要介绍的最后一部《论语》（*The Analects of Confucius*）

---

① 参见［英］翟林奈《导言》，见于［英］翟林奈译《孔子的言论:〈论语〉精华新译》（Lionel Giles, "Introduction," in Lionel Giles, trans., *The Sayings of Confucius: A New Translation of the Greater Part of the Confucian Analects*, London: John Murray, 1907, pp.19–20 ）。

② 同上书，第 23—24 页。

③ ［英］赖发洛译:《论语》（Leonard A. Lyall, trans., *The Sayings of Confucius*, London: Longmans, Green and Co., 1909 ）。

④ ［英］赖发洛:《第二版序言》，见于［英］赖发洛译《论语》（Leonard A. Lyall, "Preface to Second Edition," in Leonard A. Lyall, trans., *The Sayings of Confucius*, London: Longmans, Green and Co., 1925, p.v ）。

⑤ 同上。

⑥ ［英］赖发洛:《第三版序言》，见于［英］赖发洛译《论语》（Leonard A. Lyall, "Preface to Third Edition," in Leonard A. Lyall, trans., *The Sayings of Confucius*, London: Longmans, Green and Co., 1935, p.vi ）。

英译本，也是如理雅各译本一般的鸿篇巨制。该书 1910 年出版于日本横滨（Yokohama），其译者是英国联合卫理公会（United Methodist Free Churches）传教士苏慧廉（William Edward Soothill, 1861—1935）。[①] 使得该译本卷帙庞大的一个原因是，除了原文、译文及长篇注释之外，苏慧廉还附上了理雅各、意大利耶稣会士晁德莅（Angelo Zottoli, 1826—1902）、[②] 辜鸿铭以及法国耶稣会士顾赛芬（Séraphin Couvreur, 1835—1919）[③] 的部分译文。不过，苏慧廉在译本《序言》中已经指出，在翻译之时他"对前辈们的解释未作任何参考"，只是在译罢之后，才参照上述译本进行了修正和校释。[④] 在这四个译本中，除理雅各和辜鸿铭的为英译本之外，晁德莅的为拉丁语译本，而顾赛芬的则是法语和拉丁语的双语译本。在译本《序言》（Preface）中，苏慧廉虽然也对理雅各的专业精神致以敬意，但同时也认为这部学术性的译著其措辞过于正式，很难在英国人中产生其像在中国人中所产生的作用。而一部新的译本，既可以弥补这一缺憾，又可以再度引起对《论语》的重视。[⑤] 另据译者所言，这部译著本应在 1907 年出版，但是由于远离印刷商、失火以及本人工作地点的变迁导致时间向后延迟了三年之久。[⑥]

此外，尚需一提的是，美国学者史景迁（Jonathan Spence, 1936— ）在一篇有关比利时裔澳大利亚学者西蒙·莱斯（Simon Leys, 1935— ）《论语》

---

① ［英］苏慧廉译：《论语》（William Edward Soothill, trans., *The Analects of Confucius*, Yokohama: Fukuin Printing Company, 1910）。

② ［意］晁德莅编译：《中国文学教程》第二卷（Angelo Zottoli, *Cursus litteraturae Sinicae*, vol. II, Chang-hai: Missionis Catholicae, 1879）。

③ ［法］顾赛芬译：《四书：附简要汉语注释、法语和拉丁语双语译文及汉语和专有名词词汇表》（Séraphin Couvreur, *Les Quatre livres: avec un commentaire abrégé en chinois, une double traduction en français et en latin, et un vocabulaire des lettres et des noms propres*, Ho Kien Fou: Imprimerie de la Mission catholique, 1895）。

④ ［英］苏慧廉：《序言》，见于［英］苏慧廉译《论语》（William Edward Soothill, "Preface," in William Edward Soothill, trans., *The Analects of Confucius*, Yokohama: Fukuin Printing Company, 1910, pp.ii–iii）。

⑤ 同上书，第 i—ii 页。

⑥ 同上书，第 v 页。

英译本①的"书评"中，似乎认为英国公理会传教士（Congregationalist missionary）麦都思（Walter Henry Medhurst，1796—1857）在 1840 年也有一个《论语》译本，其中《新约》《旧约》的段落常常被插入以引出道德和宗教的教训。②考之英国新教传教士伟烈亚力（Alexander Wylie，1815—1887）所著的《赴华新教传教士备忘录：著作列表及已故者讣告》（*Memorials of Protestant Missionaries to the Chinese: Giving a List of Their Publications, and Obituary Notices of the Deceased*），史景迁所说的"译本"应为《论语新纂》（*Lún Yù Sin Tswan*）。然而，在麦都思这一条中，所列著作按语言类别分为三类：汉语、马来语和英语，《论语新纂》被列在汉语著作之中。③因此，史景迁在讨论《论语》英译的语境下，突然提到这部著作确实令人感到有些"言之不当"。

那么，至此百余年间的《论语》英译历史已经大致廓清，我们姑且将其称为《论语》英译的早期。而其中理雅各的译本无疑具有划时代的意义，因此本书在对《论语·学而》进行"汇校集释"时便以之为"底本"。该译本的出版时间（1861）又刚好在这一百年的中间，所以我们向前向后再分别选出两个译本作为"校本"，其译者为理雅各之前的马士曼、高大卫和之后的詹宁斯与苏慧廉。马士曼是第一部真正意义上的《论语》英译本的作者，而高大卫与理雅各又同属"英华书院"（Anglo-Chinese College），其关系毋庸多言。詹宁斯与苏慧廉于理雅各则既有学习、借鉴，又有发展甚至反拨，其"影响的焦虑"亦依稀可辨。当然，在具体的校释过程中，我们还会适时引入其他译本，包括上述早期译本及之后的重要译本。

---

① ［澳］西蒙·莱斯译：《论语》（Simon Leys, trans., *The Analects of Confucius*, New York: W.W. Norton, 1997）。

② ［美］史景迁：《孔子述何》（Jonathan Spence, "What Confucius Said," Rev. of *The Analects of Confucius*, by Simon Leys, *The New York Review of Books*, 10 Apr. 1997, p.8）。

③ ［英］伟烈亚力：《赴华新教传教士备忘录：著作列表及已故者讣告》（Alexander Wylie, *Memorials of Protestant Missionaries to the Chinese: Giving a List of Their Publications, and Obituary Notices of the Deceased*, Shanghae: American Presbyterian Mission Press, 1867, p.31）。

二　《论语》选本译者生平及著作简介

马士曼是著名的东方学家和热忱的传教士，1768 年生于英国威尔特郡（Wiltshire）一个叫作韦斯特伯里·莱（Westbury Leigh）的乡村。幼年时马士曼曾受过一些教育，并且做过书商的学徒，又跟随父亲学习过纺织技术。1794 年，马士曼成为了布里斯托尔（Bristol）一所浸信学校的教师。在之后的五年里，他潜心专研古典著作，还学习了希伯来语和叙利亚语。[①] 后来，马士曼加入了浸信传道会（Baptist Missionary Society），并于 1799 年与威廉·沃德（William Ward，1769—1823）等人前往印度的塞兰坡传教。在印度，他们将《圣经》译成多种东方语言并且还出版发行了一些报纸和期刊。大约是在 1805 年，马士曼开始学习汉语，[②] 老师是拉沙（Joannes Lassar，1781—?）一位出生在澳门的亚美尼亚人（Armenian）。拉沙最初受雇于加尔各答（Calcutta）的福特·威廉学院（Fort William College），主要从事《圣经》的汉译工作。[③] 在《孔子生平》（"The Life of Confucius"）的注释中，马士曼除了感谢拉沙之外，还提到了几位精通自己语言的中国助手及天主教传教士 P. 罗德里格斯（P. Rodrigues）的帮助，后者曾在中国居住近 20 年并精通汉语。[④] 1811 年，马士曼获得了美国布朗大学的神学博士学位。晚年的马

---

① ［英］伟烈亚力：《赴华新教传教士备忘录：著作列表及已故者讣告》（Alexander Wylie, *Memorials of Protestant Missionaries to the Chinese: Giving a List of Their Publications, and Obituary Notices of the Deceased*, Shanghae: American Presbyterian Mission Press, 1867, pp.1–2)。

② 关于马士曼学习汉语的细节，参见康太一《从英译〈论语〉到汉译〈圣经〉：马士曼与早期中西对话初探》，博士学位论文，北京：北京外国语大学，2013 年，第 45—50 页。

③ ［英］伟烈亚力：《赴华新教传教士备忘录：著作列表及已故者讣告》（Alexander Wylie, *Memorials of Protestant Missionaries to the Chinese: Giving a List of Their Publications, and Obituary Notices of the Deceased*, Shanghae: American Presbyterian Mission Press, 1867, p.2)。

④ ［英］马士曼：《孔子生平》，见于［英］马士曼译《孔子的著作，包括原文及译文；前附有关中国语言和文字的论文》（Joshua Marshman, "The Life of Confucius," in Joshua Marshman, *The Works of Confucius; Containing the Original Text, with a Translation*, vol.I, Serampore: The Mission Press, 1809, p.xxxviii)。

士曼苦于抑郁症，1837 年去世于塞兰坡。①

　　除了翻译《论语》之外，马士曼还有一部重要的汉学著作《中国言法》（*Clavis Sinica or Elements of Chinese Grammar, with a Preliminary Dissertation on the Characters and the Colloquial Medium of the Chinese, and an Appendix Containing the* Ta-Hyoh *of Confucius with a Translation*）。② 该书主要从古汉语的"字形""字音""语法"等方面展开研究，而在具体的释例方面，以《论语》为首的儒家经典及注疏亦占有相当大的比重。在该书的"附录"（Appendix）中还包括《大学》的译文，译者是马士曼的长子约翰·克拉克·马士曼（John Clark Marshman，1794—1877）。③ 此外，马士曼还出版过《圣经》的中文译本。④

　　英国传教士高大卫的具体生年不详，⑤ 其为"伦敦传道会"（London Missionary Society）牧师。1821 年，高大卫与妻子从朴茨茅斯（Portsmouth）出发前往亚洲传教。不幸的是，其妻在 1822 年 3 月病逝于印度的马德拉

----

　　① ［英］托马斯·汉密尔顿：《马士曼》（Thomas Hamilton, "Marshman, Joshua," in *The Dictionary of National Biography [Malthus-Mason]*, ed. Sidney Lee, vol. XXXVI, London: Smith, Elder, & Co., 1893, p.256）。

　　按：马士曼的生平亦可参见［英］约翰·芬威克编《塞兰坡神学博士马士曼略传》（John Fenwick, ed., *Biographical Sketches of Joshua Marshman, D. D., of Serampore*, Newcastle upon Tyne: Emerson Charnley, 1843）和［英］约翰·克拉克·马士曼著《凯里、马士曼和沃德的生平与时代，包括塞兰坡传教史》（John Clark Marshman, *The Life and Times of Carey, Marshman, and Word, Embracing the History of the Serampore Mission*, 2vols. London: Longman, Brown, Green, Longmans, & Roberts, 1859）。

　　② ［英］马士曼：《中国言法》（Joshua Marshman, *Clavis Sinica, or Elements of Chinese Grammar, with a Preliminary Dissertation on the Characters and the Colloquial Medium of the Chinese, and an Appendix Containing the* Ta-Hyoh *of Confucius with a Translation*, Serampore: at the Mission Press,1814）。

　　③ ［英］马士曼：《前言》，见于马士曼《中国言法》（Joshua Marshman, "Preface," in Joshua Marshman, *Clavis Sinica, or Elements of Chinese Grammar, with a Preliminary Dissertation on the Characters and the Colloquial Medium of the Chinese, and an Appendix Containing the* Ta-Hyoh *of Confucius with a Translation*, Serampore: at the Mission Press,1814, p.xv）。

　　④ ［英］托马斯·汉密尔顿：《马士曼》（Thomas Hamilton, "Marshman, Joshua," in *The Dictionary of National Biography [Malthus-Mason]*, ed. Sidney Lee, vol. XXXVI, London: Smith, Elder, & Co., 1893, p.256）。

　　⑤ 关于高大卫出生日期的考证，可参见郭磊《新教传教士柯大卫英译〈四书〉之研究》，博士学位论文，北京：北京外国语大学，2014 年，第 22—24 页。

　　按："柯大卫"即"高大卫"的另一音译。

斯（Madras），同年 6 月高大卫到达了传教目的地马六甲。1823 年，在另
一伦敦传道会牧师马礼逊（Robert Morrison，1782—1834）访问马六甲期
间，高大卫曾随其学习中文并取得巨大进步。同年，受聘于英华书院教授
中文，并担任图书馆馆长。[①]高大卫本人也曾表示，其对汉语的热情和喜爱
也许对其他人而言是毫无理由的。[②]他不仅可以用中文流利地布道，[③]还着
力于研究中国作家的"见解与风格"（sentiments and style）。[④]而书院的中
文教员们也确曾提到，高大卫的官话说得就像一个中国人，中文文章也写
得极为出色。[⑤]1824 年，高大卫继宏富礼（James Humphreys）[⑥]之后成为
英华书院的第三任（1824—1828）院长，1828 年病逝于去往新加坡的途中。
高大卫除了翻译"四书"之外，亦有很多中文宣教著作，具体书目可参见伟
烈亚力所著《赴华新教传教士备忘录：著作列表及已故者讣告》一书。[⑦]

　　1815 年，理雅各生于英国阿伯丁郡（Aberdeenshire）的亨特利（Huntly），
父亲是非常有名的商人。理雅各在 1829 年离开了亨特利的教区学校（the Parish
School），进入阿伯丁文法学校（the Grammar School）学习，尤以拉丁文见长。
两年后，他以一等奖学金获得者的身份考入阿伯丁皇家学院（King's College），

[①]　［英］伟烈亚力：《赴华新教传教士备忘录：著作列表及已故者讣告》（Alexander Wylie,
*Memorials of Protestant Missionaries to the Chinese: Giving a List of Their Publications, and Obituary
Notices of the Deceased*, Shanghae: American Presbyterian Mission Press, 1867, pp.45–46 ）。

[②]　［英］高大卫：《序言》，见于［英］高大卫译《通常被称为"四书"的中国经典著作，译文及
注释》（David Collie, "Preface," in David Collie, trans., *The Chinese Classical Work Commonly Called the
Four Books; Translated, and Illustrated with Notes*, Malacca: The Mission Press, 1828, p.ii ）。

[③]　《英华书院第六次年报（1828）并附录》（*The Sixth Annual Report of the Anglo-Chinese
College; MDCCCXXVIII, with an Appendix*, Malacca: The Mission Press, 1828, p.7 ）。

[④]　同上书，第 6 页。

[⑤]　［加］布莱恩·哈里森：《等待中国：马六甲的英华书院（1818—1843）和 19 世纪早期的传
教活动》（Brian Harrison, *Waiting for China: The Anglo-Chinese College at Malacca, 1818–1843, and Early
Nineteenth-Century Missions*, Hong Kong: Hong Kong University Press, 1979, p.81 ）。

[⑥]　按：英国传教士宏富礼的生卒年代不详，其在印度传教的时间大致为 1821—1829 年，
其间曾任英华书院第二任（1822—1824）院长。参见［加］布莱恩·哈里森《等待中国：马六
甲的英华书院（1818—1843）和 19 世纪早期的传教活动》（Brian Harrison, *Waiting for China:
The Anglo-Chinese College at Malacca, 1818–1843, and Early Nineteenth-Century Missions*, Hong
Kong: Hong Kong University Press, 1979, p.189 ）。

[⑦]　［英］伟烈亚力：《赴华新教传教士备忘录：著作列表及已故者讣告》（Alexander Wylie,
*Memorials of Protestant Missionaries to the Chinese: Giving a List of Their Publications, and Obituary
Notices of the Deceased*, Shanghae: American Presbyterian Mission Press, 1867, pp.46–47 ）。

并极有可能成为该学院拉丁语教职的继任者。然而，由于所属教派的原因——"独立教会"（Independent Church）及该教派的"传教传统"，理雅各主动拒绝了这一在世俗眼中非常有前途的职业，并于1837年为日后的传教或牧师工作而进入海布里神学院（Highbury Theological College）。[1] 1838年，理雅各开始与英华书院第一任（1818—1822）院长米怜（William Milne，1785—1822）的儿子美魏茶（William Charles Milne，1815—1863）一起学习中文。而中文教师则是曾任英华书院第四任（1828—1832）院长、时为伦敦大学（University College London）中文教授的修德（Samuel Kidd，1804—1843）。当时可用的教材很少，主要有马礼逊三卷本的《华英字典》（A Dictionary of the Chinese Language）[2] 及其《新约》中译本，还有一部《论语》和米怜的一些中文宣教手册。[3]

　　1839年7月，理雅各携妻子玛丽·伊莎贝拉（Mary Isabella Morison，1816—1852）乘船前往马六甲传教，同行的还有美魏茶与医生合信（Benjamin Hobson，1816—1873）。[4] 同翻译"四书"的前辈高大卫相似，

---

① 参见［英］海伦·伊迪丝·莱格《理雅各：传教士与学者》（Helen Edith Legge, *James Legge: Missionary and Scholar*, London: The Religious Tract Society, 1905, pp.1–7）。

② ［英］马礼逊编著：《华英字典》（Robert Morrison, *A Dictionary of the Chinese Language, in Three Parts. Part the First; Containing Chinese and English, Arranged According to the Radicals*, Macao: The Honorable East India Company's Press, 1815）。

③ 参见［英］理雅各《吾生纪事》（James Legge, *Notes of My Life*, typescript, MS. Eng. misc. d.1265, Weston Library of Bodleian Libraries, Oxford: University of Oxford, 1896, p.102）和［美］诺曼·吉拉尔多特：《维多利亚时代的汉译——理雅各东方朝圣之行》（Norman J. Girardot, *The Victorian Translation of China: James Legge's Oriental Pilgrimage*, Berkeley: University of California Press, 2002, p.31）。

按：如刘子睿（现为香港青山圣彼得堂助理牧师）在其博士学位论文《理雅各（1815—1897）与中国文化：学术、翻译和福音宣道的传教研究》中所示，理雅各《吾生纪事》的打字稿藏于牛津大学"饱蠹图书馆"（Bodleian Library），编号为"MS. Eng. misc. d. 996"，原文手稿则收入"伦敦传道会档案"（LMS Archives，即 London Missionary Society Archives），编号为"China-Personal, J. Legge, Box 10"。参见刘子睿《理雅各（1815—1897）与中国文化：学术、翻译和福音宣道的传教研究》（Lau Tze-yui, "James Legge [1815–1897] and Chinese Culture: A Missiological Study in Scholarship, Translation and Evangelization," Diss. Edinburgh: The University of Edinburgh, 1994, pp.29–30n41）。

再按：笔者所据为上海师范大学学者丁大刚赐赠的打字稿副本，而另据丁大刚所言，该打字稿已转存于"饱蠹图书馆"所属的"韦斯顿图书馆"（Weston Library），编号亦改为"MS. Eng. misc. d.1265"，手稿则藏于伦敦大学亚非学院（School of Oriental and African Studies，简称"SOAS"）图书馆。

④ 参见［英］理雅各《吾生纪事》（James Legge, *Notes of My Life*, typescript, MS. Eng. misc. d.1265, Weston Library of Bodleian Libraries, Oxford: University of Oxford, 1896, p.109）。

理雅各后来也成为了"英华书院"的院长，并且在 1841 年前后开始有了翻译《十三经》这一更为宏大的想法。①1843 年，"英华书院"迁至香港，理雅各亦同往。如前所述，1861 年《中国经典》的前两卷出版发行，而大概至 1863 年，流亡香港的晚清秀才王韬（Wang T'ao，1828—1897）②开始参与《中国经典》的后续翻译，③直到理雅各于 1873 年返回英国。回国后的理雅各在 1875 年获得了第一届"儒莲奖"（Prix Stanislas Julien），④并于 1876 年成为牛津大学第一任中文教授（Professor of Chinese），直至

---

① ［英］哈罗德·沙迪克：《理雅各〈中国经典〉（香港大学，1960）书评》（Harold Shadick, Rev. of *The Chinese Classics*, by James Legge, *The Journal of Asian Studies*, vol.22, no.2, 1963, p.202 ）。

按：西方的"书评"（Review）大多没有篇名，此篇书评的中文篇名为笔者所加，后文亦按此例出注。

② 按：理雅各在《中国经典》初版本第三卷上部的《序言》中对王韬在其翻译《书经》时所给予的帮助表示感谢，"王韬"的名字被拼作"Wang T'aou"。参见［英］理雅各《序言》，见于［英］理雅各译《中国经典：附有译文、注疏、绪论及详细索引》初版本 / 第三卷上（James Legge, "Preface," in James Legge, trans., *The Chinese Classics: With a Translation, Critical and Exegetical Notes, Prolegomena, and Copious Indexes*, vol.III.–part I, *Containing the First Parts of The Shoo-King, or The Books of T'ang; The Books of Yu; The Books of Hea; The Books of Shang; and the Prolegomena*, Hong Kong: At the Author's; London: Trübner & Co., 1865, p.viii ）。

又按：王韬辅助理雅各翻译中国经典所编纂的书目大致有《周易集释》《礼记集释》《毛诗集释》《春秋朔闰日至考》《春秋日食辨正》《春秋朔至表》等。参见王韬著、李天纲编校《弢园文新编》，上海：中西书局，2012 年，第 347 页。

③ ［英］亨利·麦卡莱维：《王韬：一个流离失所者的生平及著作》（H. McAleavy, *Wang T'ao: The Life and Writings of a Displaced Person*, London: The China Society, 1953, p.1 ）。

按：王韬与理雅各《中国经典》翻译之关系的研究，可参见李齐芳《王韬（1828—1897）：生平、思想、学术与文学成就》（Lee Chi-fang, "Wang T'ao [1828–1897]: His Life, Thought, Scholarship, and Literary Achievement," Diss. Madison: University of Wisconsin, 1973, pp.222–245）、《王韬对理雅各翻译〈中国经典〉的贡献》（Lee Chi-fang, "Wang T'ao's Contribution to James Legge's Translation of the *Chinese Classics*," *Tamkang Review*, vol.17, no.1, 1986, pp.47–67）；黄文江《理雅各：东西方十字路口的先锋》（Wong Man Kong, *James Legge: A Pioneer at Crossroads of East and West*, Hong Kong: Hong Kong Educational Publishing Co., 1996, pp.114–126）。此外，理雅各在《中国经典》第四卷、第五卷以及《东方圣书》第二十七卷（即《礼记》上半部分）对王韬的援引情况，亦可参见［美］柯文《传统与现代之间：王韬与中国晚清革命》（Paul A. Cohen, *Between Tradition and Modernity: Wang T'ao and Reform in Late Ch'ing China*, Cambridge: Harvard University Press, 1974, pp.60; 288n10 ）。

④ 按："儒莲奖"以法国著名汉学家儒莲（Stanislas Julien, 1797—1873）命名，为奖励优秀的汉学著作而设。

1897 年去世。①

在回国之后，理雅各又接受了语文学家、东方学家马克斯·缪勒（Max Müller，1823—1900）之托，开始承担《东方圣书》（The Sacred Books of the East）中"中国经典"的翻译工作。该丛书的第三、十六、二十七和二十八卷为《儒家文本》（The Texts of Confucianism）：第三卷包括《书经》（The Shû King）、《诗经中的宗教部分》（The Religious Portions of the Shih King）和《孝经》（The Hsiâo King），②第十六卷为《易经》（The Yî King），③第二十七卷④和二十八卷⑤为《礼记》（The Lî Kî）。《道家文本》（The Texts of Tâoism）则被安排在《东方圣书》的第三十九、四十卷，前者包括《道德经》（The Tâo Teh King）和《庄子》（The Writings of Kwang-ȝze）的前十七篇，⑥后者包括《庄子》剩余的十六篇和《太上感应篇》（The Thâi-Shang Tractate of Actions and Their Retributions）以及"附录"（Appendixes）中的一些道教文献。⑦此外，理雅各还主要翻译出版了

---

① 参见［英］海伦·伊迪丝·莱格《理雅各：传教士与学者》（Helen Edith Legge, *James Legge: Missionary and Scholar*, London: The Religious Tract Society, 1905, pp.204–206 ）。

② ［英］理雅各译：《儒家文本（一）：〈书经〉〈诗经中的宗教部分〉〈孝经〉》，见于［英］马克斯·缪勒主编《东方圣书》第三卷（James Legge, trans., *The Texts of Confucianism, Part I, The Shû King, The Religious Portions of The Shih King, The Hsiâo King*, in F. Max Müller, ed., *The Sacred Books of the East*, vol. III, London: The Clarendon Press, 1879 ）。

③ ［英］理雅各译：《儒家文本（二）：〈易经〉》，见于［英］马克斯·缪勒主编《东方圣书》第十六卷（James Legge, trans., *The Texts of Confucianism, Part II, The Yî King*, in F. Max Müller, ed., *The Sacred Books of the East*, vol.XVI, London: The Clarendon Press, 1882 ）。

④ ［英］理雅各译：《儒家文本（三）：〈礼记〉（第一至十篇）》，见于［英］马克斯·缪勒主编《东方圣书》第二十七卷（James Legge, trans., *The Texts of Confucianism, Part III, The Lî Kî, I–X*, in F. Max Müller, ed., *The Sacred Books of the East*, vol.XXVII, London: The Clarendon Press, 1885 ）。

⑤ ［英］理雅各译：《儒家文本（四）：〈礼记〉（第十一至四十六篇）》，见于［英］马克斯·缪勒主编《东方圣书》第二十八卷（James Legge, trans., *The Texts of Confucianism, Part IV, The Lî Kî, XI–XLVI*, in F. Max Müller, ed., *The Sacred Books of the East*, vol.XXVIII, London: The Clarendon Press, 1885 ）。

⑥ ［英］理雅各译：《道家文本（一）：〈道德经〉〈庄子〉（第一至十七篇）》，见于［英］马克斯·缪勒主编《东方圣书》第三十九卷（James Legge, trans., *The Texts of Tâoism, Part I, The Tâo Teh King, The Writings of* Kwang-ȝze, *I–XVII*, in F. Max Müller, ed., *The Sacred Books of the East*, vol.XXXIX, London: The Clarendon Press, 1891 ）。

⑦ ［英］理雅各译：《道家文本（二）：〈庄子〉（第十八至三十三篇）、〈太上感应篇〉（附录一至八）》，见于［英］马克斯·缪勒主编《东方圣书》第四十卷（James Legge, trans., *The Texts of Tâoism, Part II, The Writings of* Kwang-ȝze, *XVIII–XXXIII*, in F. Max Müller, ed., *The Sacred Books of the East*, vol.XL, London: The Clarendon Press, 1891 ）。

《佛国记——沙门法显自记游天竺事》(*A Record of Buddhistic Kingdoms, Being an Account by the Chinese Monk, Fâ-Hien of His Travels in India and Ceylon[A.D. 399–414] in Search of the Buddhist Books of Discipline*)、① 《大秦景教流行中国碑》(*The Nestorian Monument of Hsî-an Fû in Shen-hsî, China: Relating to the Diffusion of Christianity in China in the Seventh and Eighth Centuries with the Chinese Text of the Inscription, a Translation, and Notes; and a Lecture on the Monument with a Sketch of Subsequent Christian Missions in China and Their Present State*)② 和《〈离骚〉及其作者》("The Lî Sâo Poem and Its Author")。③

　　在五部选本的译者中，詹宁斯毫无疑问是最不为人所知的一位。就现有资料而言，他的生平事迹几乎是空白的。不过，从其《诗经》(*The Shi King: The Old "Poetry Classic" of the Chinese, a Close Metrical Translation, with Annotations*)④ 和《论语》英译本的标题页上可知，他曾经先后担任过香港圣约翰教堂(St. John's Cathedral)的教堂牧师(Chaplain)、英国柏克郡(Berks)贝顿(Beedon)⑤ 地区的教区牧师(Vicar)和格拉斯米尔

---

　　① ［英］理雅各译：《佛国记——沙门法显自记游天竺事》(James Legge, trans., *A Record of Buddhistic Kingdoms, Being an Account by the Chinese Monk, Fâ-Hien of His Travels in India and Ceylon[A. D. 399–414] in Search of the Buddhist Books of Discipline*, Oxford: Clarendon Press, 1886)。

　　② ［英］理雅各译：《大秦景教流行中国碑》(James Legge, trans., *The Nestorian Monument of Hsî-an Fû in Shen-hsî, China, Relating to the Diffusion of Christianity in China in the Seventh and Eighth Centuries with the Chinese Text of the Inscription, a Translation, and Notes and a Lecture on the Monument, with a Sketch of Subsequent Christian Missions in China and Their Present State*, London: Trubner & Co., 1888)。

　　③ ［英］理雅各译著：《〈离骚〉及其作者》(James Legge, "The Lî Sâo Poem and Its Author," *Journal of the Royal Asiatic Society of Great Britain and Ireland*, Jan., 1895, pp.77–92; Jul., 1895, pp.571–599; Oct., 1895, pp.839–864)。

　　④ ［英］詹宁斯译：《诗经：严整的韵文体译本并附注释》(William Jennings, trans., *The Shi King: The Old "Poetry Classic" of the Chinese, a Close Metrical Translation, with Annotations*, London: George Routledge and Sons, 1891)。

　　⑤ 按：《从帝国到国际：香港圣约翰教堂史》一书将 "Beedon"（贝顿）误写作 "Breedon"（布利登），因为后者属于莱斯特郡（Leicestershire），而非柏克郡。参见［英］斯图尔特·沃尔芬代尔《从帝国到国际：香港圣约翰教堂史》(Stuart Wolfendale, *Imperial to International: A History of St John's Cathedral, Hong Kong*, Hong Kong: Hong Kong University Press, 2013, p.84)。

（Grasmere）地区的教区牧师（Rector）。① 这些任职也可以在《从帝国到国际：香港圣约翰教堂史》（*Imperial to International: A History of St John's Cathedral, Hong Kong*）一书中得到印证，该书还记载了詹宁斯在香港圣约翰教堂的牧师任期为 1880 年至 1891 年。②

在翻译、诠解《诗经》和《论语》之后，詹宁斯还陆续出版了《戏剧诗约伯记：严整的韵文体译本并附评注》（*The Dramatic Poem of Job: A Close Metrical Translation with Critical and Explanatory Notes*）、③《雅歌：戏剧体韵文新译并附导言及注释》（*The Song of Songs: A New Metrical Translation Arranged as a Drama, with Introduction and Notes*）④ 和《古叙利亚语〈新约〉（别西大本）词典：附详细参考、用词、人名、地名和库热顿本、西奈重写本、非罗色诺本及其他手稿中的不同读法》（*Lexicon to the Syriac New Testament [Peshitta]: With Copious References, Dictions, Names of Persons and Places and Some Various Readings Found in the Curetonian, Sinaitic Palimpsest Philoxenian and Other Mss.*）。⑤ 其实，从后三部著作的书名上看，其与前两部并无本质上的不同，只是儒家经典被

---

① 参见［英］斯图尔特·沃尔芬代尔《从帝国到国际：香港圣约翰教堂史》（Stuart Wolfendale, *Imperial to International: A History of St John's Cathedral, Hong Kong*, Hong Kong: Hong Kong University Press, 2013, p.88）。

② ［英］斯图尔特·沃尔芬代尔：《从帝国到国际：香港圣约翰教堂史》（Stuart Wolfendale, *Imperial to International: A History of St John's Cathedral, Hong Kong*, Hong Kong: Hong Kong University Press, 2013, p.283）。

③ ［英］詹宁斯译：《戏剧诗约伯记：严整的韵文体译本并附评注》（William Jennings, trans., *The Dramatic Poem of Job: A Close Metrical Translation with Critical and Explanatory Notes*, London: Methuen & Co. Ltd., 1912）。

④ ［英］詹宁斯译：《雅歌：戏剧体韵文新译并附导言及注释》（William Jennings, trans., *The Song of Songs: A New Metrical Translation Arranged as a Drama, with Introduction and Notes*, Oxford: Parker & Co., 1914）。

⑤ ［英］詹宁斯著，乌尔里克·甘提伦修订：《古叙利亚语〈新约〉（别西大本）词典：附详细参考、用词、人名、地名和库热顿本、西奈重写本、非罗色诺本及其他手稿中的不同读法》（William Jennings, *Lexicon to the Syriac New Testament [Peshitta]: With Copious References, Dictions, Names of Persons and Places and Some Various Readings Found in the Curetonian, Sinaitic Palimpsest Philoxenian and Other Mss.*, Rev. Ulric Gantillon, Oxford: The Clarendon Press, 1926）。

按：从笔者所知的《圣经》稿本来看，书名中的 "Sinaitic Palimpsest"（西奈重写本）与 "Philoxenian"（非罗色诺本）之间似应有一个 "逗号" 相隔，因为二者是两个不同的稿本。

替换为基督教《圣经》而已。至于，译注儒家经典对詹宁斯翻译、韵次
《圣经》中的篇章及研究古叙利亚语《新约》究竟有何作用，尚待方家进
行跨文化、跨宗教及跨语言方面的深入思考。

　　1861 年，苏慧廉出生于英国约克郡（Yorkshire）的哈利法克斯
（Halifax），其家庭所属的教派为联合卫理公会。父亲是一名织布工，在
工作之余也进行布道。苏慧廉没有受过大学教育，早年曾就读于"卫斯理
日校"（Wesleyan Day School），12 岁起便在一家律师事务所从事文件誊
抄工作，日后他很有可能会成为一名律师。但苏慧廉却逐渐确立了去海外
传教的志向，为此他特意前往曼彻斯特的神学院进修，并自学了法语和
拉丁语。① 1882 年，苏慧廉接受了到中国温州传教的工作。② 到达温州后不
久，苏慧廉便开始学习中文，最初的老师据说是一位叫"Alas"的温州本
地牧师，此人乃晚清举人。③ 其教材则主要是一本中文《新约》、一本官话
辞书和一部汉英字典。④ 但据苏慧廉的妻子苏路熙（Lucy Farrar，1857—
1931）所述，苏慧廉的"第一位"中文老师是住在其家附近的"Yang"先
生。⑤ 同时，苏慧廉也在努力学习温州方言，并于 1883 年 6 月第一次使用
这一方言完成了布道。⑥ 1884 年，苏慧廉与苏路熙在上海完婚。后来，苏
慧廉还创编了温州方言的拉丁语注音系统，并将《新约》也翻译成温州方

---

　　① 参见沈迦《寻找·苏慧廉》，北京：新星出版社，2013 年，第 5 页；端木敏静《融通中
西、守望记忆——英国传教士、汉学家苏慧廉研究》，杭州：浙江大学博士学位论文，2014 年，
第 21—22 页。

　　② 按：苏慧廉在中国传教的经历，可参见其本人所著《中国传教纪事》（William Edward
Soothill, *A Mission in China*, London: Oliphant, Anderson & Ferrier, 1907）和他的妻子苏路熙所
著《中国纪行》（Lucy Soothill, *A Passport to China*, London: Hodder and Stoughton, 1931）。

　　③ 沈迦：《寻找·苏慧廉》，北京：新星出版社，2013 年，第 32 页。

　　④ ［英］苏慧廉：《中国传教纪事》（William Edward Soothill, *A Mission in China*, London:
Oliphant, Anderson & Ferrier, 1907, pp.16–17）。

　　⑤ ［英］苏路熙：《中国纪行》（Lucy Soothill, *A Passport to China*, London: Hodder and
Stoughton, 1931, p.163）。

　　按：对"Yang"先生的尝试性考证，可参见沈迦《寻找·苏慧廉》，北京：新星出版社，
2013 年，第 33 页。

　　⑥ ［英］苏慧廉：《中国传教纪事》（William Edward Soothill, *A Mission in China*, London:
Oliphant, Anderson & Ferrier, 1907, p.21）。

言。① 1906 年，苏慧廉离开温州到太原任山西大学堂西斋总教习，期间亦经常返回温州视察。1911 年，苏慧廉回到英国，并于 1920 年担任牛津大学中文教授一职，1935 年去世于牛津。

除了翻译《论语》之外，苏慧廉还编著了《学生常用四千字袖珍词典》（*The Student's Four Thousand* 字 *and General Pocket Dictionary*），② 该词典从初版的 1899 年至 1952 年共再版 20 次。此外，其重要的学术著作还有《中国三教：牛津讲稿》（*The Three Religions of China: Lectures Delivered at Oxford*）③ 以及与美国传教士何乐益（Lewis Hodous，1872—1949）共同编著的《中国佛教术语词典：附梵语、英语对应词及梵语 - 巴利语索引》（*A Dictionary of Chinese Buddhist Terms: With Sanskrit and English Equivalents and a Sanskrit-Pali Index*）。④

三　中西学术文化交汇下的"汇校集释"与"翻译研究"

如前所述，本书的首要任务是对早期《论语》英译五个选本的"学而"篇进行"汇校集释"，而"校"与"释"又是中国传统校勘及注疏的重要方法，那么不妨让我们先从中国传统的训诂文字之学来考查二者的意义内涵及相互关系。汉许慎（58?—147?）《说文解字》曰："校，木囚也。从木，交声。"⑤ 清段玉裁（1735—1815）注曰："囚，系也。木囚者，以木

---

① 端木敏静：《融通中西、守望记忆——英国传教士、汉学家苏慧廉研究》，杭州：浙江大学博士学位论文，2014 年，第 26 页。

② ［英］苏慧廉编：《学生常用四千字袖珍词典》（William Edward Soothill, *The Student's Four Thousand* 字 *and General Pocket Dictionary*, Shanghai: Presbyterian Mission Press, 1899）。

③ ［英］苏慧廉：《中国三教：牛津讲稿》（William Edward Soothill, *The Three Religions of China: Lectures Delivered at Oxford*, London: Hodder and Stoughton, 1913）。

④ ［英］苏慧廉、［美］何乐益编：《中国佛教术语词典：附梵语、英语对应词及梵语 - 巴利语索引》（William Edward Soothill and Lewis Hodous, *A Dictionary of Chinese Buddhist Terms: With Sanskrit and English Equivalents and a Sanskrit-Pali Index*, London: Kegan Paul, Trench, Trubner, & Co., Ltd., 1937）。

⑤ （汉）许慎：《说文解字》，北京：中华书局影印清同治十二年陈昌治刻本，1978 年，第 124 页。

羁之也。"①从这两种解释上，我们似乎很难找到作为"木囚"之"校"与"校勘"之"校"的关系。既然如此，我们不妨再来看看南唐徐锴（920—974）在《说文解字系传》中的解释，其曰："校者，连木也。《易》曰'何校灭耳'，此桎也；'屦校灭趾'，梏也。又《汉书》校猎谓连接木以阑禽兽。又军中有校队亦是也。木缶者，谓以木为缶形相连接也。韩信以木罂渡军，义亦相类也。"②清王筠（1784—1854）在《说文句读》中亦主"连木"之义：

> 校，木囚也。囚，从口，高其墙以阑罪人也。木囚者，以木作之如墙也。桎梏，皆围其手足，情事相似，故得校名。《汉书·赵充国传》"校联不绝"，颜注："此'校'谓以木自相贯穿以为固者。亦犹《周易》'荷校灭耳'也。《周礼》'校人掌王马之政'，'六厩成校'，盖用关械阑养马也。《说文解字》云：'校，木囚也。'亦谓以木相贯，遮阑禽兽也。今云'校联不绝'，言营垒相次。"③

可见，"校"有"相连""相贯""相次"之义，而"校勘""校雠"正是由此义引申而来。

汉刘向（前77?—前6）《别录》载曰："雠校：一人读书，校其上下，得缪误为校；一人持本，一人读书，若怨家相对，故曰雠也。"④由此可知，"校勘学"中的"校"和"雠"，二者均有"相连"、"相次"之义。此外，清朱骏声（1788—1858）在《说文通训定声》中又曰："《广雅·释诂一》：校，度也。字亦以'较'为之，又作'挍'，又为'交'。《小尔

---

①　（汉）许慎撰，（清）段玉裁注：《说文解字注》，上海：上海古籍出版社影印经韵楼藏版，1981年，第267页。

②　（南唐）徐锴：《说文解字系传》，北京：中华书局影印道光十九年重雕宋钞本，1987年，第119页。

③　（清）王筠撰集：《说文句读》卷十一（第二册），北京：中国书店影印1882年尊经书局刊本，1983年，第40页a。

④　（汉）刘向：《别录》，见于（清）严可均校辑《全上古三代秦汉三国六朝文》（第一册），北京：中华书局影印清光绪年间王毓藻等校刻本，1958年，第337页下栏。

雅·广言》：校，交也；校，报也。"①因此，"校"由"相连"又进一步引申出"度量"和"比较"的意思。《说文解字》曰："较（較），车骑上曲铜也。从车，爻声。"②而《说文解字注》则作："较（較），车輢上曲钩也。"③段玉裁注曰："各本作车骑上曲铜也。今依李善《西京赋》《七启》二注正。"④然而，无论是"曲铜"还是"曲钩"，"较"为古人车上之饰物这一点应为确论，而且通过"较"的形制还可以"辨别"尊卑。段玉裁曰："惟'较'可辜搉尊卑，故其引申为'计较'之'较'。亦作'校'，俗作'挍'，凡言'校雠'可用'较'字。"⑤既然，"校雠"之"校"与"较"相通，那么"校"字也就必然拥有了"比较""辨别"之义。

在对"校"有了一个较为深入的了解之后，我们再来看"释"字。《说文解字》曰："释，解也。从采，采取其分别物也；从睪声。"⑥段玉裁在"释"字下引《广韵》曰："舍也，解也，散也，消也，废也，服也，按其一'解'字足以包之。"⑦而"解"又被解释为"判也"，"从刀判牛角"。⑧"判"即"分"也，段玉裁注曰："《媒氏》'掌万民之判'，注：判，半也，得耦为合，主合其半成夫妇也。《朝士》'有判书以治则听'，注：判，半分而合者。"⑨可见，"释"有"分解""分别""判别"之义。然而，依段注"判"又不是绝对的"分别"，而是有"分别"而"耦合"的意思。那么，这个"耦合"之义似乎又与"校"之"相连"义取得了某种内在的

---

① （清）朱骏声：《说文通训定声·小部弟七》，清道光二十八年刻本，第21页a。

② （汉）许慎：《说文解字》，北京：中华书局影印清同治十二年陈昌治刻本，1978年，第301页。

③ （汉）许慎撰，（清）段玉裁注：《说文解字注》，上海：上海古籍出版社影印经韵楼藏版，1981年，第722页。

④ 同上。

⑤ 同上。

⑥ （汉）许慎：《说文解字》，北京：中华书局影印清同治十二年陈昌治刻本，1978年，第28页。

⑦ （汉）许慎撰，（清）段玉裁注：《说文解字注》，上海：上海古籍出版社影印经韵楼藏版，1981年，第50页。

⑧ （汉）许慎：《说文解字》，北京：中华书局影印清同治十二年陈昌治刻本，1978年，第94页。

⑨ （汉）许慎撰，（清）段玉裁注：《说文解字注》，上海：上海古籍出版社影印经韵楼藏版，1981年，第180页。

相关性。此外，"释"字从"采"，许慎对"采"的解释为："采，辨别也。象兽指爪分别也。凡采之属皆从采，读若辨。"①综上所述，我们可知无论是"校"还是"释"，二者均含有"辨别"之义。

　　然而，就中国传统注疏而言，"校"与"释"的区别还是较为明显的，"校"似乎更注重"辨别"文字，而"释"则更注重"辨别"义理。因此，在传统校勘学中，"校"主要是指在选定某一传世之作的"底本"和"校本"的情况下，对文字进行校正的工作。但是，在面对《论语》英译本的校释上，这一概念却应该随着对象的改变而有所变化。如前所述，我们在汇校集释中以理雅各《中国经典》中的《论语》英译为"底本"。不过，这只是一个笼统的说法，由于《中国经典》的版本变迁较为复杂，所以我们实际上是以香港大学1960年的修订本为真正的"底本"。对于选择这一"底本"的原因以及《中国经典》的主要版本情况，我们会在后文中详加讨论。

　　如果仅将《中国经典》中《论语》的不同版本作为一个系统而进行校释，这一做法总体上与中国传统的版本校勘并无实质上的不同。但是，如果将《论语》英译作为一个系统而进行汇校集释，在"校"的方面似乎已经超越了传统校勘的范畴。然而，这一"超越"本身却恰恰是源于对某一单一民族语言的"超越"。在单一民族语言的内部，不同的"校本"可以被看作是某个"假定"的"原始"文本的不同变体；而在不同语言之间，"译本"也理应被看作是"原文"文本的不同变体。而且，在将不同译本"相连"而进行"比较"和"辨别"的意义上，这也并未超出"校"在汉语语境中的本义及其引申义。

　　所以，在中西方学术文化相交汇的语境下，对于各种译本进行"汇校"，既包括某一译本自身不同版本在文字上的校勘——"自校"，也包括不同译本之间在具体译文上的"比较"和"辨别"——"他校"。在某种意义上，这也使得"文字"与"义理"以及"校"与"释"结合得更为紧

---

　　①　（汉）许慎：《说文解字》，北京：中华书局影印清同治十二年陈昌治刻本，1978年，第28页。

密。"校"与"释"不仅在词源学上存在意义关联，即使在具体的校勘中也是不可分割的，因为校正文字必然涉及"义理"以及对"义理"的理解与解释。清章学诚（1738—1801）《校雠通义叙》曰：

> 校雠之义，盖自刘向父子。部次条别，将以辨章学术，考镜源流；非深明于道术精微，群言得失之故者，不足与此。后世部次甲乙，纪录经史者，代有其人，而求能推阐大义，条别学术异同，使人由委溯源，以想见于坟籍之初者，千百之中，不十一焉。①

因此，在跨语言和跨文化的视域下，我们启用中国传统校勘学的校释方法，其目的在于：一方面，扩大这一方法的应用范围与研究领域，进而重新激活其丰富的理论潜能；另一方面，在其"外延"扩展的同时，促进这一方法在新的层面向其自身概念内涵的"回归"。

此外，这种跨语言的"汇校集释"有时还会得到某些"意外"的收获。众所周知，早期的《论语》英译大都以朱熹"四书章句集注"中的《论语集注》作为翻译底本。颇为有趣的是，朱熹在《论语集注》中将"乡党"篇分为十七节，而在我们的《论语》英译选本中，除了高大卫分为十四节之外，其余译者却分为十八节。中华书局"新编诸子集成"中的《四书章句集注》，②应该是此书当下最为通行的"点校本"，其校勘记曰："按本篇实有十八节（章），其中'入太庙，每事问'一节，朱熹认为与《八佾篇》重出，故称十七节。"③可见马士曼、理雅各、詹宁斯和苏慧廉的十八节即是将"重出"的一节计入其中。中山大学学者赖区平在《〈四书章句集注〉校读记》一文中却指出：

----

① （清）章学诚：《校雠通义》卷一，见于《粤雅堂丛书》（第五集），清道光至光绪间南海伍氏刊本，第 1 页 a。

② 按：中华书局本《四书章句集注》的初版本是 1983 年版，其后曾多次印刷；而第二版则为 2012 年版，该版改正了一些点校错误，但并不包括笔者所提及的问题。具体的点校更正，可参见赖区平《〈四书章句集注〉校读记》，见于北京大学《儒藏》编纂与研究中心《儒家典籍与思想研究》（第八辑），北京：北京大学出版社，2016 年，第 122 页注③。

③ （宋）朱熹：《四书章句集注》，北京：中华书局，1983 年，第 117 页。

　　宋赵顺孙《四书纂疏》于"重出"下引辅氏曰:"全章见《八
佾》,故《集注》不以入分节之数。"可见古人已有此说。然此实与
《四书章句集注》体例不合。考《论语集注》,朱子注"重出"之章节
有六,除"入大庙,每事问"外,尚有五章,但都独立成章,朱子亦
皆将之计入所属篇之总章数中。《孟子集注》注"重出"之章有二,
亦皆计入总章数中。由此可知,"入大庙,每事问"亦当独立成节,
计入总章节数中。但如此一来,则《乡党》篇当共分十八节,而朱子
之称十七节,似为偶误。又或者"章"可计入总数,而"节"则不必
计入,然终与体例不尽相合。①

　　平心而论,在"乡党"篇分节的问题上,朱熹"偶误"的可能性似乎更
大,而上述几位译者也确实引起了我们对这一问题的关注。

　　但是,问题似乎并非仅此而已,中华书局本《四书章句集注》在"乡
党"篇的具体分节上亦存在问题。该本中"其在宗庙朝廷,便便言,唯
谨尔"另为一节,而"升车,必正立执绥。车中,不内顾,不疾言,不
亲指"一段则与前文合为一节。②然而,上述几位译者的分节却与之不同,
除高大卫之外,他们均将中华书局本的第二节"其在宗庙朝廷"与前文合
为一节,而第十六节中的"升车"及后文又别为第十七节。其实,高大卫
也同样将中华书局本的第一、二节合为一节,"升车"一节亦为单行,只
是排序为第十三节而已。但更值得注意的是,诸位译者的分节方法实际
上与中华书局本之底本 [清嘉庆十六年(1811)吴县吴志忠刊本] 完全相
同。③因为嘉庆本的节间均以一圆圈("○")相隔,这一排版方式使得具
体分节一目了然。而中华书局本则将其改为"另起一行",④但其变更分节

---

　　①　赖区平:《〈四书章句集注〉校读记》,见于北京大学《儒藏》编纂与研究中心编《儒家典籍与思想研究》(第八辑),北京:北京大学出版社,2016年,第132页。
　　按:着重号为笔者所加。
　　②　(宋)朱熹:《四书章句集注》,北京:中华书局,1983年,第117、122页。
　　③　参见(宋)朱熹《四书章句集注》,杭州:浙江大学出版社影印清嘉庆十六年吴县吴志忠刊本,2012年,第274、286页。
　　④　参见(宋)朱熹《四书章句集注·点校说明》,北京:中华书局,1983年,第3页。

的依据尚不得而知。况且，在此章的分节处，朱注中大都有"此一节"之语，"其在宗庙朝廷"与前一节之间并无此语；而"升车"一段的注释中却有，若以此为标志，其确实应该别为一节。除了底本，中华书局本使用的校本是"清康熙内府仿刻的宋淳祐二年（1242 年）大字本"。① 以《覆淳祐本四书》观之，其经、注均为大字，经文顶格，而注文另行低一格。因此，该本的版式无法体现"乡党"篇的具体分节，而只是按"夹注"起行。② 可见，中华书局本的分节并非源于校本。此外，上海古籍出版社、安徽教育出版社 2002 年版《朱子全书》第六册中的《四书章句集注》，其"乡党"篇分节亦与中华书局本相同。③ 这一"校点本"《四书章句集注》的底本为"宋当涂郡斋本"，该刻本亦为"大字本"，其版式正为前述《覆淳祐本四书》所仿，④ 因此亦无法见出"乡党"篇的分节。

　　当然，以《论语》的英语译文反校"中华书局本"的"原文"，的确有些"曲折"，且中国学者已经意识到了其"乡党"篇分节的问题。但是，这对于跨语际的"汇校集释"而言，仍然是有意义的；我们可以大致推断，五部《论语》英译选本的翻译"底本"不大可能是"大字本"系统，而与"嘉庆本"的关系则较为密切。

---

　　① 按：陶湘《清代殿板书目》在"仿淳祐本朱子四书章句集注十九卷"一条中指出，此本"实为元代上虞泳泽书院修补燕山嘉氏覆宋本"，其根据为"原书淳祐丙午等八字有割裂填写痕迹内府覆刻遂承其误"。参见陶湘编《清代殿板书目》，见于陶湘编，窦水勇校点《书目丛刊》（一），沈阳：辽宁教育出版社，2000 年，第 78 页；（宋）朱熹撰，徐德明校点《四书章句集注·校点说明》，见于（宋）朱熹撰，朱杰人、严佐之、刘永翔主编《朱子全书》（第六册），上海：上海古籍出版社、合肥：安徽教育出版社，2002 年，第 3—4 页；赖区平《〈四书章句集注〉校读记》，见于北京大学《儒藏》编纂与研究中心编《儒家典籍与思想研究》（第八辑），北京：北京大学出版社，2016 年，第 122 页注①。
　　又按："淳祐丙午"（1246）是"淳祐六年"，中华书局本作"淳祐二年"，疑误。参见徐德明著《〈四书章句集注〉版本考略》，《华东师范大学学报》（哲学社会科学版）1998 年第 4 期，第 72 页。
　　② 参见（宋）朱熹《论语集注》卷第五，见于《覆淳祐本四书》，民国十六年寿春孙氏小墨妙亭刊本，第 22 页 b—41 页 b。
　　③ （宋）朱熹撰，徐德明校点：《四书章句集注》，见于（宋）朱熹撰，朱杰人、严佐之、刘永翔主编《朱子全书》（第六册），上海：上海古籍出版社、合肥：安徽教育出版社，2002 年，第 148、154 页。
　　④ 徐德明：《〈四书章句集注〉版本考略》，《华东师范大学学报》（哲学社会科学版）1998 年第 4 期，第 72 页。

选择不同的"底本"，必然会或多或少地影响译者对"原文"的理解与翻译。那么，在拓展了中国传统"校释"的范畴，并对其做出了某些"新"的解释之后，我们不妨再从西方诠释学（Hermeneutics）的角度，进一步阐明"汇校集释"与"翻译研究"之间的学理关系。众所周知，"诠释学"在西方有着较为深厚的历史传统。在《宗教的历史与现状：神学与宗教学简明词典》（*Die Religion in Geschichte und Gegenwart: Handwörterbuch für Theologie und Religionswissenschaft*）的"诠释学"（„Hermeneutik"）词条中，德国福音教派神学家（evangelischer Theologe）格哈特·埃贝林（Gerhard Ebeling，1912—2001）将"诠释"在西方诠释学中的意义划分为三个"方向"：

> 这个词［诠释］有三个义向：陈述（aussagen）［表达（ausdrücken）］、解释（auslegen）［说明（erklären）］和翻译（übersetzen）［口译（dolmetschen）］。哪一个意义应该处于优先地位在语言史上还未被确定。就理解问题（Verstehensproblems）的不同方式而言，这涉及"为了理解而带来"或"促成理解而导致"的本义的变化：即通过语词事实被"解释"，通过说明话语被"解释"，通过翻译外语被"解释（interpretiert）"［拉丁语：等价物（Äquivalent）］。在此诠释学的不同侧重已经表明，问题绝不仅仅在于它们的意义，而是在于指明其结构上的整体关系。①

而在《诠释学：施莱尔马赫、狄尔泰、海德格尔和伽达默尔的解释理论》（*Hermeneutics: Interpretation Theory in Schleiermacher, Dilthey, Heidegger, and Gadamer*）一书中，美国学者理查德·帕尔默（Richard E. Palmer，1933—）对"诠释"的三重意义划分，即"言说"（to say）、"说明"（to

---

① ［德］格哈特·埃贝林：《诠释学》（Gerhard Ebeling, „Hermeneutik," in *Die Religion in Geschichte und Gegenwart: Handwörterbuch für Theologie und Religionswissenschaft*, Bd.3, Hrsg. Kurt Galling und Hans Campenhausen, Tübingen: J. C. B. Mohr [Paul Siebeck], 1959, ss.242–243）。

explain）和"翻译"（to translate），实际上也是源于埃贝林。①

　　那么，按照埃贝林所述，我们也不妨对"诠释"的三重意义方向在"结构上的整体关系"做出尝试性的概括。因此，三者之间的关系似乎可以被表述为："言说"的目的就是为了把事情或问题解说明白，即"解释"和"说明"；而"解释"和"说明"又必须通过某种"转换"，即广义上的"翻译"和狭义上的"翻译"才能够得以实现。由此，我们既可以理解"言说"、"解释"和"翻译"在"诠释活动"中的"三位一体"，又可以更加深刻地认识到"翻译"与"解释"的内在关系。

　　在《诠释学Ⅰ：真理与方法》（Hermeneutik I: Wahrheit und Methode）一书中，德国哲学家汉斯－格奥尔格·伽达默尔（Hans-Georg Gadamer，1900—2002）对"翻译"的诠释学特征也给出了重要的表述：

　　　　这一点是很清楚的，无论翻译者如何想要进入作者及与作者感同身受，对于文本的翻译并不是简单地重新唤起（Wiedererweckung）作者原初的写作心理过程，而是对文本的仿造（Nachbildung），这一仿造受到翻译者所理解的文本内容的引导。无可否认，翻译所涉及的是解释（Auslegung），而不是纯粹的共同经历（Mitvollzug）。②

既然"翻译"已经是一种"解释"，而不仅仅是不同语言之间的简单转换，那么"翻译者"也必然成为"解释者"。而在解释的过程中，"解释者自身的视域是具有决定性作用的……并且有助于我们真正占有文本中所言之物"。③作为解释者的几位《论语》翻译者，在面对中国经典时其"理解的先行视域"，尤其是宗教和学术的文化背景，必然会起到举足轻重的作用。

---

　　① ［美］理查德·帕尔默：《诠释学：施莱尔马赫、狄尔泰、海德格尔和伽达默尔的解释理论》（Richard E. Palmer, *Hermeneutics: Interpretation Theory in Schleiermacher, Dilthey, Heidegger, and Gadamer*, Evanston: Northwestern University Press, 1988, p.13）。

　　② ［德］汉斯－格奥尔格·伽达默尔：《诠释学Ⅰ：真理与方法》（Hans-Georg Gadamer, *Hermeneutik I: Wahrheit und Methode*, in *Hans-Georg Gadamer Gesammelte Werke*, Bd.1, Tübingen: J. C. B. Mohr [Paul Siebeck], 1990, s.389）。

　　③ 同上书，第392页。

与此同时，中国经典强大的注疏传统亦会在他们的翻译过程中产生不可忽视的反作用。而两种视域的碰撞与融合，又一定会催生出许多新的意义。

因此，就诠释学视域下的"翻译研究"而言，对《论语》的英译本进行"汇校集释"，其首要任务并非判断译文的所谓"正确性"或者评价诸种译本的优劣；而是要在不同语言和文化相交汇的过程中，对一种翻译何以可能的条件和不同译文之间的关系及其所展现的多种意义的可能性予以阐明。

四　版本与体例

马士曼的《论语》英译本在很多国家的图书馆均有馆藏，这些藏本虽然主体部分基本相同（《论语》的原文、译文及注疏），但在其他部分的有无及装订顺序上则出入较大。就现存藏本而言，美国明尼苏达大学图书馆（University of Minnesota Libraries）的藏本（索书号：191C76 IM35）可能是收录最全的。本书使用的即是这一藏本，其具体内容如下：

①浸信会秘书威尔逊（C. E. Wilson）写给穆尔斯黑德（Fletcher Moorshead）的信（1页）；②题名页（1页）；③书名页（1页）；④献　辞（Dedication: To the right honorable Lord Minto, Governor General of India, 4页）；⑤勘误表（Errata, 4页）；⑥附录（Postscript, 17页）；⑦论汉语的字和音：附部首表及汉字单音节表［Dissertation on the Characters and Sounds of the Chinese Language: Including Tables of the Elementary Characters, and of the Chinese Monosyllables，包括论文全名页（1页）、内容大纲（2页）、正文（113页）、部首表（4页）、汉字单音节表（4页）和勘误表（1页），共125页］；⑧孔子生平（The Life of Confucius, 39页）；⑨《论语》前十篇的原文、译文及注疏（725页）。全书共917页（除空白页外）。①

---

①　按：该藏本具体内容的说明，系据中央民族大学学者高志强博士后研究工作报告修订、补充而成。参见高志强著《二战前〈论语〉英译研究》，博士后研究工作报告，北京：中国人民大学，2013年，第37页。

马士曼《论语》英译本的最大特点就是，其译文（从左至右横排）的语序尽可能与汉语原文（从右至左竖排）保持一致，并且对应的中英文之间还标有相同的数字号码。① 每个汉字的右侧还有字母注音，其注音系统应为马士曼自创。而所注字音则很可能是其粤语发音，注音旁边还用阿拉伯数字标出 4 个声调：1 表示"舒缓平和"（moderate）之声；2 表示"尖锐"（acute）、"上扬"（rising）之声；3 表示长（long）声；4 表示"短而急促"（short and rapid）之声。此外，在译本的开始部分，有些汉字在粤语注音之下还用斜体标注了官话发音。② 显然，这些都是出于汉语学习的一种需要，诚如其在该译本的《献辞》中所言：他的译介所采用的形式，不仅希望可以传达中国文学的观念，而且要对学习这种奇妙而繁难的语言有所助益。③

在正文排版的其他方面，与《论语》通常所谓的"卷"相对应的是"book"，以大写罗马数字排序，如"BOOK I"。与"篇"相对应的是"chapter"，也以大写罗马数字排序，如"学而"篇在译文中即为"CHAPTER I"（篇名未译）。而与"章"相对应的则是"section"，同样以大写罗马数字排序，如"SECTION I"；但排序常有明显的印刷错误，且在"勘误表"中未予更正。此外，马士曼又按朱熹《论语集注》中的"夹注"将每章进一步划分为"句"（sentence），并以序数词排序，如"SENTENCE 1st"，亦偶有排序错误。"句"的划分方式可以较为令人信

---

① 按：在马士曼的《论语》译本中，中英文对照的数字号码亦偶有错误，如"人不知而不愠"中的第二个"不"被标为"6"，而"愠"却被标为"5"。参见 [英] 马士曼译《孔子的著作，包括原文及译文；前附有关中国语言和文字的论文》（Joshua Marshman, *The Works of Confucius; Containing the Original Text, with a Translation*, vol.I, Serampore: The Mission Press, 1809, p.8）。

② [英] 马士曼：《孔子生平》，见于 [英] 马士曼译《孔子的著作，包括原文及译文；前附有关中国语言和文字的论文》（Joshua Marshman, "The Life of Confucius," in Joshua Marshman, *The Works of Confucius; Containing the Original Text, with a Translation*, vol.I, Serampore: The Mission Press, 1809, p.xxxvi）。

③ [英] 马士曼：《献辞》，见于 [英] 马士曼译《孔子的著作，包括原文及译文；前附有关中国语言和文字的论文》（Joshua Marshman, "Dedication," in Joshua Marshman, *The Works of Confucius; Containing the Original Text, with a Translation*, vol.I, Serampore: The Mission Press, 1809, p.ii）。

服地证明，马士曼《论语》译本的底本即为《四书章句集注》。但马士曼如此重视章、节、句的划分，似乎也应与《圣经》的"章节"划分传统有关，而且这种方式还在其后理雅各、苏慧廉的《论语》翻译中得到了延续。在每段原文和译文之后，马士曼将朱熹《论语集注》的选译放在了"评注"（Comment）之中，而他本人的观点则体现在"注释"（Notes）和"汉字附注"（Remarks on the Characters）中。①

　　不过，马士曼所使用的《四书章句集注》的具体版本还有待进一步考证，其很可能是明、清刊本。②在《孔子生平》中，马士曼曾提到他所使用的《论语》为两册（two volumes），每册5卷，每卷两篇，共10篇。③就笔者所知，美国哈佛大学哈佛燕京图书馆（Harvard-Yenching Library）所藏明嘉靖蔡氏文峰堂《四书章句集注》（索书号：008823901）刊本中的《论语》即为上、下两册，每册5卷10篇。这一刊本与马士曼对其所用《论语》的描述大体一致，但相似的刊本亦应为数不少。该馆又藏明嘉靖十七年陈氏积善书堂《四书章句集注》（索书号：007753134）刊本，此本中的《论语》与蔡氏文峰堂刊本也大致相同，只是并未明确标出上、下而已。此外，德国巴伐利亚州立图书馆（Bayerische Staatsbibliothek）所藏雍正间《五经四书》（纸版索书号：BV037388280）内府刊本中的《四书章句集注》（线上电子版索书号：BV037388351），其《论语》的形制也与蔡氏文峰堂略同。

　　与马士曼相比，高大卫的"四书"译本虽然也有汉语学习的目的，却没有附汉语原文，其注释体例也相对简单，仅以脚注形式对正文译文偶有注释（Notes）。译者还特别提示，其注释并非对某一注家的直译，而

---

　　①　［英］马士曼译：《孔子的著作，包括原文及译文；前附有关中国语言和文字的论文》（Joshua Marshman, *The Works of Confucius; Containing the Original Text, with a Translation*, vol. I, Serampore: The Mission Press, 1809, p.2)。

　　②　按：康太一将马士曼使用的《四书章句集注》推定为"宋本"，似应有误。参见康太一《从英译〈论语〉到汉译〈圣经〉：马士曼与早期中西对话初探》，博士学位论文，北京：北京外国语大学，2013年，第66页注309。

　　③　［英］马士曼：《孔子生平》，见于［英］马士曼译《孔子的著作，包括原文及译文；前附有关中国语言和文字的论文》（Joshua Marshman, "The Life of Confucius," in Joshua Marshman, *The Works of Confucius; Containing the Original Text, with a Translation*, vol.I, Serampore: The Mission Press, 1809, p.xxi)。

是提炼了不同注解的要旨。若对某个脚注需再做附注（remarks），则仍以脚注的形式出现，而仅以一居中的短横线隔开。①高大卫按照中国的某些传统方式，将《论语》译文分为"上论"（Shang Lun / Vol.I）和"下论"（Hea Lun / Vol.II）两册。每册包括10篇，以大写罗马数字排序，如"学而"篇为"CHAP. I"；而"篇"中的"章"则以阿拉伯数字排序，"章"中虽偶有分段，但并非按照朱熹的"夹注"而设。

　　除了译文和注释之外，该译本还附有译者所写的《序言》和《孔子略传》（"Memoirs of Confucius"）。《孔子略传》所述孔子的生平，很可能出自《史记·孔子世家》。在《序言》中，高大卫对"四书"的主要内容进行了介绍，所以其译本以《四书章句集注》为底本也就不需要过于繁琐的考证，②更何况在《大学》和《中庸》的译文中马士曼还直接加入了朱熹的题解和对"章旨"的阐释。而与马士曼类似的问题则是，我们也无法确定高大卫所用《四书章句集注》的具体版本。不过，如前所述，高大卫将《论语》分为"上论"和"下论"，对于《孟子》亦直称"上孟""下孟"。③那么，这一描述与前述《四书章句集注》明嘉靖蔡氏文峰堂、陈氏积善书堂刊本以及清雍正内府刊本亦大体一致，其均为五册：《大学》《中庸》合为一册，《论语》以"乡党"篇结束别为两册，《孟子》则自"离娄"篇而一分为二。至于高大卫"四书"译本本身的版本情况，则并不复杂，除了初版本之外还有1970年的影印本。该影印本前增加了威廉·斯坦（William Bysshe Stein，1915—）的《导言》（Introduction），而且在保

---

① ［英］高大卫：《序言》，见于［英］高大卫译《通常被称为"四书"的中国经典著作，译文及注释》（David Collie, "Preface," in David Collie, trans., *The Chinese Classical Work Commonly Called the Four Books; Translated, and Illustrated with Notes*, Gainesville: Scholars' Facsimiles & Reprints, 1970, p.8）。

② 参见郭磊《首部〈四书〉英译本成书过程刍议》，《国际汉学》2014年第26辑，第139—146页。

③ ［英］高大卫：《序言》，见于［英］高大卫译《通常被称为"四书"的中国经典著作，译文及注释》（David Collie, "Preface," in David Collie, trans., *The Chinese Classical Work Commonly Called the Four Books; Translated, and Illustrated with Notes*, Gainesville: Scholars' Facsimiles & Reprints, 1970, p.6）。

按：《四书章句集注》中的《孟子集注》一般为七篇或十四篇，后者只是将每篇别为上、下而已（如《梁惠王上》和《梁惠王下》）。但高大卫的《孟子》译文却为十三篇，其将《告子下》与《尽心上》合为一篇。这一做法令人费解，尤其是"十三"这个数字对于传教士来讲应该是极为"敏感"的。

留原书每一部分单独页码的同时还增加了连续页码，①本书亦使用这一版本并按连续页码出注。

　　相较而言，理雅各《中国经典》的版本情况则比较复杂，我们会在后文中予以详细的说明。在此，我们仅需知道其有三个最为重要的版本：初版本（1861—1872）、修订本（1893—1895）和香港大学出版社 1960 年本（简称"港大本"）。《中国经典》的"修订本"是理雅各返回英国后在初版本的基础上修订完成的，而"港大本"又在"修订本"的基础上做了进一步的修订。不过，三个版本中《论语》的翻译体例均保持不变，其译文按原文分为 20 篇（book），以大写罗马数字排序，如"学而"篇为"BOOK I"。而"篇"中的"章"作"chapter"，仍以大写罗马数字排序，如"CHAPTER I"；"章"中的"节"则均按朱熹"夹注"划分，仅以阿拉伯数字排序。

　　此外，在三部儒家经典的译文之前，理雅各还撰写《序言》（Preface）和《绪论》（Prolegomena），正文之后则附上了"索引"（Indexes）。《绪论》的第一章对"中国经典"进行了概述，第二至四章分别介绍了《论语》、《大学》和《中庸》，而第五章主要是孔子的生平和思想（也包括其弟子的简介），最后一章则列出了重要的中文参考书目、相关译著和其他西文著作。就《论语》而言，理雅各给出了柏应理等人的拉丁语译著和马士曼、高大卫的英语译著。"索引"的前六部分，是《论语》《大学》《中庸》所分别涉及的重要"主题词"（Subjects）及"专名"（Proper Names），而第七部分则是三部经典中的"汉字与短语"（Chinese Characters and Phrases）索引。不过，本书使用的并非《中国经典》第一卷的修订本，而是港大本，因为后者在修订本的基础上将理雅各"勘误表"中所示的错误在正文中进行了更正。当然，在具体的校释过程中，我们还是会涉及其他版本。

　　詹宁斯的《论语》译本与高大卫相似，其只有译文而未附汉语原文，注释也比较简单，且常识性、说明性的居多。译文的分篇延续了理雅各的做法，以"book"名之，大写罗马数字排序。"篇"的"章""节"也

---

　　①　按：高大卫"四书"译本每部分使用单独页码，很可能与当时中国典籍刊本每卷重新排页有关。而柏应理等人的《中国哲学家孔子，或以拉丁语表述中国人的智慧》也是每部分重新排页，但高大卫是否受其影响尚不可知。

基本上按照朱熹的方式划分,"章"以阿拉伯数字排序,"节"则以分段作为标志。在译文之前的《导言》(Introduction)中,詹宁斯介绍了孔子在中国的地位、生活的时代和主要经历,也对"德"、"知"、"仁"、"义"、"礼"、"信"、"君子"和"孝"这几个概念进行了解释。《导言》的结尾处还附有《翻译说明》和《五德的汉字说明》(Note on the Chinese Characters for the Five Virtues),而在《导言》之后又单独列出了《专名发音表》(Pronunciation of Proper Names)。最后,詹宁斯还为《论语》中的"关键词"编制了简单的《索引》(Index)。

除了1895年的初版本之外,詹宁斯的《论语》译本还于1900年被埃皮法尼厄斯·威尔逊(Epiphanius Wilson,1845—1916)编入其"世界伟大经典"(The World's Great Classics)丛书《东方文学》(Oriental Literature)的第四卷,① 该卷包括"中国文学"(The Literature of China)和"阿拉伯文学"(The Literature of Arabia)两个部分。而"中国文学"中还收录了理雅各翻译的《孟子》(The Sayings of Mencius)节选、韵文体《诗经》(The Shi-King)② 和《佛国记——沙门法显自记游天竺事》(The Travels of Fâ-Hien)③ 以及英国汉学家、曾为第二任港督的德庇时(John

① [英]詹宁斯译:《论语》,见于[英]埃皮法尼厄斯·威尔逊编《东方文学》第四卷(William Jennings, trans., *The Analects of Confucius*, in Epiphanius Wilson, ed., *Oriental Literature*, vol. IV, New York: The Colonial Press, 1900, pp.3–93)。

按:该书同年同版似乎另有"单行本"发行,丛书的书名页上均有"The World's Great Classics"的字样,出版社也同为"The Colonial Press",但在具体纹饰及相关的文字描述上却略有不同,尤其是右下角的拉丁数字"MDCCCXCIX"(1899)被替换为"London"(左下角均为"New York")。而在本册具体的书名页上,"Oriental Literature"则被替换为"Chinese Literature"("中国文学"之后仍然是阿拉伯文学,而"Oriental Literature"也同样被替换为"Arabian Literature"),因此并无"卷号"。至于二者是同时印刷的不同装帧还是先后印刷,似已无法考核。此外,这同版的两书均标注为"Revised Edtion"(修订版),但笔者在查阅了大量文献后并未发现该书的"初版本"信息。

② 按:威尔逊《东方文学》中收录的理雅各韵文体《诗经》原为其《中国经典》"现代本"(1867—1876)的第三卷(James Legge, trans., *The Chinese Classics: Translated into English, with Preliminary Essays and Explanatory Notes*, vol.III, *The She King; or, The Book of Poetry*, London: Trübner & Co., 1876)。关于这一版的《中国经典》可参见本书第一章第三节。

③ 按:理雅各所译《佛国记——沙门法显自记游天竺事》的英文书名被编者威尔逊省略为"The Travels of Fâ-Hien",即笔者在前文中提到的"A Record of Buddhistic Kingdoms, Being an Account by the Chinese Monk, Fâ-Hien of His Travels in India and Ceylon (A.D. 399–414) in Search of the Buddhist Books of Discipline"一书。

Francis Davis，1795—1890）所翻译的《汉宫秋》（*The Sorrows of Han*）。①
在这部名为《东方文学》的选集中，编者于詹宁斯的《论语》译本前增
加了自己撰写的《导言》（Introduction），同时只保留了原版中的《专
名发音表》、译文和极少量的注释。此外，詹宁斯对《论语》各篇的介
绍也被缩减，如"学而"篇变为"关于学习——各种不同的言论"（On
Learning—Miscellaneous Sayings），②而原文则是"主要关于学习——它的
乐趣、动机和目的——孝、弟及其他义务——各种不同的言论"（Chiefly
on learning—its pleasures, inducements and aims, —Filial, fraternal, and
other duties—Miscellaneous sayings）。③那么，在了解了上述差异之后，我
们姑且将这一版本称作"东方文学本"。值得一提的是，仍然在 1900 年，
威尔逊又将詹宁斯的《论语》编入了《孔子的智慧》（*The Wisdom of Con-
fucius*）一书，④该书还收录了理雅各翻译的《孟子》节选和韵文体《诗经》。
在这一版本中，"The Analects of Confucius"被更名为"The Wisdom of
Confucius"，其他编排则与"东方文学本"基本一致，只是大部分注释为
"单栏"而并非前者的"双栏"。由于该书又被编者冠以"世界流行经典"
（The World's Popular Classics）之名，我们不妨将其称为"流行经典本"。

　　苏慧廉《论语》译本的正文部分被其称为"文本与注释"（Text
and Notes），按照《论语集注》比较常见的一种体例，其具体分为 10 卷
（volume），每卷两篇（book），共计 20 篇。每篇又分为章（chapter），章

---

　　①　按：该元杂剧英译本的初版本为［英］德庇时译《汉宫秋：中国悲剧，译自原文并附
注释》（John Francis Davis, trans., *Hān Koong Tsew, or The Sorrows of Hān: A Chinese Tragedy,
Translated from the Original, with Notes*, London: The Oriental Translation Fund, 1829）。关于德
庇时对元杂剧之译介方面的研究，可参见汪诗珮《择选眼光与翻译策略：德庇时"中国戏剧推荐
书单"初探》，《台大中文学报》2016 年第 53 期，第 43~94 页。

　　②　［英］詹宁斯译：《论语》，见于［英］埃皮法尼厄斯·威尔逊编《东方文学》第四卷
（William Jennings, trans., *The Analects of Confucius*, in Epiphanius Wilson, ed., *Oriental
Literature*, vol. IV, New York: The Colonial Press, 1900, p.7）。

　　③　［英］詹宁斯译：《论语：附有注释及导言的译本》（William Jennings, trans., *The Confucian
Analects: A Translation, with Annotations and an Introduction*, London: George Routledge and Sons,
1895, p.39）。

　　④　［英］詹宁斯译：《论语》，见于［英］埃皮法尼厄斯·威尔逊编《孔子的智慧》（William
Jennings, trans., *The Wisdom of Confucius*, in Epiphanius Wilson, ed., *The Wisdom of Confucius*,
New York: Books, Inc., 1900, pp.3–110）。

内按朱熹"夹注"再分节，这一做法与马士曼、理雅各基本相同。其卷、篇、章均以大写罗马数字排序，节则以阿拉伯数字计之。在每一章中，首先是汉语原文（从右至左竖排），然后是英语译文（从左至右横排），最后是英语注疏及理雅各等人的译文（注疏中包括"章旨"的简单概括、某些朱注的汉语原文及"官话"的汉字释义等）。此外，每篇第一章的注疏中还有对"篇旨"的阐释，而"学而"篇第一章的"篇旨"前又加上了对《论语》书名的简略介绍。在正文之前有苏慧廉撰写的《序言》（Preface）和《导言》（Introduction），后者又分为八个部分，其依次为：I. 中国古代史（The Ancient History of China），II. 孔子的生平与时代（The Life and Times of Confucius），III.《论语》——成书历史与真实性（The Analects—Their History and Authenticity），IV. 有关《论语》的著作（Works on the Analects），V.《论语》中提到的弟子（Disciples Mentioned in the Analects），VI. 年表（Chronological Tables），VII. 孔子时代的中国地理（Geography of China in the times of Confucius），VIII. 名词解释（Terminology）。而在"名词解释"的"术语"中，又具体包括了"仁""义""礼""乐""文""学""道""命""德""忠""信""孝""敬""士""君子""贤""圣""夫子""子"的英语释义及《释名》《说文解字系传》《论语集注》等书中的汉语释义。在正文之后，苏慧廉的译本中还编有"汉字索引"（Index of Characters）和《"四书"中的地理位置》（The Topography of the Four Books）。

　　1937 年，谢福芸（Lady Hosie，1885—1959）将其父亲苏慧廉《论语》英译初版本中的大部分注释删除，并对个别译文进行了修改，从而作为牛津大学出版社"世界经典丛书"（The World's Classics）出版发行。[①]该版本以后又几经再版，其影响反而超过初版本，我们将其简称为"世经本"。当然，就研究价值而言，初版本是删节本所无法取代的。

　　那么，出于简化的考虑，本书用两个大写英文字母代替译者的名字

---

　　① ［英］苏慧廉译，谢福芸编：《论语》（William Edward Soothill, trans., Lady Hosie, ed., *The Analects; or, The Conversations of Confucius with His Disciples and Certain Others*, The World's Classics 442, London: Oxford University Press, 1937）。

及其《论语》译本，它们分别为：J. M.= Joshua Marshman（马士曼），D. C.= David Collie（高大卫），J. L.= James Legge（理雅各），W. J.= William Jennings（詹宁斯），W. S.= William Edward Soothill（苏慧廉）。而五部选本的卷、篇、章、节对应表亦排列如下：

代名字母	卷	篇	章	节
J. M.	BOOK	CHAPTER	SECTION	SENTENCE
D. C.		CHAP.	阿拉伯数字	
J. L.		BOOK	CHAPTER	阿拉伯数字
W. J.		BOOK	阿拉伯数字	分段
W. S.	VOLUME	BOOK	CHAPTER	阿拉伯数字

最后，我们再来简述一下本书所采用的"汇校集释"的体例。如在上一节中所述，本次"汇校"既包括同一选本内部的"自校"，也包括五部选本之间的"他校"。那么，我们将本书所选用的五部《论语》英译本的具体版本排列如下，并在其后给出主要的"自校本"：

Joshua Marshman, trans., *The Works of Confucius, Containing the Original Text, with a Translation*, vol.I, Serampore: The Mission Press, 1809.（美国明尼苏达大学图书馆藏本，无"自校本"）

David Collie, trans., *The Chinese Classical Work Commonly Called the Four Books; Translated, and Illustrated with Notes*, Gainesville: Scholars' Facsimiles & Reprints, 1970.（"自校本"为1828 年"初版本"）

James Legge, trans., *The Chinese Classics, with a Translation, Critical and Exegetical Notes, Prolegomena, and Copious Indexes*, vol.I, *Containing Confucian Analects, The Great Learning, and The Doctrine of the Mean*, Hong Kong: Hong Kong University Press, 1960.（"自校本"为 1861 年"初版本"、1867 年"现代本"、1893 年"修订本"）

William Jennings, trans., *The Confucian Analects: A Translation, with Annotations and an Introduction*, London: George Routledge and Sons, 1895. ("自校本"为 1900 年"东方文学本"、1900 年"流行经典本")

William Edward Soothill, trans., *The Analects of Confucius*, Yokohama: Fukuin Printing Company, 1910. ("自校本"为 1937 年"世经本")

由于本次"汇校"是以理雅各的译本为"底本",所以无论汉语原文还是其他译本的章节划分均按理雅各在《中国经典》中的划分方式。在具体的"汇校集释"中,首先列出《论语》的汉语原文(使用粗体),其次是理雅各的译文(使用粗体),然后按初版本的时间顺序列出其他选本的译文。此外,鉴于朱熹《四书章句集注》(中华书局,1983)在《论语》英译中的重要作用,我们也将朱熹的注释列在最后。对于这些文本,我们将不再单独出注。而在"汇校集释"的过程中,本书在使用这些译本的《前言》《导论》及注释时也不再单独出注,只随文标出译者及所选版本的页码。在列出上述文本之后,本书主要梳理和解释文本中所涉及的"关键词",并辅之以"校释者按",以便对译文中所涉及的重要问题做进一步的思考与讨论。

第 一 章

理雅各《中国经典》主要版本考辨

时至今日，距理雅各《中国经典》初版本第一卷（1861）的刊印，虽然已经过去150多年，但是该译著学术价值的厚重性并未因时间及后出译本而受到多少影响。不过，值得我们注意的是，在过去的一个半世纪里《中国经典》还是经历了几次重要的修订与再版。因此，作为《论语·学而》英译汇校集释的"底本"，我们必须对《中国经典》的主要版本进行考查并阐明与之相关的一些问题。

第一节 《中国经典》第一、二卷与"四书"

《中国经典》初版本的第一卷和第二卷 ① 刊印于 1861 年，其书名的完整标题为 "The Chinese Classics, with a Translation, Critical and Exegetical Notes, Prolegomena, and Copious Indexes"。书中除了原文及译文之外，主要还包括"注疏"、"绪论"及"索引"，这一整体形制在后来出版的第三、四、五卷中也得到了延续。不过，在该书"标题页"中我们可以看到，理雅各所规划的《中国经典》本来应该是七卷（In Seven Volumes）；然而，无论是初版本（1861—1872）还是修订本（1893—1895）都只有五卷。英国学者、翻译家哈罗德·沙迪克（Harold Shadick，1902—1993）

---

① ［英］理雅各译：《中国经典：附有译文、注疏、绪论及详细索引》初版本 / 第二卷（James Legge, trans., *The Chinese Classics: With a Translation, Critical and Exegetical Notes, Prolegomena, and Copious Indexes*, vol.II, *Containing The Works of Mencius*, Hong Kong: At the Author's; London: Trübner & Co., 1861 ）。

在有关《中国经典》香港大学出版社 1960 年本的《书评》中曾指出：

> 　　1858 年，他（理雅各）首次向朋友们披露了自己的具体计划，
> 即以七卷本出版"四书"和"五经"（所有"标题"页都注明了七卷
> 本）：第一卷——《论语》《大学》《中庸》；第二卷——《孟子》；
> 第三卷——《书经》；第四卷——《诗经》；第五卷——《春秋》附
> 《左传》；第六卷——《易经》；第七卷——《礼记》。①

　　实际上，规划中的第六卷《易经》与第七卷《礼记》，后来被分别移到
了《东方圣书》的第十六卷②和第二十七、③二十八卷。④只是，翻译体例
已与《中国经典》大为不同。此外，理雅各所谓的"五经"实与唐孔颖达
（574—648）等编撰的《五经正义》相同，而与西汉所立"五经博士"之
"五经"略有出入。《五经正义》包括《周易正义》《尚书正义》《毛诗正
义》《礼记正义》和《春秋左传正义》，而西汉所立"五经"中的《礼》指
的是《仪礼》而不是《礼记》，且《春秋》亦主《公羊传》而非《左传》。
　　同样，理雅各的"四书"也是一个需要进一步探讨的问题。《中国经
典》的前两卷正好相当于宋儒所谓的"四书"，然而其顺序与朱熹所定的
不同。《朱子语类》卷第十四《大学一·纲领》载曰："某要人先读《大

---

　　①　[英]哈罗德·沙迪克：《理雅各〈中国经典〉（香港大学，1960）书评》（Harold Shadick, Rev. of *The Chinese Classics*, by James Legge, *The Journal of Asian Studies*, vol.22, no.2, 1963, p.202 ）。

　　按：括号里的字为笔者所加。

　　②　[英]理雅各译：《儒家文本（二）：〈易经〉》，见于 [英]马克斯·缪勒主编《东方圣书》第十六卷（James Legge, trans., *The Texts of Confucianism, Part II, The Yî King*, in F. Max Müller, ed., *The Sacred Books of the East*, vol.XVI, London: The Clarendon Press, 1882 ）。

　　③　[英]理雅各译：《儒家文本（三）：〈礼记〉（第一至十篇）》，见于 [英]马克斯·缪勒主编《东方圣书》第二十七卷（James Legge, trans., *The Texts of Confucianism, Part III, The Lî Kî*, I–X, in F. Max Müller, ed., *The Sacred Books of the East*, vol.XXVII, London: The Clarendon Press, 1885 ）。

　　④　[英]理雅各译：《儒家文本（四）：〈礼记〉（第十一至四十六篇）》，见于 [英]马克斯·缪勒主编《东方圣书》第二十八卷（James Legge, trans., *The Texts of Confucianism, Part IV, The Lî Kî*, XI–XLVI, in F. Max Müller, ed., *The Sacred Books of the East*, vol.XXVIII, London: The Clarendon Press, 1885 ）。

学》，以定其规模；次读《论语》，以立其根本；次读《孟子》，以观其发越；次读《中庸》，以求古人之微妙处。"①《四库全书总目·经部·四书类一》又曰：

> ……定著"四书"之名，则自朱子始耳。原本首《大学》，次《论语》，次《孟子》，次《中庸》。书肆刊本以《大学》《中庸》篇页无多，并为一册，遂移《中庸》于《论语》前。明代科举命题，又以作者先后，移《中庸》于《孟子》前。然非宏旨所关，不必定复其旧也。②

美国学者诺曼·吉拉尔多特（Norman J. Girardot, 1943— ）在《维多利亚时代的汉译——理雅各东方朝圣之行》（*The Victorian Translation of China: James Legge's Oriental Pilgrimage*）一书中认为《中国经典》前两卷不遵循传统"五经"（以《易经》为首）或"四书"（以《大学》为首）的顺序绝非偶然：

> 为了与基督教经文中的故事保持一致（其中《旧约》为《新约》中具有革命性的福音所实现），理雅各清楚地意识到中国古代的"五经"在后来的"四书"中达到了顶点，其所阐明的道德教训与在四福音书中所发现的具有惊人的相似性。③

很显然，吉拉尔多特认为理雅各是在《圣经》"预表法"（typology）的意

---

① （宋）黎靖德编，王星贤点校：《朱子语类》（第一册），北京：中华书局，1986 年，第249 页。

② （清）永瑢、纪昀等撰：《四库全书总目》，北京：中华书局影印浙江杭州本，1965 年，第 293 页下栏。

③ ［美］诺曼·吉拉尔多特：《维多利亚时代的汉译——理雅各东方朝圣之行》（Norman J. Girardot, *The Victorian Translation of China: James Legge's Oriental Pilgrimage*, Berkeley: University of California Press, 2002, p.58 ）。

义上来看视"四书"与"四福音书",并有意将二者相对应的。①

　　然而,香港浸会大学学者费乐仁(Lauren F. Pfister, 1951—)在《力尽"人所当尽的本分"——理雅各及苏格兰新教与中国之相遇》(*Striving For "The Whole Duty of Man": James Legge and the Scottish Protestant Encounter with China*)一书中认为,理雅各之所以没有以"五经"之首《易经》作为《中国经典》的开篇,其实有一个非常现实的考虑:在 1854 年,理雅各还没能"参透"这部书,直至 19 世纪 80 年代,"他才最终破解了其迷宫般的意义并开始创造一个合理而可读的译本"。②至于理雅各不采用天主教和新教传教士所遵循的"四书"之"标准化顺序",费乐仁也给出了自己的解释:

　　　　一个比较明显的原因是,如理雅各在《绪论》中所言,从历史上看《论语》是四部文献中最早的一部。但是,一个更有意义的事件萦绕在理雅各的心中。其重新安排文献的原因显然是出于《中国经典》第一卷《绪论》中所作的批判。作为一名传教士-学者(missionary-scholar),理雅各非常自觉地意识到,在《论语》中人们会发现这位被中国学者奉为"万世师表"的人的所有生活细节。……理雅各明白每一位传教士都必须面对这些无法回避的问题:一位外国教师该如何谈论孔夫子?如何将这位中国的孔夫子与犹太人耶稣、拿撒勒的拉比、基督教的基督相比较?③

诚如费乐仁所言,理雅各在《中国经典》初版本第一卷《绪论》中对孔子(前 551—前 479)及儒家思想是持着极强的批判态度的:

---

　　① 关于"预表法"或"预表解经"在基督教释经学中的具体内涵,可参见本书第二章第一节"校释者按"的相关论述。

　　② [美]费乐仁:《力尽"人所当尽的本分"——理雅各及苏格兰新教与中国之相遇》第二卷(Lauren F. Pfister, *Striving for "The Whole Duty of Man": James Legge and the Scottish Protestant Encounter with China*, vol.II, Frankfurt am Main: Peter Lang, 2004, p.103)。

　　③ 同上书,第 103—104 页。

我希望我没有不公正地对待他（孔子），但在对其性格和观点做了长时间的研究之后，我无法将其视为一个伟大的人物。他无法超越其时代，尽管他高于他的时代的很多官员和学者。但他不能对具有世界性意义的问题做出新的阐释。他对宗教毫无热情，也不支持进步。他的影响曾经极为巨大，但自此以后将逐渐消退。我认为这个国家对他的信仰将迅速而且广泛地消失。①

因此，就理雅各的这种批判态度而言，其在多大程度上能够将"四书"与"四福音书"相对应是一个很值得怀疑的问题，而且吉拉尔多特也没有真正解释理雅各将《论语》置于"四书"之首的原因。②

此外，在《中国经典》每卷的扉页上，用汉字镌写了《孟子·万章上》中的一段话："不以文害辞，不以辞害志，以意逆志，是为得之。"③在某种意义上，我们是否可以这样说，理雅各对中国传统"四书"的重新排序正好体现了其以西方"传教士－学者"之意"逆"东方圣人之志的翻译诉求和诠释立场。

---

①　［英］理雅各：《绪论》，见于［英］理雅各译《中国经典：附有译文、注疏、绪论及详细索引》初版本／第一卷（James Legge, "Prolegomena," in James Legge, trans., *The Chinese Classics: With a Translation, Critical and Exegetical Notes, Prolegomena, and Copious Indexes*, vol.I, *Containing Confucian Analects, The Great Learning, and The Doctrine of the Mean*, Hong Kong: At the Author's; London: Trübner & Co., 1861, p.113）。

按：括号里的字为笔者所加。

②　按：吉拉尔多特与费乐仁在"四书"排序的问题上虽然见解不同，但都认为"四书"是按照篇幅从短到长的顺序排列的。然而，从前面正文所引《四库全书总目》中的解释来看，两位学者的这一认识还是不够准确与全面的。

③　按：如正文中所述，这段话本出自《孟子·万章上》。但是，在《中国经典》第一卷的扉页上，该段引文被标注为 "Mencius, V. Pt.II. iv.2"。按照理雅各对《孟子》的章节划分，这一标注表明引文出自第五篇（V）第二部分（Pt.II）第四章（iv）第二节（2）。但是，第五篇第二部分对应的应该是《孟子·万章下》，考之《中国经典》初版本第二卷，在该卷勘误表（Errata, p.viii）中已经指出正文第225—231页的页眉上出现了排版错误，即 "Pt.I" 被错排成了 "Pt. II"，因此第一卷扉页上的错误可能正源于此，但第二卷的扉页已经做了更正。

第二节 《中国经典》的排印方式

《中国经典》第一卷的正文页面被分为三个部分：最上面为汉语原文（从右至左竖排）、中间为英语译文（从左至右横排）、最下面为英语注疏（分两栏从左至右横排，必要时附汉字）。此后的几卷也采用了几乎同样的排印方式（typography），只是在个别书页上略有不同而已。在第三、四卷中有些英语注疏较长，所以单独占满了一页；而在第五卷中，由于《春秋》后附有《左传》，二者有时会占据大部分页面甚至一整页或更多，这同样使得原文、译文和注疏三部分无法保持在同一页面之内。总体而言，这种三部分的排印方式还是较为合理的。而且，在某种意义上，这也是西方古典学校勘（包括《圣经》校勘）与中国传统注疏相结合的产物。

费乐仁在前述著作的第二卷注释中，已经指出这一排印方式似乎与理雅各在《中国经典》第一卷中所列的一本参考书有关。①这本书的书名为《新增四书补注附考备旨》，其出版年代为 1779 年，即乾隆（四十四）己亥年。②该书由明邓林（生卒不详）所撰，清邓煜（生卒不详）编次，清祁文友（生卒不详）重校，杜定基（生卒不详）增订。下文右侧书影中的为宝庆澹雅局 1921 年（民国十年）刊本，其书名稍有不同，正题名为《四书备旨》，书页中的题名为《新订四书补注备旨》。该版前有杜定基所撰《新订四书备旨序》，很可能是初版的重刊本，其排版形式为：最下面是正文并附注释，占大半个页面；中间为各章和各节的主旨；最上面则是正文所涉重要人物在经史中的记载及对一些名词、制度的解释。由此可

---

① ［美］费乐仁：《力尽"人所当尽的本分"——理雅各及苏格兰新教与中国之相遇》第二卷（Lauren F. Pfister, *Striving for "The Whole Duty of Man": James Legge and the Scottish Protestant Encounter with China*, vol.II, Frankfurt am Main: Peter Lang, 2004, p.320n288）。

② ［英］理雅各：《绪论》，见于［英］理雅各译《中国经典：附有译文、注疏、绪论及详细索引》初版本／第一卷（James Legge, "Prolegomena," in James Legge, trans., *The Chinese Classics: With a Translation, Critical and Exegetical Notes, Prolegomena, and Copious Indexes*, vol.I, *Containing Confucian Analects, The Great Learning, and The Doctrine of the Mean*, Hong Kong: At the Author's; London: Trübner & Co., 1861, p.131）。

见，这一排印方式与中国传统注疏中的"章句"及"眉批"有关。理雅各在介绍该书时认为，"对于学习者而言，这也许是所有'四书'版本中编辑得最好的一部"。① 因此，该书的排印方式或许会对其编辑、翻译《中国经典》产生一定的影响。例如，在《论语》的注疏中，理雅各亦如《四书备旨》给出了各章的"章旨"。

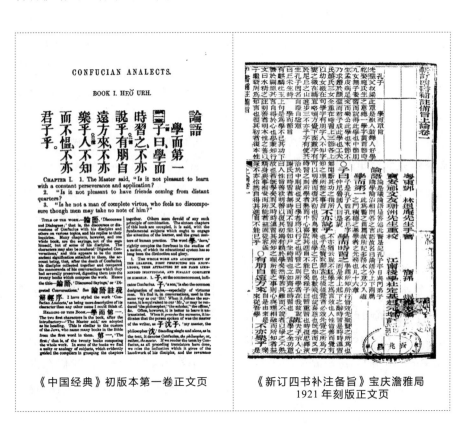

《中国经典》初版本第一卷正文页　　　　《新订四书补注备旨》宝庆澹雅局
1921 年刻版正文页

但是，对于理雅各而言，西方古典学的影响也许会更加深刻。如前所述，在决定去海外传教之前，理雅各本有机会以拉丁语教职继任者的

① ［英］理雅各：《绪论》，见于［英］理雅各译《中国经典：附有译文、注疏、绪论及详细索引》初版本 / 第一卷（James Legge, "Prolegomena," in James Legge, trans., *The Chinese Classics: With a Translation, Critical and Exegetical Notes, Prolegomena, and Copious Indexes*, vol.I, *Containing Confucian Analects, The Great Learning, and The Doctrine of the Mean*, Hong Kong: At the Author's; London: Trübner & Co., 1861, p.131 ）。

身份留在阿伯丁国王学院。①而在离开国王学院之后的海布里神学院期间，理雅各不仅继续着力于拉丁语和希腊语的学习，而且还不断拓展自己在希伯来语和《新约》方面的研究——《新约》的解经原则与校勘方法对其日后的《中国经典》翻译必然会产生不可忽视的作用。②在《中国经典》每页分不同部分排印的方式上也留下了这一痕迹。

　　英国著名古典学学者马丁·韦斯特（Martin L. West，1937—2015）曾在《文本校勘与编辑方法》（*Textual Criticism and Editorial Technique*）一书中介绍了古典文献校勘及注疏的常规版式：最上面是正文，其次是除了校勘记（critical apparatus）之外的任何项目［如古代文献中对该段落的引用（testimonia）等等］，再次是校勘记，最下面则是注疏或译文。③西方古典文献版式的逐渐规范化与"文艺复兴时期"古典学者所做出的贡献是分不开的，也与这一时期"集注本"（variorum edition）的编辑和出版密切相关。由于"集注本"的版本信息和注疏量都很大，所以原来常用的"旁注"（marginal note）就会显得臃肿（有时注疏与文本无法较好的对应），而"尾注"（endnote）的大量增加又会带来翻检的不便。因此，"脚注"（footnote）的优势就变得越来越突出。

　　意大利古典学者路易吉·巴泰扎托（Luigi Battezzato，1967—）在《文艺复兴时期的语文学：约翰尼斯·利维内乌斯（1546—1599）与校勘记的诞生》（"Renaissance Philology: Johannes Livineius [1546—1599] and the Birth of the *Apparatus Criticus*"）一文中指出："17世纪，我们在古典作家的集注本中发现了脚注：佩特罗尼乌斯（Petronius）1669年版的脚注

---

① ［英］海伦·伊迪丝·莱格：《理雅各：传教士与学者》（Helen Edith Legge, *James Legge: Missionary and Scholar*, London: The Religious Tract Society, 1905, p.6）。
　　② ［美］诺曼·吉拉尔多特：《维多利亚时代的汉译——理雅各东方朝圣之行》（Norman J. Girardot, *The Victorian Translation of China: James Legge's Oriental Pilgrimage*, Berkeley: University of California Press, 2002, p.31）。
　　③ ［英］马丁·韦斯特：《文本校勘与编辑方法》（Martin L. West, *Textual Criticism and Editorial Technique*, Stuttgart: B. G. Teubner, 1973, pp.75—76）。

通过数字与文本中的段落保持一致。"① 在该文中，作者还提到了欧里庇德斯（Euripides，前 484—前 406）1821 年版的集注本。② 这个集注本最上面为希腊语原文，其次为拉丁语译文，再次为希腊语"释义"（P.=Paraphrases littera）和"批注"（S.=Scholia littera），最下面分两栏为拉丁语注疏。该注本比理雅各《中国经典》初版本第一卷早 40 年，虽然后者在排印方式上的选择未必与前者直接相关，但二者的相似性亦不能仅仅被归结为某种偶然与巧合。此外，理雅各在《中国经典》中对原文进行了章节划分，这既是受到中国传统注疏中"章句"的影响（主要是朱熹的《四书章句集注》），但同时又与西方古典学及《圣经》校勘的传统脱不开关系。

佩特罗尼乌斯《萨蒂利孔》
1669 年版正文页

《欧里庇德斯全集》第一卷
1821 年版正文页

①　[意]路易吉·巴泰扎托：《文艺复兴时期的语文学：约翰尼斯·利维内乌斯（1546—1599）与校勘记的诞生》[Luigi Battezzato, "Renaissance Philology: Johannes Livineius (1546–1599) and the Birth of the *Apparatus Criticus*," in C. R. Ligota and J.-L. Quantin, eds., *History of Scholarship: A Selection of Papers from the Seminar on the History of Scholarship Held Annually at the Warburg Institute*, Oxford: Oxford University Press, 2006, p.108]。

②　同上书，第 109 页。

第三节 《中国经典》1893 年"修订本"及之前的"现代本"

　　《中国经典》初版本第三、四、五卷分别刊印于 1865、1871 和 1872
年,后三卷每卷又分为两部分,每部分单独成册,但同一卷的两册之间使
用连续页码,所以《中国经典》的初版本实际上是五卷八册。其第三卷
为《书经》(*The Shoo King, or The Book of Historical Documents*):第一
部分包括《唐书》(*The Book of T'ang*)、《虞书》(*The Books of Yu*)、《夏
书》(*The Books of Hea*)、《商书》(*The Books of Shang*) 和《绪论》,而
《绪论》中又包括《竹书纪年》(*The Annals of the Bamboo Books*);第二
部分包括《周书》(*The Books of Chow*) 和"索引"。第四卷为"散文体"
《诗经》(*The She King, or The Book of Poetry*):第一部分包括《国风》
(*The Lessons from the States*) 和《绪论》;第二部分则包括《小雅》(*The
Minor Odes of the Kingdom*)、《大雅》(*The Greater Odes of the Kingdom*)、
《颂》(*The Sacrificial Odes and Praise-Songs*) 和"索引"。第五卷为《春
秋》附《左传》(*The Ch'un Ts'ew, with The Tso Chuen*):第一部分包括
《隐公》(*Duke Yin*)、《桓公》(*Duke Hwan*)、《庄公》(*Duke Chwang*)、
《闵公》(*Duke Min*)、《僖公》(*Duke He*)、《文公》(*Duke Wan*)、《宣公》
(*Duke Seuen*)、《成公》(*Duke Ch'ing*) 和《绪论》;第二部分包括《襄
公》(*Duke Seang*)、《昭公》(*Duke Ch'aou*)、《定公》(*Duke Ting*)、《哀
公》(*Duke Gae*) 和《左传》附录及"索引"。

　　此外,还有一点值得我们注意的是,虽然五卷《中国经典》的初版
本全部由香港的伦敦传道会印刷所(The London Missionary Society's
Printing Office)印刷,后两卷的出版信息还是有所变化,其前三卷的
标题页中有一项为"HONGKONG: AT THE AUTHOR'S",而后两卷
的同一项则变为"HONGKONG: LANE, CRAWFORD & CO."。这可
能与赞助人有关,《中国经典》的主要赞助人为"渣甸兄弟",第一卷出
版时哥哥约瑟夫·渣甸(Joseph Jardine, 1822—1861)已经去世,而
弟弟罗伯特·渣甸(Robert Jardine, 1825—1905)又进行了后续的资

助。不过，理雅各在《中国经典》1893 年修订本《序言》（Preface）中曾提到，罗伯特·渣甸继续资助了第二、三卷的出版和第四、五卷的出版准备工作。[①] 由此可知，到《中国经典》第四、五卷实际出版时，罗伯特·渣甸的资助也许有所变化，因此导致这一出版信息的变更。

大约在《中国经典》初版本第一卷出版（1861）30 年之后，理雅各开始对这部书的前两卷（即"四书"部分）进行修订。这两卷修订本分别于 1893 年和 1895 年由牛津克拉伦登出版社（The Clarendon Press）印刷并发行，而后三卷则只是初版本的翻印而已。这三卷的印刷者仍然被标示为香港伦敦传道会印刷所，但是出版地和出版商却分别变更为伦敦和亨利·弗劳德 / 牛津大学出版社（Henry Frowde, Oxford University Press Warehouse）。颇为奇怪的是，后三卷没有出版时间，而且它们是否真的在香港印刷也不得而知。

在 1893—1895 年的"修订本"中，理雅各修改了汉字拼音系统，将其在《东方圣书》中所使用的拼音与威妥玛在《寻津录》（*Hsin Ching Lû*）中的拼音系统进行了某种调和。而在对待朱熹的注释上，"修订本"也发生了某些微妙的变化。除此之外，理雅各又在多处增加了交叉引用，并为每一位新提到的人物补充小传，还谨慎地将"皇帝"（emperor）修正为"统治者"（ruler）或"君主"（sovereign）以及将"帝国"（empire）变为"王国"（kingdom）。[②] 然而，其中最重要的变化当然是体现在对孔子的评价上：

> 但是我现在必须离开这位圣人（孔子）。我希望我没有不公正地

---

① ［英］理雅各：《序言》，见于［英］理雅各译《中国经典：附有译文、注疏、绪论及详细索引》修订本 / 第一卷（James Legge, "Preface," in James Legge, trans., *The Chinese Classics: With a Translation, Critical and Exegetical Notes, Prolegomena, and Copious Indexes*, vol.I, *Containing Confucian Analects, The Great Learning, and The Doctrine of the Mean*, Oxford: The Clarendon Press, 1893, p.ix）。

② 参见［美］费乐仁：《侍奉还是扼杀圣人？评价三位 19 世纪"四书"译者的成就，尤其关注理雅各（1815—1897）》［Lauren F. Pfister, "Serving or Suffocating the Sage? Reviewing the Efforts of Three Nineteenth Century Translators of *The Four Books*, with Special Emphasis on James Legge（A.D.1815–1897）," *The Hong Kong Linguist*,（Spring/Autumn）1990, pp.44–47］。

对待他；我对他的性格和观点研究得越多，对他的评价也就越高。他是一个非常伟大的人，他从整体上对中国人产生了巨大而有益的影响，同时，他的教诲对于我们这些自称信仰基督的人而言也是重要的借鉴。①

与前引"初版本"时的批判态度完全不同，在"修订本"第一卷的《绪论》中，理雅各对孔子充满了敬佩之情。

不过，还有一个《中国经典》的版本常常为人所忽视，即在初版本和修订本之间的三卷本《中国经典》。这套书的完整书名为《中国经典：已被译成英文并附介绍性文章及注释》(The Chinese Classics: Translated into English, with Preliminary Essays and Explanatory Notes)，其第一卷为《孔子的生平和学说》(The Life and Teachings of Confucius)，② 第二卷为《孟子的生平和著作》(The Life and Works of Mencius)，③ 而第三卷则为"韵文体"《诗经》(The She King; or, The Book of Poetry)。④ 这一版本的《中国经典》中没有汉语原文，注释也被大量删减以适应"普通阅读"的需要。其实，理雅各本人并未想过要出版这一大众化的版本，是越来越多的盗版才促使

---

① ［英］理雅各：《绪论》，见于［英］理雅各译《中国经典：附有译文、注疏、绪论及详细索引》修订本 / 第一卷（James Legge, "Prolegomena," in James Legge, trans., *The Chinese Classics: With a Translation, Critical and Exegetical Notes, Prolegomena, and Copious Indexes*, vol.I, *Containing Confucian Analects, The Great Learning, and The Doctrine of the Mean*, Oxford: The Clarendon Press, 1893, p.111 ）。

按：括号里的字为笔者所加。

② ［英］理雅各译：《中国经典：已被译成英文并附介绍性文章及注释》现代本 / 第一卷（James Legge, trans., *The Chinese Classics: Translated into English, with Preliminary Essays and Explanatory Notes*, vol.I, *The Life and Teachings of Confucius*, London: N. Trübner & Co., 1867 ）。

③ ［英］理雅各译：《中国经典：已被译成英文并附介绍性文章及注释》现代本 / 第二卷（James Legge, trans., *The Chinese Classics: Translated into English, with Preliminary Essays and Explanatory Notes*, vol.II, *The Life and Teachings of Mencius*, London: Trübner & Co., 1875 ）。

④ ［英］理雅各译：《中国经典：已被译成英文并附介绍性文章及注释》现代本 / 第三卷（James Legge, trans., *The Chinese Classics: Translated into English, with Preliminary Essays and Explanatory Notes*, vol.III, *The She King; or, The Book of Poetry*, London: Trübner & Co., 1876 ）。

他做出了这样的决定。^①也许正是因为这个版本更为适合普通英语读者的需要，所以费乐仁才将其称为"现代本"（modern versions），^②我们也不妨沿用这一说法。

"现代本"第一、二卷与"初版本"第一、二卷在基本内容上是完全一致的，它们分别包括《论语》、《大学》和《中庸》以及《孟子》，即所谓的"四书"。除了省去原文和大量注释之外，"现代本"第一卷的译者"在不断增长的对中国文学领域之认识的驱使下做出了某些补充和修正"。^③而"现代本"第二卷除了与第一卷有相同的改变之外，最值得我们注意的还有两点：第一，理雅各对《孟子·尽心》篇进行了重新翻译；第二，理雅各将译文中的斜体字变为正体并用方括号括上。这后一做法颇为耐人寻味，对原文中阙如而在翻译时有必要添加的语词使用斜体是《圣经》翻译的惯例，而这一改变是否也是出于适应"世俗读者"的需要呢？不过，在"现代本"第一卷及"修订本"中理雅各均未做出这样的改变。

与"现代本"前两卷和"初版本"前两卷的对应不同，"现代本"第三卷则相当于"初版本"的第四卷，其最大的变化是由初版的"散文体"变为了"韵文体"。^④据理雅各自己所言，做出这一变化的原因主要是他接受了他的一个侄子约翰·莱格（John Legge，1837—1878）的建议。除了约翰·莱格可以作为助手之外，另一个与自己同名的侄子和一个叫亚历山大·克兰（Alexander Cran，1838—1883）的牧师也成为了理雅各的助手。

---

① 参见［英］理雅各《序言》，见于［英］理雅各译《中国经典：已被译成英文并附介绍性文章及注释》现代本／第一卷（James Legge, "Preface," in James Legge, trans., *The Chinese Classics: Translated into English, with Preliminary Essays and Explanatory Notes*, vol.I, *The Life and Teachings of Confucius*, London: N. Trübner & Co., 1867, pp.iii–iv）。

② ［美］费乐仁：《力尽"人所当尽的本分"——理雅各及苏格兰新教与中国之相遇》第二卷（Lauren F. Pfister, *Striving for "The Whole Duty of Man": James Legge and the Scottish Protestant Encounter with China*, vol.II, Frankfurt am Main: Peter Lang, 2004, p.248）。

③ ［英］理雅各：《序言》，见于［英］理雅各译《中国经典：已被译成英文并附介绍性文章及注释》现代本／第一卷（James Legge, "Preface," in James Legge, trans., *The Chinese Classics: Translated into English, with Preliminary Essays and Explanatory Notes*, vol.I, *The Life and Teachings of Confucius*, London: N. Trübner & Co., 1867, p.iv）。

④ 按：关于"韵文体"《诗经》的翻译与研究，可参见［美］费乐仁《理雅各的韵文体〈诗经〉》（Lauren Pfister, "James Legge's Metrical *Book of Poetry*," *Bulletin of the School of Oriental and African Studies*, vol. 60, no.1, 1997, pp.64–85）。

由于各种原因，这三位助手并未完成相应的任务。因此，这部"韵文体"《诗经》有大约四分之三是理雅各自己完成的，其余的四分之一也是由他修订的。此外，在这一译本出版之前，理雅各还让他在香港结识的一位曾短暂担任港督的诗人朋友威廉·默瑟（W. T. Mercer, 1821—1879）进行了阅读和修订。①

第四节　《中国经典》1960 年"港大本"及之后的版本

在《中国经典》初版第一卷刊印百年之际，香港大学出版社于 1960 年又重新修订出版了五卷本的《中国经典》。不过，此前在中国大陆的北京（时称北平）还曾出现过一个影印本，该影印本由"文殿阁"（Wen Tien Ko）书庄出版。②也许由于出版时的匆忙或疏忽，该书封面上的影印时间为"中华民国二十九年"（1940），而在扉页上却标为"中华民国二十八年"（1939），译者"理雅各"也被印成了"李雅各"。此外，该书的封面上还印有"Anastic Edition"的字样，尽管现代英语中没有"anastic"这一词语，但是似乎可以推知"Anastic Edition"所表达的就是"影印本"的意思。③最后，该书还有一个很有趣的地方，即第三卷（《书经》）和第五卷（《春秋》附《左传》）的一、二两个部分所使用的并非同一版本，尽管不同版本的内容是完全一致的。第三卷的第一部分使用的是亨利·弗劳德/牛津大学出版社未标明出版年代的版本，第二部分使用的是"初版本"，而第五卷的第一、二部分正好与之相反。

---

①　[英]理雅各：《序言》，见于[英]理雅各译《中国经典：已被译成英文并附介绍性文章及注释》现代本/第三卷（James Legge, "Preface," in James Legge, trans., *The Chinese Classics: Translated into English, with Preliminary Essays and Explanatory Notes*, vol.III, *The She King; or, The Book of Poetry*, London: Trübner & Co., 1876, pp.iii–iv）。

②　按：该书在北京大学图书馆藏有两套（索书号：181.22/L524c2）：一套为五卷四册，硬质封面，第一册合第一、二卷为一册，书脊上有烫金"四书"字样；一套为五卷八册，无硬质封面。从现存包装上看，这套书似乎在出版时有类似"精装"和"简装"的分别。

③　按：笔者就"Anastic Edition"的问题请教了香港浸会大学学者费乐仁，他认为"anastic"中的"ana"在希腊语中的意义为"again"（又、再），因此他推断"Anastic Edition"就是"xerox copy edition"（电子复制本）或"photocopy edition"（影印本）的意思。

在简单介绍了"文殿阁本"之后，我们考查的重点无疑要回到"港大本"《中国经典》上来。"港大本"首先在外观上做了改变，由"初版本"的五卷八册变为了五卷五册，即分别将后三卷的第一、二部分合为一册。在内容上，"港大本"还增加了一些有价值的资料。首先，在第一卷的卷首增加了时任香港大学副校长赖廉士（Lindsay Ride，1898—1977）所撰写的一篇有关理雅各的《传记》（Biographical Note）。而在第二卷中，又增加了阿瑟·韦利（Arthur Waley，1889—1966）撰写的《〈孟子〉注释》（Notes on Mencius）。[①] 其次，各卷中还增加了一个与其他重要译本相对应的页码"索引表"（Concordance Table）。[②] 如第一卷中《论语》的"索引表"，除了理雅各的译本之外，还有苏慧廉、[③] 赖发洛、[④] 阿瑟·韦利、[⑤] 卫礼贤（Richard Wilhelm，1873—1930）[⑥] 和顾赛芬[⑦] 的译本。"索引表"中还包括上海世界书局 1935 年影印 1817 年清阮元（1764—1849）校刻的《十三经注疏附校勘记》。最后，在所列译本中卫礼贤的为德译本。这个"索引表"对于从事专业研究的读者而言确实很重要，但是其中对苏慧廉译本的选择却有些欠妥。苏慧廉《论语》译本的"初版本"有 1028

---

① 按：此文在收入《中国经典》之前已经发表，参见［英］阿瑟·韦利《〈孟子〉注释》（Arthur Waley, "Notes on Mencius," *Asia Major*, vol.1, part.1, 1949, pp.99–108）。

② 按：港大本中增加的 "Biographical Note"、"Concordance Table" 和 "Notes on Mencius"，在同年还曾以"单行本"的形式发行，以便已经拥有初版本或修订本的读者阅读和使用。

③ ［英］苏慧廉译，谢福芸编：《论语》（William Edward Soothill, trans., Lady Hosie, ed., *The Analects; or, The Conversations of Confucius with His Disciples and Certain Others*, The World's Classics. 442, London: Oxford University Press, 1951）。
按：该书的初版本为 1937 年版。

④ ［英］赖发洛译：《论语》（Leonard A. Lyall, trans., *The Sayings of Confucius*, London: Longmans, Green and Co., 1925）。
按：该书的初版本为 1909 年版。

⑤ ［英］阿瑟·韦利译：《论语》（Arthur Waley, trans., *The Analects of Confucius*, London: George Allen and Unwin, 1938）。

⑥ ［德］卫礼贤译：《论语》［Richard Wilhelm, *Kung-Futse: Gespräche* (*Lun Yü*), Jena: Eugen Diederichs, 1921］。

⑦ ［法］顾赛芬译：《四书：附简要汉语注释、法语和拉丁语双语译文及汉语和专有名词词汇表》（Séraphin Couvreur, *Les Quatre livres: avec un commentaire abrégé en chinois, une double traduction en français et en latin, et un vocabulaire des lettres et des noms propres*, Ho Kien Fou: Imprimerie de la Mission catholique, 1910）。
按：该书的初版本为 1895 年版。

页，而"索引表"中的版本则是"世经本"。如前所述，该本经谢福芸修订，已去掉大部分注释，虽然其流传广泛，却很难反映苏慧廉翻译的全貌。此外，我们还要再次指出的是，由于"港大本"将理雅各在"勘误表"（Errata）中所列出的错误在正文中做了修改，所以其后的版本大都以之作为底本。1991 年，台北南天书局就是以"港大本"为底本影印出版了《中国经典》，只是合第一、二卷为一册，成为五卷四册。①

在此之后，《中国经典》最重要的一个版本应该是华东师范大学出版社 2011 年本，我们简称为"华师大本"。②该本同样以港大本为底本影印而成，仍然为五卷五册，只是在其基础上又进一步增加了一些资料。第一卷卷首增加了张西平、费乐仁合著的《理雅各〈中国经典〉绪论》（29页）和费乐仁所著的《引言》（17页）。此外，其他各卷也增加了《引言》，作者依次为费乐仁（18页）、刘家和（17页）、费乐仁（20页）与刘家和（16页）。

至此，我们已经大致勾勒出《中国经典》历经 150 多年的主要版本变迁，其依次为初版本（1861—1872）、现代本（1867—1876）、修订本（1893—1895）、港大本（1960）和华师大本（2011）。这实际上也从一个侧面反映了"传教士汉学"向"专业汉学"再向以汉学为对象的"汉学研究"发展和转变的历程。③在这两次转变的过程中，理雅各都是不容忽视的关键人物，他既是一位虔诚的基督教徒，又是一位严谨的学者，而且还是牛津大学第一任中文教授。其对中国古代经典的翻译与研究，不禁令我们赞叹也值得我们对其进行深刻的学术反思。真正的文化交流从来都是双向互动的，而且随着时间的推移，这种互动会更加深入地向前发展，甚至会逐渐产生本质性的变化。因此，在诠释学的意义上，《中国经典》扉页上所镌刻的"以意逆志"，无论是作为"诠释策略"还是"翻译方法"，都

---

① ［英］理雅各译：《中国经典：附有译文、注疏、绪论及详细索引》南天本（James Legge, trans., *The Chinese Classics: With a Translation, Critical and Exegetical Notes, Prolegomena, and Copious Indexes*, 5vols, Taipei: SMC Publishing Inc., 1991）。

② ［英］理雅各译：《中国经典》（五卷本），上海：华东师范大学出版社，2011 年。

③ 按：将"汉学"分为"游记汉学"、"传教士汉学"和"专业汉学"三个发展阶段，可参见张西平《应重视对西方早期汉学的研究》，《国际汉学》2002 年第 7 辑，第 1—7 页。

是一个"视域融合"（Horizontverschmelzung）[①]的过程。在这种中西文化的相互融合中，究竟是理雅各翻译和诠释着《中国经典》，还是《中国经典》成就和塑造着理雅各，这一点我们似乎很难说得清楚。

---

① ［德］汉斯–格奥尔格·伽达默尔：《诠释学 I：真理与方法》（Hans-Georg Gadamer, *Hermeneutik I: Wahrheit und Methode*, in *Hans-Georg Gadamer Gesammelte Werke*, Bd.1, Tübingen: J. C. B. Mohr [Paul Siebeck], 1990, s.311 ）。

第二章

《论语》书名及"学而"篇名汇校集释

16世纪末，在署名为罗明坚的"四书"拉丁语译本手稿中，出现了《论语》的繁体汉字书名，其旁边的注音似乎为"luin iu"，而与之相对应的拉丁语标题则为"*De Consideratione*"，即"论省察"。①直至1861年理雅各《中国经典》第一卷的出版，"Confucian Analects"才开始逐渐成为英语世界有关《论语》的标准称谓。而《论语》这一汉语世界的标志性文化文本，当其进入异质文化的语境之中，尽管是对其书名的翻译与解释，也会折射出不同文化代码之间不断链接与再链接的交错之光。

第一节 《论语》书名的翻译与解释

在1687年柏应理等人的《中国哲学家孔夫子，或以拉丁语表述中国人的智慧》一书中，《论语》有两个译名：一个为音译，即"Lún Yú"；另一个为意译"*Ratiocinantium Sermones*"，或可译为"关乎理性的言谈"。②而且，后一译名中的两个词似乎还可以依次与"Lún"和"Yú"相对应。拉丁语"*Sermones*"的主要意义就是"说话"（speech/talk）、

---

① 参见［意］麦克雷著，张晶晶译《〈论语〉在西方的第一个译本：罗明坚手稿翻译与研究》，《国际汉学》2016年第4期，第25页。

② ［比］柏应理等译著：《中国哲学家孔子，或以拉丁语表述中国人的智慧》（Philippe Couplet et al., *Confucius sinarum philosophus, sive Scientia sinensis latine exposita.*, Parisiis: Apud Danielem Horthemels, 1687, p.1）。

"交谈"（conversation）、"对话"（dialogue）及"讨论"（discussion），[①]
而"*ratiocinantium*"的动词原形为"*ratiocinor*"，其主要意义则为"计
算"（compute/calculate）、"推理"（reason）和"思考"（consider），该
词与西方文化中所强调的"理性"（*ratio*）密切相关。[②]因此，在译者们
看来，《论语》就是指孔子"言论中的思想或哲理"（*Ratiocinantium seu
philosophantium inter se sermones*）。[③]相较于后来的新教传教士，天主教耶
稣会士显然更为强调儒家思想中的"理性"内涵。此外，如梅谦立所言，
该书的主要中文底本为明张居正（1525—1582）的《四书直解》，[④]因此这
个译名也可能与张居正在此书中对《论语》的题解有关："论是议论，语
是答述。这书是记孔子平日与门弟子论学论治相问答的言语，故名为《论
语》，分上下两篇。"[⑤]

马士曼《论语》译本的书名为"The Works of Confucius"，但在具体
指称《论语》时他还是使用了音译"Lun-Gnee"。不过，马士曼认为最适
合《论语》一书的译名应该是"The life and sayings of the Chinese sage"
（J. M.:xi）。在《孔子生平》中，马士曼对《论语》的题解为："'论'指
的是说话（speak）或交谈（converse），'语'是回答（relay）或答复
（answer）。这部著作部分由对话、部分由不连贯的圣人箴言组成。"（J.
M.:xxi）马士曼对"论"和"语"的解释，很可能参考了《康熙字典》。
据《〈圣经〉翻译备忘录：致英国浸信传道会》（*Memoir Relative to the
Translations of the Sacred Scriptures: To the Baptist Missionary Society in
England*）所载，当时在塞兰坡的传教士经常使用的汉语字典有三部：一
部四卷本的小型字典、一部十四卷本的字典和一部三十二卷本的《康熙字

---

① 参见［英］亚历山大·苏特等编：《牛津拉丁语辞典》（Alexander Souter, et al. eds.,
Oxford Latin Dictionary, Oxford: Clarendon Press, 1968, pp.1743–1744）。

② 同上书，第 1577 页。

③ ［比］柏应理等译著：《中国哲学家孔子，或以拉丁语表述中国人的智慧》（Philippe
Couplet et al., *Confucius sinarum philosophus, sive Scientia sinensis latine exposita.*, Parisiis:
Apud Danielem Horthemels, 1687, p.1）。

④ ［法］梅谦立：《〈孔夫子〉：最初西文翻译的儒家经典》，《中山大学学报》2008 年第 2
期，第 137—138 页。

⑤ （明）张居正辑著：《四书直解·上论》卷之四，明天启元年长庚馆重刊本，第 1 页 a。

典》(Imperial Dictionary in thirty-two volumes 12mo, compiled many years ago by command of the Emperor Konghi)。① 而在附于《论语》译文之前的《论汉语的字和音：附部首表及汉字单音节表》一文中，马士曼本人也曾指出文中的"部首表"和"汉字单音节表"均出自《康熙字典》(*Imperial Dictionary*)，并且也标注为三十二卷（ J. M.: ix; xlix)。② 在译本的其他地方，马士曼亦多次提及《康熙字典》，该字典在释"论"字时引《周礼·春官·大司乐》贾疏云："直言曰论，答难曰语。"③ 此外，马士曼还指出《论语》是"四书"(*See-seu*)中的第三部（ J. M.: xxi)。但如前所述，《论语》应该是"四书"的第二部。而且，马士曼还认为《论语》是除《春秋》(*Chun-chou*)之外孔子的主要著作，尽管之前他也曾提到该书是由孔子的弟子曾子（ *Chung-chee* ）和有子（ *Yaou-chee* ）所编定的（ J. M.: xxi)。

　　对于《论语》一书的译名，高大卫与马士曼相同，使用的也是音译 "The Lun Yu"，只是二人的拼音系统不同而已。有趣的是，高大卫也将《论语》作为"四书"中的第三部。在译本的《序言》中，高大卫还在 "The Lun Yu" 旁边用括号注明了 "Dialogues"，并进一步指出：

　　　　这部著作是由孔子与其弟子的交谈构成的，并由后者集结成书。……该书所处理的主题有混杂的特征（ miscellaneous nature ），主要涉及君臣、父子、为师及为士的义务。……然而，这些对话揭示了在人性管控方面颇为可观的能力，也经常展现出这位圣人在因材施教上非比寻常地机敏。（ D.C.:6 ）

---

　　① ［英］威廉·凯里：《第一份塞兰坡备忘录，1808》(William Carey, "The First Serampore Memoir, 1808," *Transactions of the Baptist Historical Society*, vol.5, no.1, 1916, pp.52–53)。

　　按："The First Serampore Memoir, 1808" 就是对 1808 年出版的《〈圣经〉翻译备忘录：致英国浸信传道会》的重新影印。

　　② 按：《康熙字典》按十二地支分集，每集分上、中、下三卷，又前置"总目""检字""辨似""等韵"，尾附"备考""补遗"，实共"四十二卷"。《第一份塞兰坡备忘录，1808》和马士曼的论文中均标为"三十二卷"，疑误。

　　③ （清）张玉书、陈廷敬等编撰：《康熙字典》酉集上《言部》，康熙五十五年武英殿刻本，第 81 页 a。

即使仅就这段评价而言，我们也不难体会出其字里行间渗透着对于《论语》的"有所保留"的肯定态度。

在《中国经典》第一卷《绪论》的第二章中，理雅各对《论语》的相关情况做了介绍（J. L.:12-21）。不过，对于中国学者而言，这些介绍基本上属于常识的范围。而在"学而"篇第一章的注疏中，理雅各又首先解释了《论语》一书的标题。他指出："论语，即'Discourses and Dialogues'，也就是孔子与弟子及他人就不同话题的交谈或讨论，以及对他们的询问的回答。"（J. L.: 137）进而，理雅各认为，就古义而言，"论语"可以被译为"Digested Conversations"，因为"孔子死后，其弟子收集（collected together）、排比（compared）了他们各自保存的孔子言论的记录（memoranda），汇编（digesting）为构成此书的二十篇"（J. L.: 137）。理雅各还特别提示读者参阅《十三经注疏》中的《论语注疏解经序》，但实际上应该是《论语注疏解经序·序解》，其引《汉书·艺文志》曰："《论语》者，孔子应答弟子、时人，及弟子相与言而接闻于夫子之语也。当时弟子各有所记，夫子既卒，门人相与辑而论纂，故谓之《论语》。"[1] 而与"Digested Conversations"中的"digested"相对应的应该就是"相与辑而论纂"。然而，理雅各最后还是觉得用"Confucian Analects"更能传达出《论语》一书的特点（J. L.: 137）。

英语中的"analects"一词常用于标题，主要是指"文选"（literary gleanings）或"论集"（collections of fragments or extracts）。该词源于拉丁语"analecta"，后者又源于希腊语"ἀνάλεκτα"，其意义为"被收集或选取的事物"（things gathered or picked up）。而"ἀνάλεκτα"又是从希腊语动词"ἀναλέγειν"演化而来，该动词则由前缀"ἀνα"（up）和动词"λέγειν"（to gather）组合而成。[2]"λέγειν"的主要意义为"拾起"（pick up）、"聚集"（gather）、"选择"（choose）、"考虑"（count）、"讲

---

① （魏）何晏等注，（宋）邢昺疏：《论语注疏》，见于《十三经注疏》（下册），北京：中华书局影印世界书局阮元校刻本，1980年，第2454页。

② ［英］约翰·辛普森、埃德蒙·韦纳编：《牛津英语大词典》（J. A. Simpson and E. S. C. Weiner, eds., *The Oxford English Dictionary*, vol.I, Oxford: Clarendon Press, 1989, p.430）。

述"（recount/tell）和"言说"（say/speak）。① 而作为最重要的西方哲学概念，"λόγος / logos"（逻各斯）一词也正是源于"λέγειν"。实际上，拉丁语动词"legere"就是对"λέγειν"的转写，其主要意义为"聚集"（gather/collect）、"选择"（choose/select）和"阅读"（read），它的完成时被动态分词为"lectus"，英语中包含"lect"的词语大都与这一分词相关。②

　　在译本《导言》的注释中，詹宁斯对《论语》的中文书名做了简单的解释，《论语》的"论"和"语"都与"讨论""议论"相关。但颇为奇怪的是，他竟然认为《论语》是"四书"的"第一部"，其他三部则依次为《大学》、《中庸》和《孟子》（W. J.: 11）。鉴于詹宁斯多次提到理雅各及其《中国经典》，他很可能是错把《中国经典》中的"四书"顺序当成了其本来的顺序。此外，詹宁斯还认为，《论语》是孔子最为真实可信的语录，在这部书中"我们可以获得其教义的本质，尽管价值不大（as such it was）……该书在内容和编排上确实很粗糙，但却保存了真实性"③（W. J.: 13）。而在《论语》书名的翻译上，詹宁斯虽然沿用了理雅各的"The Confucian Analects"，但却提出使用"memorabilia"（言行录）一词也许比"analects"更加合适（W. J.: 17）。

　　在译本《序言》的开篇，苏慧廉即指出："《论语》（The Discourses of Confucius）——通常被称为 Analects，对任何一个学习中文的学生，尤其是传教士而言，都不应该被忽略。这部简短的著作较为充分地向我们展示了中国最为卓越的人物（孔子）的思想，因此也是他的民族最好（his race at its best）的思想。"④（W. S.: I）在此，亦如前述高大卫对《论语》的评价一样，我们仍然可以听出某种"话外之音"。在对《论语》书

　　① 参见［英］亨利·乔治·利德尔、罗伯特·司各特主编《牛津希腊语辞典》（Henry George Liddell and Robert Scott, comp., *A Greek-English Lexicon*, Oxford: Clarendon Press, 1996, pp.1033–1034）。

　　② 参见［英］亚历山大·苏特等编：《牛津拉丁语辞典》（Alexander Souter, et al. eds., *Oxford Latin Dictionary*, Oxford: Clarendon Press, 1968, p.1014）。

　　③ 按：着重号为笔者所加。有关选本译者对《论语》负面评价的学理分析可参见本节的"校释者按"。

　　④ 按：括号里的汉字为笔者所加。

名的"题解"（The Title of the Work）中，苏慧廉首先从文字学的角度指出，"论（論）"从"言""仑（侖）"，即"交谈"（discourses）、"讨论"（discussions）的意思（W. S.: 118）。根据美国汉学家卫三畏（Samuel Wells Williams，1812—1884）的《汉英韵府》（*A Syllabic Dictionary of the Chinese Language; Arranged According to* The Wu-Fang Yuen Yin, *with the Pronunciation of the Characters as Heard in Peking, Canton, Amoy, and Shanghai*），① 苏慧廉又进一步解释了"仑（侖）"字：仑（侖），从亼、从册，而亼为会（會）省，所以仑（侖）有"安排"（arrange）、"汇聚"（collect）之义。② 按卫三畏所言，其《汉英韵府》的词源解释多出自《艺文备览》，③ 该书将"仑"解释为"叙也"，又曰："亼册而卷之，仑如也。"④对于"语"字，苏慧廉指出其从"言""吾"，表示"说话"（tell）或"告诉"（inform）。其后，又引《四书备旨》"论是议论，语是答述。此书是记孔子平日与门弟子讲学论治相问答之言语"（W. S.: 118）。⑤ 不过，值得我们注意的是，苏慧廉虽然也沿袭了理雅各用"Analects"来指称《论语》的做法，但是他认为用"The Dialogues of Confucius"更加妥当，只是碍于理雅各这一用法的广泛影响才未做更改。此外，与高大卫相同，苏慧廉

---

① 按：苏慧廉在《论语》译本中称卫三畏的《汉英韵府》为"威廉姆斯辞典"（Williams' Dictionary），缩写为"Wms"。

② 参见［美］卫三畏《汉英韵府》（Samuel Wells Williams, *A Syllabic Dictionary of the Chinese Language; Arranged According to* The Wu-Fang Yuen Yin, *with the Pronunciation of the Characters as Heard in Peking, Canton, Amoy, and Shanghai*, Shanghai: American Presbyterian Mission Press, 1874, p.565）。

③ ［美］卫三畏：《序言》，见于［美］卫三畏《汉英韵府》（Samuel Wells Williams, "Preface," in Samuel Wells Williams, *A Syllabic Dictionary of the Chinese Language; Arranged According to* The Wu-Fang Yuen Yin, *with the Pronunciation of the Characters as Heard in Peking, Canton, and Amoy, and Shanghai*, Shanghai: American Presbyterian Mission Press, 1874, p.vi）。

④ （清）沙木集注：《艺文备览》子集卷三《人部》，清嘉庆十一年刊本，第 19 页 b。

⑤ （明）邓林撰，（清）邓煜编次，（清）祁文友重校，（清）杜定基增订：《四书备旨·上论》卷一，民国十年宝庆澹雅局刊本，第 1 页 a。

按：此语与前引张居正《四书直解》相同，若非后人增补，则似应出自邓林。邓林生卒年代虽不详，但其为明洪武丙子（1396）举人，而张居正则为嘉靖乙酉（1525）生人。此语若为后人增补，则很可能出自张居正。关于邓林的生平事略，可参见（清）永瑢、纪昀等撰《四库全书总目》，北京：中华书局影印浙江杭州本，1965 年，第 1551 页中栏。

也指出《论语》通常被分为"上论"和"下论"（W. S.: 118）。

校释者按

　　如前所述，理雅各是第一位用"Confucian Analects"来翻译《论语》书名的西方学者，而其后这一译法也几乎成为了英语世界《论语》书名的标准称谓。平心而论，无论是马士曼（Lun-Gnee / The life and sayings of the Chinese sage）、高大卫（The Lun Yu / Dialogues）音译加解释的方式，还是詹宁斯的"memorabilia"或苏慧廉的"The Dialogues of Confucius"，都不如理雅各"Confucian Analects"的译名简洁而古雅。

　　那么，不妨让我们从词源学上再次追问"论"在汉语中的意义内涵，这不仅可以重新检视《论语》译名与原名之间的"贴切"程度，还可以进一步反思二者之间所内蕴的互释性。《说文解字》曰："论，议也。从言，仑声。"① 段玉裁注曰：

　　　　论（論）以仑（侖）会意。亼部曰："仑（侖），思也。"龠部曰："仑（侖），理也。"……凡言语循其理、得其宜谓之论。故孔门师弟子之言谓之《论语》。……《王制》："凡制五刑，必即天论。"《周易》："君子以经论。"《中庸》："经论天下之大经。"皆谓言之有伦有脊者。②

如上述引文所示，《说文解字》对"仑"的解释为："仑（侖），思也。从亼、从册。"③ 段注曰："龠下曰：'仑（侖），理也。'《大雅》毛传曰：'论，思也。'按：论者，仑之假借。思与理，义同也。……凡人之思必依其理。

---

① （汉）许慎：《说文解字》，北京：中华书局影印清同治十二年陈昌治刻本，1978 年，第 52 页。

② （汉）许慎撰，（清）段玉裁注：《说文解字注》，上海：上海古籍出版社影印经韵楼藏版，1981 年，第 91—92 页。

③ （汉）许慎：《说文解字》，北京：中华书局影印清同治十二年陈昌治刻本，1978 年，第 108 页。

伦、论字皆以仑会意。"①因为"仑（龠）"字"从亼""从册"，其又曰："聚集简册必依其次第，求其文理。"②

当我们将汉字"论"及与之相关的"仑"字追溯到这一意义深处之时，我们惊讶地发现理雅各所选用的"analects"竟与之有着内在的"相通"之处。③尤其是段注对"言""思""理"的表述，似乎完全可以用来解释希腊语中"λόγος"的意义内涵。④而柏应理等人选用拉丁语"Ratiocinantium"一词来与"论"字相对应，其在"思"与"理"的意义上也仍然可与汉字"论"相会通。当然，古代汉语与西方语言的"异质性"是毫无疑问的，然而，二者在对"（语）言""思（想）""理（性）"三者关系的认识上却呈现某种发人深省的"共通性"。

那么，在中国的传统注疏中，对《论语》之"论"字申之最详的当然要首推梁皇侃（488—545）的《论语义疏自叙》，其曰：

> 然此书之体，适会多途，皆夫子平生应机作教，事无常准，或与时君抗厉，或共弟子抑扬，或自显示物，或混迹齐凡，问同答异，言近意深，《诗》《书》互错综，《典》《诰》相纷纭，义既不定于一方，名故难求乎诸类，因题"论语"两字以为此书之名也。但先儒后学解释不同，凡通此"论"字，大判有三途：第一舍字制音呼之为"伦"，一舍音依字而号曰"论"，一云"伦""论"二称义无异也。第一舍字从音为"伦"，说者乃众，的可见者不出四家：一云"伦"者，次也，言此书事义相生，首末相次也；二云"伦"者，理也，言此书之中蕴含万理也；三云"伦"者，纶也，言此书经纶今古也；四云"伦"者，轮也，言此书义旨周备，圆转无穷，如车之轮也。第二舍音依字为"论"者，言此书出自门徒，必先详论，人人佥允，然后乃记。记

---

① （汉）许慎撰，（清）段玉裁注：《说文解字注》，上海：上海古籍出版社影印经韵楼藏版，1981年，第223页。

② 同上。

③ 按：英语"analects"与希腊语"λόγος"之间的关系可参见前文对该词的词源分析。

④ 按：高大卫、苏慧廉等人选用的"dialogue"中的"logue"也可以追溯至希腊语"λόγος"。

必已论，故曰"论"也。第三云"伦""论"无异者，盖是楚夏音殊、南北语异耳。南人呼"伦事"为"论事"，北士呼"论事"为"伦事"，音字虽不同，而义趣犹一也。侃案：三途之说，皆有道理，但南北语异如何似未详，师说不取，今亦舍之，而从音、依字二途拜录以会成一义。何者？今字作"论"者，明此书之出不专一人，妙通深远，非论不畅。而音作"伦"者，明此书义含妙理，经纬今古，自首臻末，轮环不穷。依字则证事立文，取音则据理为义，义文两立，理事双该。①

尽管在《〈论语义疏〉与皇侃"叙"在德川时代日本的复活及其在浙东的刊印》一文中，美国学者本杰明·艾尔曼（Benjamin A. Elman，1946— ）对《论语义疏自叙》是否由皇侃所作提出了质疑，②但是这并不能否定该篇叙言本身所蕴涵的理论意义与学术价值。而且，理雅各若能读到这篇序言，恐怕还会再次感叹学术在古代中国所达到的"精深"程度。③

　　此外，还有一个与《论语》译名相关的重要问题，即五位选本的译者是如何有意无意地在其自身的文化中定位与评价《论语》的。在现存的一些书信中，马士曼曾将《论语》在中国的重要性与《伊索寓言》在英国进行了比较，并且认为前者远远超过后者。④然而，这一比较所"隐而未发"的意义则在于，若将《论语》置入西方文化传统之中，马士曼是将其归于文学中的智慧故事或寓言一类。但就实际情况而言，这一归类是远低于作为"四书"和《十三经》之一的《论语》在中国传统文化中的地位的。

---

　　① （梁）皇侃撰，高尚榘校点：《论语义疏自叙》，见于（梁）皇侃撰，高尚榘校点《论语义疏》，北京：中华书局，2013年，第2—3页。
　　② ［美］本杰明·艾尔曼著，王艺译：《〈论语义疏〉与皇侃"叙"在德川时代日本的复活及其在浙东的刊印，见于《全祖望与浙东学术文化国际研讨会论文集》，北京：中国社会科学出版社，2010年，第65—109页。
　　③ 按：理雅各曾特别服膺于学术在古代中国的崇高地位。参见［英］海伦·伊迪丝·莱格《理雅各：传教士与学者》（Helen Edith Legge, *James Legge: Missionary and Scholar*, London: The Religious Tract Society, 1905, p.28）。
　　④ 康太一：《东方智者的话语——19世纪初期第一部英译〈论语〉之历史研究》，《北京行政学院学报》2012年第6期，第123页。

同样，理雅各用"Confucian Analects"来翻译《论语》，除了简洁、古雅之外，还促使我们将汉语"字素书写系统"（morphographic writing systems）中的"论"字和西语"音素书写系统"（phonographic writing systems）中的"analects"相会通。然而，这一翻译又必然会突破相对"纯净"的语言系统，从而进入更为"驳杂"的"文化序列"之中。如前所述，英语"analects"一词可以追溯至拉丁语"*analecta*"，而该词则经常被用以指称对"古典作家"（the classical authors）的"摘录"。①西方所谓的"古典作家"就是泛指古希腊、罗马的经典作家，其与孔子所处的时代也确实较为接近。然而，由于孔子在后世的"圣人"地位，《论语》绝非一般意义上的西方古典著作，其地位可比之于古希腊人心目中的"荷马史诗"。而"荷马史诗"在古希腊时代亦非我们现在意义上的"文学经典"，它是当时整个社会伦理道德和价值观念的依据。德国神学家维尔纳·耶安洪特（Werner G. Jeanrond, 1955—）在《神学诠释学：发生与意义》（*Theological Hermeneutics: Development and Significance*）一书中业已指出：

> "荷马史诗"评论的出现是对荷马作品需要解释的一个回应，即在一个将《伊里亚特》和《奥德赛》接受为青年教育和成人教导之基本文本的社会里的回应。这些文本引导古希腊文化的公众和私人生活，对它们的充分解释是公益问题——就像在犹太传统中对《圣经》的解释一样。②

同样，《论语》在中国古代社会中也是"青年教育和成人教导"的"基本文本"，其远远超出一般意义上的中西方古代经典。

---

① ［英］约翰·辛普森、埃德蒙·韦纳编：《牛津英语大词典》（J. A. Simpson and E. S. C. Weiner, eds., *The Oxford English Dictionary*, vol.I, Oxford: Clarendon Press, 1989, p.430）。

② ［德］维尔纳·耶安洪特：《神学诠释学：发生与意义》（Werner G. Jeanrond, *Theological Hermeneutics: Development and Significance,* London: Macmillan Academic and Professional Ltd, 1991, p.14）。

　　因此，尤其是在异质文化相交流的过程中，我们既会为二者之间在思维深处的互通而感到惊喜，也会对其无法避免的文化错位而感到无奈。所以，对于西方译者加于《论语》的负面评价，我们其实不必反应过激，而是应该对其批判话语形成的机制加以理论上的澄清。在我们的选本中，当高大卫给出了有保留的肯定之后，便立即对《论语》进行了贬抑性的评价："《论语》中充斥着人们所谓的老生常谈（truisms），重复的话语也随处可见。"（D. C.: 6）而高大卫对于"四书"的认识，其实也基本上代表了他对《论语》的态度：

　　　　因为"四书"可以被作为一个恰当的样本——在其作者所处的时代和境遇之中，代表了人们于宗教和道德方面所能取得的成就。他们的成就如何，我们会留给读者在书中自行判断。在此仅需指出的是，那些致力于其中的基督徒应该有充分的理由表示感恩，他们以一种更为卓越的方式（More excellent way）被教导，而异教徒（the Infidel）却发现难以支撑他所钟爱的理论，即神圣意志（Divine Will）所特有的启示是毫无必要的。①（D. C.:4-5）

显然，高大卫认为"四书"中的教导相比于基督教是"等而下之"的，而这也是很多新教传教士译介儒家经典时的"通病"。

　　同样，在《儒教与基督教的关系》（*Confucianism in Relation to Christianity*）中，理雅各也曾对孟子的学说表示赞赏，但随即指出：

　　　　当然我并非坚持认为他（孟子）的有关人性的学说是完整的（complete），在任何方面都是正确的。当他断言圣人总是具有完善的德行或已经如此，他是自以为是和错误的。他所谈论的导致性善之人误入歧途的原因，其中大部分都是重要且有价值的；但是在现实的人与理想之间存在着矛盾，对此无论是孔子还是其前与其后的中国思想家都未能阐

───────────────

① 按：着重号为笔者所加。

明。对于传教士而言应该在这方面对儒教有所补充（supplement）。①

在其后不远处，理雅各又使用了这种"欲抑先扬"的"修辞策略"："儒教关于人的义务的学说是精彩而令人钦佩的，但并不完善（not perfect）。它并非肇始于这首要而伟大的戒律：'你要尽心、尽性、尽力爱耶和华你的神'……"②

其实从前面的引述可知，苏慧廉对理雅各的《论语》译本略有微词，但在评价《论语》时其所依从的"修辞策略"和"诠释逻辑"却与后者如出一辙。苏慧廉认为《论语》"较为充分地向我们展示了中国最为卓越的人物（孔子）的思想，因此也是他的民族最好（his race at its best）的思想"（W. S.:I）。③这一评价看似正面，但"他的民族"的限定也同样别有意味。果然，苏慧廉随后即指出，《论语》中的思想"有时成色很纯，但更为常见的则是劣质金属"（sometimes of fine, more oft of baser metal），其是"最崇高的典范"，但并"不完善"（imperfect）（W. S.:I）。④在此处的具体措辞上，苏慧廉都与理雅各极为接近，即认为儒家思想是"不完善的"，因此需要基督教来"补充"和"完善"。

若从基督教释经学的角度，我们不难在理雅各、苏慧廉的诠释逻辑中发现"预表解经"（typological exegesis）的内在理路。⑤"预表法"是基

---

① ［英］理雅各：《儒教与基督教的关系》（James Legge, *Confucianism in Relation to Christianity*, Shanghai: Kelley & Welsh; London: Trübner & Co., 1877, p.7）。

按：括号里的汉字为笔者所加。

② 同上书，第9页。

按：着重号为笔者所加。

③ 按：括号里的汉字为笔者所加。

④ 按：着重号为笔者所加。

⑤ 按：关于"预表"的词源及相关理论问题，可参见［英］伍尔科姆《预表法的〈圣经〉起源及其在教父时代的发展》（K. J. Woollcombe, "The Biblical Origins and Patristic Development of Typology," in G. W. H. Lampe and K. J. Woollcombe, *Essays on Typology*, Chatham: W. and J. Mackay Co. Ltd., 1957, pp.39–75）；［英］兰普《预表法的合理性》（G. W. H. Lampe, "The Reasonableness of Typology," in G. W. H. Lampe and K. J. Woollcombe, *Essays on Typology*, Chatham: W. and J. Mackay Co. Ltd., 1957, pp.9–38）；［美］罗伯特·赖特《〈圣经〉预表法与文学解释》（Robert E. Reiter, "On Biblical Typology and the Interpretation of Literature," *College English*, vol.30, no.7, 1969, pp.562–571）；［美］赫伯特·马克思《保罗的预表法和修正的批评》（Herbert Marks, "Pauline Typology and Revisionary Criticism," *Journal of the American Academy of Religion*, vol.52, no.1, 1984, pp.71–92）。

督教使徒和早期教父时代重要的释经方法，其一方面出于遏制"寓意解经"（allegorical exegesis）极端泛化的需要，①另一方面也是为了弥合《新约》与《旧约》之间的巨大差异，从而促进其"普世化"的进程。其最核心的观念可以概括为，《新约》是在"现实的历史语境"下对《旧约》的更好地实现（fulfilment），即《旧约》需要《新约》的"补充"和"完善"。那么，若以一些《论语》选本的译者观之，《论语》在他们的批评话语所建构的"等级序列"（hierarchical sequence）中又是远低于《旧约》的。理雅各就曾经指出："为了让我们的中国读者和听众也能像我们一样思考上帝，传教士必须在儒家典籍（Confucian books）中大量补充（supplement）有关上帝（Him）的陈述——这要远远超过与犹太人打交道时我们必须在《旧约》中所补充（supplement）的有关上帝的证据。"② 显然，这一由高至低的"等级序列"即为：《新约》—《旧约》—《论语》。

遵循同样的诠释逻辑和话语策略，苏慧廉在将《论语》黜为"不完善"之后，便顺理成章地给出了下面的论断：

　　我们的主没有毁掉西方哲学，而是使其更加纯粹、更加高贵（purified and ennobled）。他也不会毁掉东方哲学，而是要"实现"（fulfil）它——将这个民族的生命和性格中有价值的东西从空洞的谄媚转变（transforming）为坚实的财富。尽管西方已经拥有了比中国曾经拥有的更为璀璨的哲学，而为了灵魂的救赎、智慧的丰足和哲

---

　　① 按：关于"寓意"的词源及相关理论问题，可参见［美］安德鲁·福特《批评的起源——古典希腊时期的文学文化与诗学理论》（Andrew Ford, *The Origins of Criticism: Literary Culture and Poetic Theory in Classical Greece*, Princeton: Princeton University Press, 2002）；［英］博伊斯－斯通斯编《隐喻、寓意和古典传统——古代思想与现代修正》（G. R. Boys-Stones, ed., *Metaphor, Allegory, and the Classical Tradition: Ancient Thought and Modern Revisions*, Oxford: Oxford University Press, 2003）；［以］乔·惠特曼编《解释与寓意——古代到现代》（Jon Whitman, ed., *Interpretation and Allegory: Antiquity to the Modern Period*, Leiden: Brill Academic Publishers, 2003）；［法］卢克·布里松著，凯瑟尼·蒂豪尼译《哲学家如何拯救神话：寓意解释与古典神话学》（Luc Brisson, *How Philosophers Saved Myths: Allegorical Interpretation and Classical Mythology*, trans. Catherine Tihanyi, Chicago: University of Chicago Press, 2004）。

　　② ［英］理雅各：《儒教与基督教的关系》（James Legge, *Confucianism in Relation to Christianity*, Shanghai: Kelley & Welsh; London: Trübner & Co., 1877, pp.3–4）。

学的完善（perfecting），尚且需要和接受基督教有关生命和不朽的熠熠生辉的盼望，以及一个更为神圣的（diviner）人性那令人炫目的愿景。那么，这个庞大的民族（中国）的需要就更为巨大，其所必需的也同样是新民的启示（regenerating inspiration）。①（W. S.:IV–V）

在此，我们又得到了另一个由高至低的"等级序列"：基督教—西方哲学—儒家思想。

当然，我们揭示这两个"等级序列"的目的，绝非像某些"国学狂热者"那样要将这一序列重新"倒转"。即便有的西方学者其实已经给出过类似的看法，翟林奈在他的《论语》译本《序言》中就曾指出："如果我们赞同孔德（Comte）著名的三阶段原则（law of the Three States），儒学确实代表了一个比基督教文明更高的阶段。诚如凯里·霍尔先生最近在一篇相关问题的文章中所述，孔子可以被视为孔德实证主义思维模式的真正先驱。"② 那么，按照孔德"神学阶段"（L'état théologique）、"形而上学阶段"（L'état métaphysique）和"实证阶段"（L'état positif）的划分，③ 翟林奈和凯里·霍尔（Carey Hall，1844—1921）则将"儒家思想"置于这一"等级序列"的最高处。其原因恐怕与孔子对超自然之物采取"敬而远之"

---

① 按：着重号与括号里的汉字均为笔者所加。

再按：在这段译文的最后一句中，笔者特意用《大学》中的"新民"来翻译"regenerating"，主要是欲表明"新民的启示"在中国古已有之，且绝非只有通过基督教才能得以"实现"。

② ［英］翟林奈：《导言》，见于［英］翟林奈译《孔子的言论〈论语〉精华新译》（Lionel Giles, "Introduction," in Lionel Giles, trans., *The Sayings of Confucius: A New Translation of the Greater Part of the Confucian Analects*, London: John Murray, 1907, pp.27–28）。

按：引文中翟林奈所提到的文章应该是凯里·霍尔写于1907年的一篇短文《孔子与孔德》（J. Carey Hall, "Confucius and Comte," *The Positivist Review*, vol.XV, no.CLXIX, 1907, pp.4–9）。在此之前的1887年，霍尔还曾将法国实证主义哲学家皮埃尔·拉菲特（M. Pierre Lafitte，1823—1903）的著作《中华文明及西方与中国关系总论》（*Considérations générales sur l'ensemble de la civilisation chinoise et sur les relations de l'Occident avec la Chine*, Paris: Dunod, 1861）译成英文（*A General View of Chinese Civilization and of the Relations of the West with China*, London: Trübner & Co., 1887）。在该书中，孔子与法国实证主义哲学家奥古斯特·孔德（M. Auguste Comte，1798—1857）也曾被多次提及。

③ 按：社会发展的三阶段原则（Loi des trois états）是孔德在其六卷本哲学著作《实证哲学教程》（*Cours de philosophie positive*, 6 Tomes, 1830–1842）中提出的。

的态度有关，至于他的思想在多大程度上合于"实证主义"则另当别论了。因此，我们大可不必执著于某一"高处"，因为任何"等级序列"的"建构"都可以被"解构"、"重置"和"倒转"。

此外，翟林奈还将《论语》比作"混杂的宝石"（jewels jumbled），自有成串的项链无法拥有的"魅力"。但是，西方读者却常常习惯于寻找"开头、中间和结尾"，以致于认为孔子只是一位偶尔道出几句格言的夫子（master），他们无法将孔子的教导贯穿为一个圆融的体系。①而西方读者对于《论语》的这种接受亦很可能与柏应理等人的译本有关，其将《论语》描述为孔子及其弟子的"道德格言"（apophtegmata moralia）。②而其法语编译本及英语转译本，则直接在《论语》的译文前分别冠以"Maximes"和"Maxims"，③即法语和英语的"格言"或"箴言"一词。

其实，在《孔子的智慧》（The Wisdom of Confucius）一书的《导言》（Introduction）中，中国学者林语堂（Lin Yutang，1895—1976）也持有与翟林奈相似的观点：

对于西方读者而言，孔子主要被视为一位智者（a wise man），开口便是警句或道德格言，这种看法不足以解释儒家思想的深远影响。若缺乏更为深刻的信仰的统一性或思想体系，仅凭一套格言就要像儒家思想统治中国那样统治一个国家是不可能的。解答孔子巨大的

---

① ［英］翟林奈：《导言》，见于［英］翟林奈译《孔子的言论：〈论语〉精华新译》（Lionel Giles, "Introduction," in Lionel Giles, trans., *The Sayings of Confucius: A New Translation of the Greater Part of the Confucian Analects*, London: John Murray, 1907, p.20）。

② ［比］柏应理等译著：《中国哲学家孔子，或以拉丁语表述中国人的智慧》（Philippe Couplet et al., *Confucius sinarum philosophus, sive Scientia sinensis latine exposita.*, Parisiis: Apud Danielem Horthemels, 1687, p.1）。

③ ［法］路易·库赞或让·德·拉·布吕内编译：《中国哲学家孔夫子的道德教训》（Louis Cousin, ou Jean de La Brune, trad., *La Morale de Confucius, philosophe de la Chine*, Amsterdam: Pierre Savouret, 1688, p.81）；《孔夫子的道德教训——一位中国哲学家，他的鼎盛期在我们的救世主耶稣基督降生前500多年——本书是该国知识遗产的精粹之一》（*The Morals of Confucius. A Chinese Philosopher, Who Flourished Above Five Hundred Years Before the Coming of Our Lord and Saviour Jesus Christ. Being One of the Most Choicest Pieces of Learning Remaining of That Nation*, London: Randal Taylor near Stationers Hall, 1691, p.151）。

威望和影响力之谜，只能在其他地方寻找。没有被接受为真理的一套根本的信仰体系，格言警句很容易变得陈腐而过时。……因此，没有把孔子的思想作为一个体系去理解，是无法充分地评价其影响力和威望的。[1]

再次与翟林奈不谋而合的是，林语堂也指出"一位西方读者"在阅读《论语》时所遇到的最大困难就在于他的"阅读习惯"："他需要一个连贯的话语并满足于作者不断的讲述。而这样的事情（对于西方读者而言）是不会发生的，读到某篇中的某句，花一两天时间去思考，在头脑中咀嚼消化，再用自己的反思和经验去证实。"[2]然而，在林语堂看来，这才是研读《论语》的正统方法。

当然，即便是对于当下的西方读者，[3]他们恐怕也很难按照林语堂的方法来研读《论语》。然而，理雅各、苏慧廉等人在跨文化的经典上所采取的"预表策略"，却可以在另一层面上给予我们重要的理论启示。虽然没有必要如翟林奈那般重新建构一个儒家思想居于顶端的"等级序列"，但当下的儒家思想确实应该积极地融摄西方哲学和基督教思想，就像宋代儒学融摄佛教思想一样。[4]从明末天主教耶稣会士来华至今，《论语》总是成为西方学者以其自身文化翻译、书写甚或改写中国文化的不二选择，其间自有不少龃龉和迁就，但亦不乏融通与互释。那么，作为《论语》之所从出的文化母国，在中西方学术文化相交汇的历史语境之下，我们理应将儒家思想的现代诠释自觉地转化成一种"反身书写"（reflexive writing），从而在整体上使西方经典皆为"我之注脚"！

---

① 林语堂:《导言》，见于林语堂《孔子的智慧》（Lin Yutang, "Introduction," in Lin Yutang, *The Wisdom of Confucius*, New York: Modern Library, 1938, pp.5–6）。

② 同上书，第 39 页。

按：括号里的汉字为笔者所加。

③ 按：林语堂所给出的研读《论语》的方法，对于当下的中国读者而言，可能也是相当困难的。

④ 参见邓秉元《什么是理想的新经学》，《文汇报》2017 年 3 月 17 日，第 10 版。

第二节 "学而"篇名的翻译与解释

在《中国经典》初版本（1861）第一卷中，理雅各将"学而"音译为
"Heð Urh"，[①]但是在"修订本"（1893）及"港大本"（1960）中，其音译
则变为"Hsio R"（J. L.: 137）。此外，在"学而"篇第一章注释中的"本
篇标题"（Heading of This Book）之下，理雅各还对"学而"这一篇名给
出了进一步的解释和说明：

> 在"子曰"这一发语词之后，本篇的前两个汉字被用作标题。这
> 与犹太人的习惯很相似，他们以《圣经》中某些篇章的第一个词来给
> 其命名。……在（《论语》的）某些篇中，我们可以发现统一或类似
> 的主题，其明显地引导编辑者将各章组织在一起。而其他诸篇则似乎
> 缺乏这种组织原则。据说，本篇的 16 章关涉一些应该引起学者注意
> 的基本主题和有关人类实践的重大问题。"学"恰当地占据了这一国
> 家学术的最前列，由此其教育体系长期地处于非凡与荣耀之中。[②]（J.
> L.: 137）

如前所述，理雅各曾对中国学术的精深表示过赞叹，而《论语》的编辑者
将"学而"作为其开篇更是印证了他的这一观点。

马士曼的译本中没有给出"学而"篇名的翻译，若按其注音来看，
"学而"的粤语发音为"hok4 gnee1"，官话发音则为"hyoh ulr"（J. M.:
1）。不过，在《孔子生平》中，马士曼对"学而"篇的篇旨还是有所概
括的：

> 第一卷（第一篇）主要论及的是道德的根源，圣人认为其起源

---

① 参见 [英] 理雅各《中国经典》第一卷 "初版本"（p.1）。
② 按：括号里的汉字为笔者所加。

于孝（filial piety）和弟（fraternal affection）。主要的说话人是圣人和他的弟子，曾子（*Chung-chee*）、有子（*Yaou-chee*）和子贡（*Chee-koong*）。其包括各种关于孝的言论——学生、孝子、君子（the honorable or good man）的义务，并以引用前述之《诗经》（*See*）作结。①（J. M.:xxiii）

在高大卫的译本中，既没有对"学而"篇名的翻译，也没有对其做出任何解释。詹宁斯也同样没有翻译"学而"这一篇名，但是在篇首却对全篇的内容进行了简要的概括："主要关于学习—它的乐趣、动机和目的—孝、弟及其他义务—各种不同的言论。"（W. J.: 39）不过，这一概括在"东方文学本"和"流行经典本"中被省略为"关于学习—各种不同的言论"。②此外，詹宁斯在初版本"学而"篇第一章的注释中，首先引用了理雅各的评述，即"'学'恰当地占据了这一国家学术的最前列，由此其教育体系长期地处于非凡与荣耀之中"。随后，其又进一步推论道："这一开篇段落好像是欢迎其学生的一段致辞。"（W. J.: 39）

苏慧廉在译本中没有像理雅各那样给出"学而"篇名的音译，但同样在该篇第一章的注释中对"篇题"进行了解释：

> 开头的两个汉字（除"子曰"之外）是每一章的标题，如理雅各博士所示，这个习惯与犹太人相似，他们以《圣经》中某些篇章的第一个词来给其命名。某一意图或多或少算是成功地被编辑者用以主观地安排各篇的内容，其首要的就是"务本"（Attention to fundamentals）。朱子曰："此为书之首篇，故所记多务本之意，乃入道之门、积德之基、学者之先务也。"③（This being the opening

---

① 按：括号里的汉字为笔者所加。马士曼的译本中每一卷有两篇，在上述引文之后，其概括的是第二篇"为政"的内容，所以此段应为针对"学而"篇所言。

再按：按朱熹的划分，"学而"篇为十六章，引用《诗经》的实为第十五章。

② 参见［英］詹宁斯《论语》"东方文学本"（p.7）和"流行经典本"（p.8）。

③ （宋）朱熹：《四书章句集注》，北京：中华书局，1983年，第47页。

section of the book, it chiefly records the importance of enquiry into what is fundamental, in other words the entrance gate of Truth, the groundwork of virtue, the primary study of the student.）因此，在对这位伟大先师之话语的有价值的记录中，"学"这一起首之词"恰当地占据了最前列"（理雅各）。（W. S.: 118-119）

仅在这一解题中，苏慧廉就两次提到理雅各，可见，无论如何理雅各译本都是苏慧廉译本面前的一座无法忽视的高峰。

校释者按

几位译者对"学而"篇的解题，在很大程度上是为了便于西方读者的阅读，诚如翟林奈和林语堂在前文中所述，西方读者很难从一个圆融的体系上来理解《论语》。然而，在同一时期笔者所介绍的其他译本中，却大都没有对"学而"及其他各篇的解题。稍有不同的是翟林奈，其译本按照相关主题对《论语》进行了重新编排，这或许可以使西方读者在阅读时有所倚重，但同时也让《论语》变得"面目全非"，似乎更难以从体系上对其加以把握。

在之后的大部分《论语》英译本中，对"学而"篇名进行翻译与解释的也相对较少。对篇名的翻译主要有美国华人学者黄继忠（Chichung Huang, 1923—2001）和美国诗人、作家、翻译家大卫·欣顿（David Hinton, 1954—）的译本，其分别为"Xue Er（To Learn Something And）"和"To Learn, and Then".① 前者是对"学而"的音译和直译，后者则只有直译，而两者均没有相关的"解题"。美国汉学家森舸澜（Edward Slingerland, 1968—）的译本虽然没有篇题的翻译，却给出了一段重要的解释：

① ［美］黄继忠译：《论语》（Chichung Huang, trans., *The Analects of Confucius: A Literal Translation with an Introduction and Notes*, Oxford: Oxford University Press, 1997, p.47）；［美］大卫·欣顿译：《论语》（David Hinton, trans., *The Analects*, Berkeley: Counterpoint, 1998, p.1）。

本篇的一个核心主题是，"学"更多地应该与实际行为（actual behavior）而非学术理论（academic theory）相关。作为一个成年人的有道德的公共行为，其根源于基本的家庭道德，即"孝"（filial piety）和"弟"（respect for elders），后者的字面意义为"成为一个好兄弟"。①

对于西方学者而言，能从道德行为而非学术理论上来理解《论语》中的"学"是较有见地的。若将这一解释与苏慧廉所引《四书章句集注》中的"解题"相参照，更能体会"学而"被置于《论语》首篇所内蕴的中国古典学术文化的独特涵义。

除了朱熹之外，皇侃在《论语义疏》中也给出了"学而"之所以被置于首篇的原因：

> 《论语》是此书总名，"学而"为第一篇别目，中间讲说，多分为科段矣。侃昔受师业，自"学而"至"尧曰"凡二十篇，首末相次无别科重。而以"学而"最先者，言降圣以下皆须学成，故《学记》云："玉不琢不成器，人不学不知道。"是明人必须学乃成。此书既遍该众典，以教一切，故以"学而"为先也。②

因此，如理雅各、苏慧廉所提到的，《论语》篇目的命名与犹太人对《圣经》篇目的命名相似，其实在我们看来也只不过是一种巧合罢了。而且，这一"巧合"不免使我们再次进行"等级序列"方面的联想。

当然，理雅各、苏慧廉本人也意识到了，问题不在于以什么方式命名篇目，而是这一命名背后所承载的中国人对"学"的深刻信仰。宋邢昺（932—1010）在《论语注疏》中亦有疏云：

---

① ［美］森舸澜译：《论语：附以部分传统注疏》（Edward Slingerland, trans., *Confucius Analects: With Selections from Traditional Commentaries*, Indianapolis: Hackett, 2003, p.1）。

② （南朝梁）皇侃撰，高尚榘校点：《论语义疏》，北京：中华书局，2013年，第1页。

自此至"尧曰",是《鲁论语》二十篇之名及第次也。当弟子论撰之时,以《论语》为此书之大名,"学而"以下为当篇之小目。其篇中所载,各记旧闻,意及则言,不为义例,或亦以类相从。此篇论君子、孝弟、仁人、忠信、道国之法、主友之规,闻政在乎行德,由礼贵于用和,无求安饱以好学,能自切磋而乐道,皆人行之大者,故为诸篇之先。既以"学"为章首,遂以名篇,言人必须学也。[1]

由此可见,"学"在中国文化中有着不可替代的核心地位,其具体内涵我们会在下文中予以详述。

---

[1] (魏)何晏等注,(宋)邢昺疏:《论语注疏》,见于《十三经注疏》(下册),北京:中华书局影印世界书局阮元校刻本,1980年,第2457页上栏。

第 三 章

《论语·学而》第一章汇校集释

第一节 《论语·学而》第一章第一节

第一章 / 一节·子曰："学而时习之，不亦说乎？

J. L. I.1. **The Master said, 'Is it not pleasant to learn with a constant perseverance and application?** ①

J. M. I.1. Chee says, learn; and continually practise. Is it not delightful!

D. C. I.1. Confucius says, to learn and constantly digest, is it not delightful!

W. J. I.1. 'To learn,' said the Master, 'and then to practise opportunely what one has learnt—does not this bring with it a sense of satisfaction?

W. S. I.1. The Master said:② "Is it not indeed a pleasure to acquire knowledge and constantly to exercise oneself therein?

朱注：学之为言效也。人性皆善，而觉有先后，后觉者必效先觉之所为，乃可以明善而复其初也。习，鸟数飞也。学之不已，如鸟数飞也。说，喜意也。既学而又时时习之，则所学者熟，而中

---

① 按：在解释"亦"字时，[英]理雅各《中国经典》第一卷"修订本"（也包括"港大本"）中增加了清王引之（1766—1834）《经传释词》（《皇清经解》本）这一参考文献。

② 按：此处的"冒号"在[英]苏慧廉《论语》"初版本"（p.117）中似为"分号"，据"世经本"（p.1）改正。

心喜说，其进自不能已矣。程子曰："习，重习也。时复思绎，
浃洽于中，则说也。"又曰："学者，将以行之也。时习之，则
所学者在我，故说。"谢氏曰："时习者，无时而不习。坐如
尸，坐时习也；立①如齐，立时习也。"（第47页）

1. 释"子"（包括"孔夫子""夫子""孔子"）

在该节的注疏中，理雅各首先解释了"子曰"中的"子"字："子，
在句首指孔子。子，即'儿子'（a son），也是男子的通称——尤其是指
有德行的男子。"（J. L.: 137）进而，其又指出：

在对话中，我们发现它以同样的方式被用作我们的"Sir"。在姓氏之
后时，其与我们的"Mr."相同；或者可以被译为"the philosopher""the
scholar""the officer"等等。然而，在大多数情况下，我们最好还是不
做翻译。在姓氏之前时，其表明被提到的人是作者的老师，如"子沈子"，
"my master, the philosopher 沈"。单独出现时，如在本文中那样，其指

---

① 按：此处中华书局本校勘记曰："'立'原作'一'，据清仿宋大字本改。"笔者参阅浙
江大学影印出版的"嘉庆本"（中华书局本的底本），此处之"立"并未被写作"一"，不知中华
书局本校勘记中的"原作"是何所指？或者浙江大学影印时已将此处"改正"，亦未可知。参见
（宋）朱熹撰《四书章句集注》，杭州：浙江大学出版社影印清嘉庆十六年吴县吴志忠刊本，2012
年，第119页。
又按：康太一认为马士曼译本注释中的"Collect your thoughts to one point"（J. M.: 2），
就是对"一如齐"的翻译，并因此推断马士曼使用的是"宋刻本"，但其在文中却没有给出"宋
刻本"的具体版本（参见康太一著《从英译〈论语〉到汉译〈圣经〉：马士曼与早期中西对话初
探》，北京：北京外国语大学博士学位论文，2013年，第66页注309）。现存宋本《四书章句集
注》几乎仅可见"当涂郡斋本"，即上海古籍出版社、安徽教育出版社《朱子全书》第六册中的
《四书章句集注》之底本，该校点本亦作"立如齐"，且未出任何校勘记［参见（宋）朱熹撰，徐
德明校点《四书章句集注》，见于（宋）朱熹撰，朱杰人、严佐之、刘永翔主编《朱子全书》（第
六册），上海：上海古籍出版社、合肥：安徽教育出版社，2002年，第67页］。那么，康太一很
可能只是据中华书局本校勘记，"推知"宋刻本为"一如齐"，但该点校本的底本实为清"嘉庆
本"。从表面上看，马士曼译文中的"Collect...to one point"很像是对作为动词的"一"字的翻
译。然而，马士曼无论在《论语》的经文还是注释上都采用直译且语序也尽量与原文保持一致，
因此这里与"to one point"相对应的很可能是"齐"字，而不是"一"字。众所周知，此处的
"齐（齊）"字通作"斋（齋）"，有"庄敬"之义，而"Collect your thoughts"即有"敛神专注"
的内涵。

的是孔子，即 *the philosopher*，而 *the master* 或许更好。①（J. L.: 137）

众所周知，耶稣会士通常将"孔夫子"（包括"子曰"中的"子"、"孔子"或"夫子"）译成"Confucius"，②正如柏应理等人的译本。而在《中国经典》第一卷之前的两个《论语》英译本中，马士曼使用的是音译"Chee"，高大卫则沿用了"Confucius"这一译法。值得一提的是，在《论语》译本的"汉字附注"中，马士曼也首先将"子"解释为"儿子"，进而又对"夫子"的意义以及"Confucius"的来源进行了说明：

> 然而，由于其超群的智慧，（孔子）③很快就获得了"夫"（*Hoo* 或 *Fhoo*，即 great、chief、lord 等等）的称号。在这部著作中，他常常被称为"夫子"（*Hoo-chee*），即 The Great *Chee* 或者 The Master。欧洲人在这个称谓之前冠以其父姓"孔"（*Khoong*），所以就形成了拉丁化的名字 Con-fu-cius。（J. M.: 3）

由此可见，"Confucius"其实与马士曼的"Chee"同为音译，只不过前者是对"孔夫子"的拉丁语音译，其结尾处的"us"在拉丁语中是一个"阳性"词尾，表明"孔夫子"是男性。

然而，理雅各认为"Confucius"这一音译之词（"Chee"也与之相同）无法表达出弟子与孔子之间的关系以及说话者对孔子的尊敬（J. L.: 137），而"The Master"则可以。不过，如前文所引，马士曼也认为"夫子"可以被译成"The Master"，但在具体的译文中他仍然采用了音译。此外，在《中国经典》"现代本"中，理雅各还特别指出，多年前曾有一

---

① 按：加着重号的字在原文中为斜体。此处注释可参见（魏）何晏等注，（宋）邢昺疏《论语注疏》，见于《十三经注疏》（下册），北京：中华书局影印世界书局阮元校刻本，1980 年，第 2457 页上栏。

② 按：据麦克雷对罗明坚"四书"译本手稿的转写，"孔夫子"被拼写为"Confusius"。参见 [意] 麦克雷著，张晶晶译《〈论语〉在西方的第一个译本：罗明坚手稿翻译与研究》，《国际汉学》2016 年第 4 期，第 26 页注释 6。

③ 按：括号里的汉字为笔者所加。

位中国学者出版了一本汇集大卫、所罗门、保罗、奥古斯丁、耶稣、孔子等人语录的书。在该书中，其他人的语录前直接加上名字，而在孔子的语录前则为"子曰"。这表明该学者认为自己是孔圣人的门徒，孔子在其心目中的地位高于所罗门，甚至也高于耶稣本人。①

在理雅各之后的詹宁斯和苏慧廉的译本中，二人都采用了"The Master"这一译法。在译本《导言》中，詹宁斯也提到了"Confucius"是"孔夫子"的拉丁化，而其中的"夫子"指的就是"Master"的意思，是孔子成年时给予他的称谓（W. J.: 20）。值得一提的是詹宁斯对"子曰"的翻译，由于《论语》大约有四分之三的段落是由"子曰"引出的，他认为这在英文中显得有些枯燥。为此，詹宁斯使用了三种应对策略：（1）使用倒装或"间接引语"（*oratio obliqua*）；（2）当孔子的很多话语紧密相随时，将其统一起来并冠以"Other sayings of the Master"（子亦曰）；（3）在孔子的话语之间没有联系之处，则冠以"*Obiter dicta* of the Master"（子附言曰）（W. J.:35–36）。然而，这一看似巧妙的处理方式，却消解了不断重复的"子曰"背后所蕴藏的"权威性修辞"（rhetorics of authority）的力量。②

在译本《导言》的"名词解释"部分，苏慧廉也对"子"和"夫子"给出了解释和说明。与理雅各及马士曼稍有不同，苏慧廉首先将"子"解释为"a child"，然后才是"a son"（W. S.: 113）。进而，苏慧廉还将"子"与"人子"（Son of Man）和"上帝之子"（Son of God）联系在一起："我们饶有趣味地发现'子'这个极小的词语在语言中竟变成了最大的一个，正如人子和上帝之子成为了我们的主的最高贵的称呼。"（W. S.: 113）其后，苏慧廉又给出了"子"在经传中的三重意义：第一，指孔子或教师，表示极高的尊重和敬仰；第二，指"先生"（Sir）、"阁下"（gentlemen），或者我的学生、我的朋友，如"二三子"；第三，作为贵族

① 参见［英］理雅各《中国经典》第一卷"现代本"（p.117）。
② 关于"子曰"的修辞问题，参见［瑞］韦宁、［爱］巴登著《权威的修辞：〈利未记〉与〈论语〉之比较》（Ralph Weber and Garrett Barden, "Rhetorics of Authority: Leviticus and the *Analects* Compared," *Asiatische Studien* / Études Asiatiques, vol.64, no.1, 2010, pp.173–240）。

爵位的称号，即“子爵”(Viscount)，或者是族长的称号(W. S.: 113)。此外，在另一条“名词解释”中，苏慧廉也对“夫子”进行了解释，其曰:“卫三畏指出‘夫’从‘一’(one)从‘大’(great)，或者表示某人佩戴发簪以示成年。”(W. S.: 113)而且颇为有趣的是，除了“master”或“philosopher”之外，苏慧廉认为“夫子”还可以被译成“rabbi”(W. S.: 113)这一特指犹太教教师或领袖的称谓。不过，这一犹太“拉比”的翻译选择应该也是源于卫三畏。①

校释者按

《说文解字》曰:“子，十一月，阳气动万物滋，人以为称。象形，凡子之属皆从子。(李阳冰曰：子在襁褓中，足并也。)……𡥀，古文子，从巛，象发也。𢀈，籀文子，囟有发，臂胫在几上也。”②段注曰:“《律书》:‘子者，滋也。言万物滋于下也。’《律历志》曰:‘孳萌于子。’”③又曰:“子本阳气动万物滋之称，万物莫灵于人，故因叚借以为人之称。”④依唐代书法家李阳冰(生卒不详)之说，“子”为襁褓中的“孩子”；那么，很明显苏慧廉的解释比马士曼和理雅各的更为准确，因为“son”有鲜明的性别内涵。此外，如理雅各所言，“子”在古汉语中确实可以作为“男子的通称”，但是其并非不可以指称“女性”。《论语·雍也》就有“子见南子”一章，而“南子”即为卫灵公的夫人。⑤

至于“子”为什么在商周时代成为了对有德、有位者的尊称，这并不是一个很难回答的问题。不过，有的学者认为“子”为殷商之姓，所以

① 参见[美]卫三畏《汉英韵府》(Samuel Wells Williams, *A Syllabic Dictionary of the Chinese Language; Arranged According to* The Wu-Fang Yuen Yin, *with the Pronunciation of the Characters as Heard in Peking, Canton, Amoy, and Shanghai*, Shanghai: American Presbyterian Mission Press, 1874, p.142)。

② (汉)许慎:《说文解字》，北京：中华书局影印清同治十二年陈昌治刻本，1978年，第309页。

③ (汉)许慎撰，(清)段玉裁注:《说文解字注》，上海：上海古籍出版社影印经韵楼藏版，1981年，第742页。

④ 同上。

⑤ (魏)何晏等注，(宋)邢昺疏:《论语注疏》，见于《十三经注疏》(下册)，北京：中华书局影印世界书局阮元校刻本，1980年，第2479页下栏。

受到尊重。①但是，这无法解释以"姬"为姓的周人为何仍以前朝之姓为尊。古文字学家裘锡圭（1935—）在《关于商代的宗族组织与贵族和平民两个阶级的初步研究》一文中指出，商代与周代都广泛存在称"族长"为"子"的现象。②可见，苏慧廉将"子"解释为"族长的称号"是极为准确的。其原因当然与商周时代的社会组织有关："在我国古代的宗法制度下，族长的位置原则上由现任者的儿子一代代继承下去，因此族长就很自然地被称为子了。"③而在《从武丁时代的几种"子卜辞"试论商代的家族形态》一文中，另一位古文字学家林沄（1939—）也指出：

> 子的本义应是指父母的后代，约当现代语中的"孩子"一词。所以女儿古代也称子（后来为区别起见，又称"女子子"）。而它之转化为对男性显贵人物的尊称，并非中国特有的现象。例如，美洲的古代马耶人称贵族为"阿里默汗"，本义为"父母亲的儿子"。欧洲的古罗马人称贵族为 patricus，本义为"父亲的（后代）"。④

诚如苏慧廉所言，在基督教文化中与"子"这个"极小的词语"相关的"人子"的概念，也逐渐转化为对耶稣基督的"最高贵的称呼"。英国神学家约翰·德雷恩（John Drane，1946—）在其著作《新约导论》（*Introducing the New Testament*）中曾指出，耶稣在以"人子"自称时明显是在强调自己的"人性"，但在"福音书"的某些地方"人子"却被描述为"'有大能力、大荣耀，驾云降临（coming in clouds with great power

---

① 参见鲍延毅著《"子"作尊称及其所构成的尊称词说略》，《湖南教育学院学报》1990年第4期，第76—79页。

② 裘锡圭：《关于商代的宗族组织与贵族和平民两个阶级的初步研究》，见于裘锡圭《古代文史研究新探》，南京：江苏古籍出版社，1992年，第303页。

③ 同上。

④ 林沄：《从武丁时代的几种"子卜辞"试论商代的家族形态》，《古文字研究》1979年第1辑，第323页。

按：引文中的"patricus"似应为"patricius"之误，参见［英］亚历山大·苏特等编《牛津拉丁语辞典》（Alexander Souter, et al. eds., *Oxford Latin Dictionary*, Oxford: Clarendon Press, 1968, p.1310）。

and glory）'（《马可福音》13:26）或'坐在　神权能的右边（seated at the right hand of the power of God）'（《路加福音》22:69）"。①同样，在中国古代文化中，与"子"相关的"夫子"一词，也从一个一般性的称谓而渐渐被赋予了"崇高"的内涵。

裘锡圭在前文中曾提到，因为"卿大夫"一般都是"族长"，所以也尊称其为"子"。而我们注意到，"夫子"一词最初似乎也是用来指称"卿大夫"的。在《儆季杂著·礼说五》"先生夫子"条中，清人黄以周（1828—1899）对"夫子"一词的来历和所指进行了较为详细的解释。首先，他提出"'先生''夫子'之称，随时变易，初无定名"这一总的论断。②进而，又在经传中考查"夫子"一词的来源："卿大夫出将军吏，主教夫卒坐作、进退、急徐、疏数之节，故责之以步伐、止齐，号之曰'夫子'。"③其自注曰："'夫'即千夫长、百夫长之'夫'；'夫子'者，千夫、百夫以上之尊者称也。"④近人杨宽（1914—2005）在《我国古代大学的特点及其起源——兼论教师称"师"和"夫子"的来历》一文中也赞成此说，并且结合经传及出土文献的考证进一步指出，教师之"师"与"夫子"同源，起初都是指西周军队中的军官兼教官一职。⑤

此外，黄以周在上述词条中还对孔门弟子称孔子为"夫子"的原因给出了重要的解释：

> 《论语》以"弟子"对"先生"，谓先弟子而生。"先生"者，兄长也。自孔子设教洙泗间，师之立教也严，师之为道也亦尊。师视其徒犹子，徒视其师犹父，故不敢"先生"之相与。"夫子"之"夫"

---

① ［英］约翰·德雷恩：《新约导论》（John Drane, *Introducing the New Testament*, Oxford: Lion Hudson Plc, 2010, p.76）。

按：若不加特别说明，本书中的《圣经》中文译文均出自"新标点和合本"（2000年）。

② （清）黄以周撰：《儆季杂著·礼说五》，清光绪二十年江苏南菁讲舍刻本，第33页a。

③ 同上书，第33页b。

④ 同上。

⑤ 杨宽：《我国古代大学的特点及其起源——兼论教师称"师"和"夫子"的来历》，《学术月刊》1962年第8期，第55—56页。

者，帅人以义；而又崇而长之，曰"子"。①

既然，黄以周将"夫子"之"夫"解释为"帅人以义"；那么，马士曼认为"夫"是"智慧超群"的象征，并且可以译为"The Great *Chee*"（J. M.: 3），似乎也很恰当。

《说文解字》曰："夫，丈夫也。从大；一，以象簪也。周制以八寸为尺，十尺为丈。人长八尺，故曰丈夫。"②同样，依《说文解字》所言，"夫"所从的"大"字，确有马士曼所说的"great"的含义，其曰："大，天大，地大，人亦大，故大象人形。"③此处所强调的正是"人"与"天""地"同"大"，即同样"伟大""杰出"的意思。其实，前文许慎和段玉裁对"子"的解释，也体现出"人"得天地万物造化之灵机的思想内涵。

而当"夫子"进入西方文化的概念系统之时，卫三畏与苏慧廉均将其比之于犹太"拉比"，这不禁再次激起了我们对于"等级序列"的联想。既然这里的"夫子"实际上是"孔子"的专称，那么我们不妨先来考查一下选本译者对于"孔子"的评价。与其对《论语》的定位与评价相仿，马士曼对待"孔子"的态度也较为"中立"。在《孔子生平》中，由于时间上的接近，马士曼不禁将孔子时代的中国"先哲"（sages）与古希腊的哲学家进行了比较。他认为前者与后者极为不同，中国古代的"先哲"过于专注于道德和礼仪（morals and manners），其成果更加注重实用，而不如古希腊哲学家们那么辉煌（J. M.: xxii–xxiii）。此处亦与马士曼将《论语》比之于《伊索寓言》相似，其将"孔子"作为中国古代的"先哲"之一比之于"古希腊哲学家"，也同样向我们暗示了当"孔子"被置于西方文化传统中时其在马士曼心目中的大体位置。

同样，由于高大卫对《论语》多有贬抑，其对"孔子"的评价自然不

---

① （清）黄以周：《儆季杂著·礼说五》，清光绪二十年江苏南菁讲舍刻本，第33页a—b。
② （汉）许慎：《说文解字》，北京：中华书局影印清同治十二年陈昌治刻本，1978年，第216页。
③ 同上书，第213页。

会很高。在《孔子略传》中，高大卫指出：

> 在他（孔子）全部著述的范围之内，从未向我们展现出一个独创的观念，可以超越任何一个常人所惯于思考的领域。至于那些最重要的问题，作为其某种发展形式的神圣启示（Divine Revelation），这对我们而言绝对必要，而孔子却完全没有触及。……他所提到的与上帝之品性和人类之于其造物主之责任的大部分话题，似乎远远低于古希腊的先哲们，尤其是苏格拉底；我们认为，外部条件可以说明这一事实，即后者更接近那个首先被启示之光所照耀的幸运之国。①（D. C.: 14）

尽管就连高大卫本人也承认，让"孔子成为希腊人"的设想实在无理（D. C.: 14），但这仍然无法动摇其"质疑基督教传统以外所有道德体系之合法性"的立场（D. C.: xvi）。在高大卫看来，孔子的"错误"是具有代表性的，即作为异教徒（Infidel）的中国人"竟然"认为"神圣意志（Divine Will）所特有的启示是毫无必要的"（D. C.: 5）。不过，若按这一逻辑进行反推，我们是不是也可以同样认为，作为"异教徒"的西方人其"致命错误"就在于无视"祭祖祭孔"的必要性呢？

在前文考查理雅各《中国经典》版本变迁时，我们已指出其"初版本"与"修订本"的重要差别之一，就体现在对"孔子"的态度上。在"初版本"第一卷的《绪论》中，理雅各也是从基督教的立场对"孔子"及其思想进行了批判：

> 我希望我没有不公正地对待他（孔子），但在对其性格和观点做了长时间的研究之后，我无法将其视为一个伟大的人物。他无法超越其时代，尽管他高于他的时代的很多官员和学者。但他不能对具有世界性意义的问题做出新的阐释。他对宗教毫无热情，也不支持

---

① 按：括号里的汉字为笔者所加。

进步。①

　　理雅各的这一评判与高大卫的"逻辑"颇为相似，而在这篇《绪论》的结尾处，理雅各也确实列出了高大卫的"四书"译本。②

　　然而，在"修订本"的《绪论》中，理雅各对待"孔子"的态度却发生了令人"难以置信"的转变：

　　　　但是我现在必须离开这位圣人（孔子）。我希望我没有不公正地对待他；我对他的性格和观点研究得越多，对他的评价也就越高。他是一个非常伟大的人，他从整体上对中国人产生了巨大而有益的影响，同时，他的教诲对于我们这些自称信仰基督的人而言也是重要的借鉴。③

　　那么，我们如何来解释这种"转变"？这其中确有理雅各长年与中国经典相摩相荡、交流互渗的因素。然而，我们还是应该谨慎地指出，这一"转变"的背后是否仍然暗含着某种"潜台词"，即孔子的思想虽然值得"信仰基督的人"加以"借鉴"，但其终究是"不完善"的。我们当然可以说理雅各在翻译中国经典之时，也在被中国经典所翻译。但就实际情况而言，二者并非势均力敌，中国经典这一"被译者"的"主体性"，有时是依赖于理雅各这一"译者"的"主体性"的。

　　詹宁斯在其译本的《导言》中首先将孔子与苏格拉底（Socrates，前469/470—前399）进行了比较，认为二者在"教学方法"、"言说与写作的关系"以及"传记"等方面都有很多相似的地方（W. J.:16–17）。进而，在对"孔子"的评价上，詹宁斯似乎与《中国经典》"初版本"中的

---

① 参见［英］理雅各《中国经典》第一卷"初版本"（p.113）。
　按：括号里的汉字为笔者所加。
② 参见［英］理雅各《中国经典》第一卷"初版本"（p.135）。
③ 参见［英］理雅各《中国经典》第一卷"修订本"（p.111）。
　按：括号里的汉字为笔者所加。

理雅各有所不同，他认为后者对"孔子"的指责有不当之处：如孔子"不能对具有世界性意义的问题做出新的阐释"及"对宗教毫无热情，也不支持进步"，等等。因为孔子并没有声称自己做过这些事情，所以若要指责孔子，就应该在他声称自己做过的事情中去寻找（W. J.: 33）。按照这一逻辑，詹宁斯指出：

> 在其（孔子）向人们宣教时，对重大问题的保留态度（*reserve*）和对古代宗教之精髓的抑制，可能是他最为人所诟病之处。他认可对于祖先的祭祀，却冻结了其所源出的信仰。他的教诲中存在着某种自我中心（*selfishness*）的成分，这使得受到其影响的人很容易感到自大与自足；也许在面对外国人和比他们所接受的更好的教导时，中国人所表现出的近乎轻蔑的傲慢即可追溯至此。① （W. J.:33-34）

然而，究竟什么是比中国人"所接受的更好的教导"呢？在一位传教士看来，其毋庸置疑地应该是"耶稣基督的教导"。此外，"古代宗教之精髓"又为何物呢？它是某种"历史实存"还是詹宁斯之基督教观念的"自我投射"呢？其与理雅各所言中国先民本已具有基督教之"上帝"（God）观念，又有何本质上的不同呢？其实，无论是詹宁斯的"批评"还是理雅各后来的"肯定"，二者都存在某些基督教权力话语运作下的"想象"成分。因此，作为新教传教士的詹宁斯，他不可能像自己所声称的那样"不从基督教的视角来评判孔子"（W. J.: 34）。

同样，作为新教传教士的苏慧廉，似乎也不能不对孔子有所指摘，他认为："尽管努力为之，孔子仍未能尽一位伟大的宗教领袖之职责，因为他无法将他的人民从注定为无尽之迷信的多神崇拜中解脱出来，从而使他们上达唯一真神（the One True Infinite God）、造物主（the Creator）、整饬者（the Adorner）、天父（the Father）。"（W. S.: 61）其实，詹宁斯已经指出这一批评中的不当之处，即孔子从未宣称过自己是"宗教领袖"。

---

① 按：括号里的汉字为笔者所加，加着重号的字在原文中为斜体。

然而，包括詹宁斯在内的几位新教传教士，其最大的"不当之处"则在于，将基督教的"God"作为不证自明、放之四海而皆准的最高存在或存在者。

此外，还有一个问题需要进一步澄清，即几位选本的译者也经常使用"sage"一词来指称"孔子"。由于"孔子"在中国传统文化中的"圣人"地位，一般情况下我们均将指称"孔子"的"sage"译为"圣人"。然而，我们并非不清楚英语语境中的"sage"和汉语语境中的"圣人"之间有着巨大的差异。《牛津英语大词典》（*Oxford English Dictionary*）对"sage"的解释为："一个有着深远智慧（wisdom）的人，尤其是指古代历史或传说中的某些人物之一，他们通常以人类中的智者（the wisest）而闻名，因此某个拥有特殊智慧的人可以受到某种崇敬，就如同他可以与那些智者相比肩。"①而汉代《白虎通》对"圣人"的解释则为："圣人者何？圣者，通也，道也，声也。道无所不通，明无所不照。闻声知情，与天地合德，日月合明，四时合序，鬼神合吉凶。"②《论衡·对作》又将"圣人"与"经书"相联系，其曰："圣人作经，贤者传记，匡济薄俗，驱民使之归实诚也。"③可见，汉语语境中的"圣人"与英语语境中的"sage"确实不可同日而语。

诚然，诸位选本译者以"sage"指称"孔子"是有"时间"上的考虑，因为"sage"常可用来指称"古希腊哲学家"，后者与"孔子"及"先秦诸子"大体处于同一历史时期。所以，译者们也使用"sages"来指称包括"孔子"在内的"先秦诸子"，然而这却给汉语的"回译"造成了困难。若译为"圣人们"显然不恰当，若译为"诸子"则又降低了"孔子"的文化身份，所以在前文中的相关段落，我们只能采用一个中庸的译名"先哲"。这一回译的困难，也充分体现了中西方语言在概念系统上的

---

① ［英］约翰·辛普森、埃德蒙·韦纳编：《牛津英语大词典》（J. A. Simpson and E. S. C. Weiner, eds., *The Oxford English Dictionary*, vol. XIV. Oxford: Clarendon Press, 1989, p.367）。

② （汉）班固等撰：《白虎通》（第一册），见于王云五主编《丛书集成初编》，上海：商务印书馆影印《抱经堂丛书》本，1936年，第175页。

③ （汉）王充：《论衡》（第五册），见于王云五主编《丛书集成初编》，长沙：商务印书馆影印王谟刻本，1939年，第304—305页。

"不对等性"和"不可通约性"（incompatiblilty）。当然，我们还需要进一步反思的是，以"sage"指称"孔子"这种看似客观的"时间"对应，其仍然可能是一种"话语运作"上的策略。尤其是在一些新教传教士译者的眼中，"孔子"的地位甚至比未能领受基督之恩典的"古希腊哲学家"（sages）还要低。然而，若就"孔子"在中国文化中的地位而言，其应被指称为首字母大写的"Saint"。不过，传教士译者们是绝对不会让"孔子"僭越这一基督教的"圣谥"之名的。那么，我们就更应该坚持使用"圣人"来翻译指称"孔子"的"sage"一词，因为"孔子"及"圣人"在中国文化中的特定内涵势必会反过来影响和补充"sage"在英语语境中的意义。

如前文所述，卫三畏和苏慧廉认为"rabbi"一词也可以用来指称"夫子"。同样，这一指称似乎又有将儒家思想与犹太教等而视之以待基督教对其"超越"之嫌。然而，在《新约》中某人也偶尔会使用"rabbi"一词来称呼"耶稣"。[①]而且，更为值得我们注意的是，理雅各、詹宁斯和苏慧廉均用首字母大写的"Master"来翻译"子曰"中的"子"，马士曼和高大卫也同样认为"master"一词可以指称"夫子"。在英语中"master"的意义较多，传教士们很可能是在这一意义上来使用的，即"收有门徒并传授其学说的教师"。[②]不过，在基督教文化中，首字母大写的"Master"也同样可以用来指称"耶稣"，[③]在"钦定版"《圣经》（The King James Version Bible）中尤其如此。因此，上述对于"夫子"及"子曰"之"子"的翻译与解释，使得"耶稣"和"孔子"原本各自分明的轮廓由于"文化互渗"而变得有些"模糊"。

所以，即便是"音译"这种"翻译保守主义"，也势必要通过"解释"以打破其自身"不可译"的状态，同时也打破了两种语言之间的"概念壁

---

① 参见《约翰福音》1:49；3:2；6:25。

② 参见［英］约翰·辛普森、埃德蒙·韦纳编《牛津英语大词典》（J. A. Simpson and E. S. C. Weiner, eds., *The Oxford English Dictionary*, vol.IX, Oxford: Clarendon Press, 1989, p.442）。

③ 同上。

垒"。而"意译"则更是直接以"强译之"的方式用一种语言为另一种语言"命名"。因此，无论是"不可译"之"Confucius""Chee"，还是"强译之"之"Master""rabbi"，都是"孔子"及儒家思想文化得以进入西方语言和概念系统的一种方式。① 在这一过程中，即便某些强势的基督教话语想要通过"翻译"从而"修改"、"补充"甚至"替换"中国古代的思想与文化，但是其自身也无法完全置之其外，其语言内部及概念系统也不可避免地会发生某些微妙的变化，从而染上"他者文化"的"色彩"。总之，体现于《论语》英译中的"话语运作"，当然是西方宗教文化的"自我建构"与"对外殖民"，但在"文化互渗"的过程中其也必然会暴露出"自我解构"的意义"踪迹"。而我们"汇校集释"的重要理论任务之一，就是要使这些"撒播"着的"踪迹"得以逐渐显露自身。

2. 释"学"

从上面的译文中，我们可以很清楚地看到，在五个译本中只有苏慧廉将"学"译作"acquire knowledge"，其余四个译本均为"learn"。其实，苏慧廉在注释中也将"学"解释为"learning"（W. S.: 119），但是其译文的选择不知是为了与其他译本相区别，还是受到了辜鸿铭译本的影响。因为，在辜鸿铭的译本中"学"也同样被译为"acquire knowledge"。②

理雅各在注释中首先指出，"学"在较早的注释者那里被解释为"诵"（to read chantingly; to discuss）（J. L.: 137）。这里所指的应该是魏何晏（？—249）《论语集解》中所引王肃（195—256）之语，其曰："时者，学者以时诵习之。"③ 只是这里的"诵"或"诵习"，似乎并不是用来解释

---

① 参见杨慧林《主持人语：中国思想何以进入西方的概念系统》，《中国文化研究》2013年春之卷，第18—20页。

② 辜鸿铭译：《论语：新颖而别致的译本，以引用歌德和其他作家来进行阐释》（Ku Hung-ming, trans., *The Discourses and Sayings of Confucius: A New Special Translation, Illustrated with Quotations from Goethe and Other Writers*, Shanghai: Kelly and Walsh, 1898, p.1）。

③ （魏）何晏等注，（宋）邢昺疏：《论语注疏》，见于《十三经注疏》（下册），北京：中华书局影印世界书局阮元校刻本，1980年，第2457页上栏。

"学"的，而是与"习"的意义相关。其次，理雅各又提到了朱熹的注释并对其大加赞赏，朱熹以"效"（to imitate）释"学"，言学者应"明善而复其初"（the understanding of all excellence, and the bringing back original goodness）（J. L.:137–138）。值得一提的是，在柏应理等人的拉丁语译本中，"学"被译为"Operam dare imitationi sapientum"，①法语编译本为"Travaille à imiter les Sages"，②而英语转译本则为"Endeavour to imitate the Wise"。③很明显，译文中的"imitationi"、"imiter"和"imitate"是同源词，即"模仿""效仿"的意思。因此，这三个一脉相承的译本都将"学"翻译或解释为"效仿圣人（或贤人）"，其实"圣人（或贤人）"也就是朱注中的"先觉（者）"，它们与朱注的关系已毋需多言。④同时，"模仿"也是古希腊哲学中的重要概念，这一翻译选择自然与柏应理等耶稣会士将"孔子"定位为"哲学家"有关。那么，通过对《论语》之"学"的翻译，儒家思想便以某种"椭圆折射"（elliptical refraction）的方式进入了西方哲学的概念系统。⑤

在本节的"汉字附注"中，马士曼对"学（學）"字的意义和结构进行了解释和分析，其曰："学（Hok），即'learn'等等。其既为名词亦为动词，若依文势则此处应为动词。下部为'子'，即'儿子'（参见附

---

① ［比］柏应理等译著：《中国哲学家孔子，或以拉丁语表述中国人的智慧》（Philippe Couplet et al., *Confucius sinarum philosophus, sive Scientia sinensis latine exposita.*, Parisiis: Apud Danielem Horthemels, 1687, p.2）。

② ［法］路易·库赞或让·德·拉·布吕内编译：《中国哲学家孔夫子的道德教训》（Louis Cousin, ou Jean de La Brune, trad., *La Morale de Confucius, philosophe de la Chine*, Amsterdam: Pierre Savouret, 1688, p.128）。

③ 《孔夫子的道德教训——一位中国哲学家，他的鼎盛期在我们的救世主耶稣基督降生前500多年——本书是该国知识遗产的精粹之一》（*The Morals of Confucius. A Chinese Philosopher, Who Flourished Above Five Hundred Years Before the Coming of Our Lord and Saviour Jesus Christ. Being One of the Most Choicest Pieces of Learning Remaining of That Nation.*, London: Randal Taylor near Stationers Hall, 1691, p.115）。

④ 按：《中国哲学家孔子，或以拉丁语表述中国人的智慧》与《四书章句集注》及《四书直解》的关系，可参见［法］梅谦立《〈孔夫子〉：最初西文翻译的儒家经典》，《中山大学学报》2008年第2期，第131—142页。

⑤ 按：关于"椭圆折射"的概念，可参见［美］大卫·达姆罗什《什么是世界文学？》（David Damrosch, *What Is World Literature?*, Princeton: Princeton University Press, 2003, pp.281–284）。

注1）；中间为'冖'（*phoong*），即覆盖物（a covering）；上部不是一个完整的汉字。"（J. M.: 3）而他对朱注"明善而复其初"的翻译，则为"thus may they clearly comprehend the nature of virtue, and arrive at the perfection of the first sage"（J. M.: 2）。

同样，苏慧廉在译本的"名词解释"中，也参照《汉英韵府》对"学"字的结构进行了分析："学（學），从孝（To teach）、冂（A waste），臼声。"（W. S.: 108）进而，苏慧廉又对儒家之"学"做出了重要的阐释：

> 学，圣人以之为道德研习（the study of morals），它意味着知（wisdom）之获得与行（conduct）之表现。第一篇第七章（《论语·学而》）之注释曰：三代之学皆所以明人伦。[①]朱子以效（To copy an example）释学，因为学者都遵从他的导师作为榜样。程子曰：学之道必以忠信为主。[②]《大学》载曰："大学之道，在明明德，在新民，在止于至善。"[③]（W. S.: 108）

校释者按

在《说文解字》中，"学"写作"斆"，其曰："斆，觉悟也。从教、从冖。冖，尚矇也。臼声。学（學），篆文斆省。"[④]段注曰："斆、觉叠韵。《学记》曰：学然后知不足，知不足然后能自反也。按：知不足所谓觉悟也。"[⑤]《白虎通·辟雍》亦曰："学之为言觉也，以觉悟所不知也。"[⑥]段注又

---

① 按：从苏慧廉所列参考书目来看，此句应为清吴宗昌（生卒不详）《四书经注集证》中所录宋人游酢（1053—1123）之语，参见（清）吴昌宗《四书经注集证·论语》卷一，清嘉庆三年汪廷机刻本，第 7 页 b。在书目中，苏慧廉误将"汪廷机"作为该书的作者（W. S.: 77）。

② 按：此语出自游酢而非程子，参见（宋）朱熹《四书章句集注》，北京：中华书局，1983 年，第 50 页。

③ 按：括号里的汉字为笔者所加。

④ （汉）许慎：《说文解字》，北京：中华书局影印清同治十二年陈昌治刻本，1978 年，第 69 页。

⑤ （汉）许慎撰，（清）段玉裁注：《说文解字注》，上海：上海古籍出版社影印经韵楼藏版，1981 年，第 127 页。

⑥ （汉）班固等撰：《白虎通》（第一册），见于王云五主编《丛书集成初编》，上海：商务印书馆影印《抱经堂丛书》本，1936 年，第 129 页。

曰："冖下曰：覆也。尚童蒙，故教而觉之。此说从冖之意。"① 因此，卫三畏和苏慧廉实际上把"冖"（读作幂）错误地当作了"冂"（读作扃）。《说文解字》对"冖"的解释为："冖，覆也。从一下垂也。"② 而其对"冂"的解释则为："冂，邑外谓之郊，郊外谓之野，野外谓之林，林外谓之冂。象远界也。"③ 因此，卫三畏和苏慧廉才会错误地将"冖"解释为"荒地"（a waste）。④ 而马士曼以"覆盖物"来解释"冖"显然是正确的，但是他将该字注音为"phoong"（W. S.: 113），似乎还是将其读作了"冂"。

此外，在《汉英韵府》中，卫三畏将"学（學）"字中的"臼"误识为"臼"，所以才将其解释为"a mortar"（"臼"或"研钵"），在苏慧廉的解释中也延续了这一错误（W. S.: 108）。《说文解字》曰："臼，春也。古者掘地为臼，其后穿木石。象形，中米也。"⑤ "臼"的字形与"学（學）"字的上部明显不符，在意义上也很难讲得通，很多汉字的声旁并非仅仅表明声音，其常常与字的意义存在某种相关性。《说文解字》对"臼"的解释为："臼，叉手也。从𦥑、彐。"⑥ 因此，"学（學）"就可以被理解为，用双手将覆盖在孩童头上的遮蔽之物去掉，使其能够看到周围的世界并有所"觉悟"。《说文解字》曰："矇，童矇也。一曰不明也。从目，蒙声。"⑦ 段注曰："谓目童子如家覆也。毛公、刘熙、韦昭皆云：有眸子而无见曰矇。"⑧ 此一意义上的"学"也就是启"矇"，既启人之"矇"，亦必使其

---

① （汉）许慎撰，（清）段玉裁注：《说文解字注》，上海：上海古籍出版社影印经韵楼藏版，1981年，第127页。

② （汉）许慎：《说文解字》，北京：中华书局影印清同治十二年陈昌治刻本，1978年，第156页。

③ 同上书，第110页。

④ 参见 [美] 卫三畏《汉英韵府》（Samuel Wells Williams, *A Syllabic Dictionary of the Chinese Language; Arranged According to* The Wu-Fang Yuen Yin, *with the Pronunciation of the Characters as Heard in Peking, Canton, Amoy, and Shanghai*, Shanghai: American Presbyterian Mission Press, 1874, p.209）。

⑤ （汉）许慎：《说文解字》，北京：中华书局影印清同治十二年陈昌治刻本，1978年，第148页。

⑥ 同上书，第60页。

⑦ 同上书，第73页。

⑧ （汉）许慎撰，（清）段玉裁注：《说文解字注》，上海：上海古籍出版社影印经韵楼藏版，1981年，第135页。

"明也"。《毛诗·周颂·敬之》有云："日就月将，学有缉熙于光明。佛时仔肩，示我显德行。"①《礼记·大学》之开篇亦云："大学之道，在明明德，在新民，在止于至善。"②可见，在儒家思想中，"学"就是由"矇"至"明"，而"明"既以"德"为对象，又是"德"的本质属性，正所谓"明明德"。此外，如《白虎通》所言，"学"亦是"觉悟"，《说文解字》曰："觉（覺），寤也。从见、学（學）省声。一曰：发也。"③《论语义疏》亦云："谓为学者，《白虎通》云：'学，觉也，悟也。'言用先王之道，导人情性，使自觉悟。去非取是，积成君子之德也。"④

　　总之，儒家之"学"首先不在于客观知识的获得与积累，而在于道德修养上的增进与完善。清人毛奇龄（1623—1716）在《四书改错》中欲以"虚""实"来分别"学"的内涵，其曰："学有虚字，有实字。如学《礼》，学《诗》，学射、御，此虚字也。若志于学、可与共学、念终始典于学，则实字矣。此开卷一学字，自实有所指而言。"⑤这一区分确实有些道理，然而其所谓"学"之"实指"即"道术之总名"，⑥亦未见有何高明之处。相较而言，苏慧廉将"学"解释为"道德研习"与"知行合一"则是极有见地的。只是如前所述，其在具体翻译"学"字之时，可能受到了辜鸿铭的影响而使用了"acquire knowledge"。然而，这一表达却极易引起西方读者的误解，即将《论语》中的"学"仅仅看作对客观知识和见闻的获得。更何况苏慧廉最流行的《论语》英译本并非我们使用的"初版

---

　　① （汉）毛公传，（汉）郑玄笺，（唐）孔颖达等正义：《毛诗正义》，见于《十三经注疏》（上册），北京：中华书局影印世界书局阮元校刻本，1980年，第599页上栏。

　　② （汉）郑玄注，（唐）孔颖达等正义：《礼记正义》，见于《十三经注疏》（下册），北京：中华书局影印世界书局阮元校刻本，1980年，第1673页上栏。

　　按：笔者将引文中的"亲民"改为"新民"，朱熹在《四书章句集注》中引程子曰："亲（親），当作新。"其后又曰："新者，革其旧之谓也，言既自明其明德，又当推以及人，使之亦有以去其旧染之污也。"此外，《大学》开篇之后亦有"苟日新，日日新，又日新"之语，可见"亲（親）"实为"新"之误也。参见（宋）朱熹撰《四书章句集注》，北京：中华书局，1983年，第3、5页。

　　③ （汉）许慎：《说文解字》，北京：中华书局影印清同治十二年陈昌治刻本，1978年，第178页。

　　④ （南朝梁）皇侃撰，高尚榘校点：《论语义疏》，北京：中华书局，2013年，第2页。

　　⑤ （清）毛奇龄：《四书改错》卷十八，清嘉庆十六年金孝柏学圃刻本，第1页a—b。

　　⑥ 同上书，第1页b。

本"，而是经过其女儿删去大部分注释的"世经本"。

此外，近人程树德（1877—1944）在《论语集释》"学而时习之"一句下的按语亦值得我们注意，其曰：

> 今人以求知识为学，古人则以修身为学。观于哀公问弟子孰为好学，孔门身通六艺者七十二人，而孔子独称颜渊，且以不迁怒、不贰过为好学，其证一也。孔子又曰："君子谋道不谋食。学也，禄在其中矣。"其答子张学干禄，则曰："言寡尤，行寡悔，禄在其中矣。"是可知孔子以言行寡尤悔为学，其证二也。大学之道，"壹是皆以修身为本"，其证三也。①

程树德这一"以经解经"的方式，明显更加贴合儒家之"学"的内涵。而森舸澜在翻译"学而时习"这一章节时，亦曾援引程树德的这段"按语"，并指出："我们若通观全文便可知晓，孔子所感兴趣的那种学，是'知其如何'（know-how）的实践之学，而非抽象的理论知识。"② 毋庸置疑，这种"实践之学"的核心必然是"道德实践"。

其实，威廉·斯坦在为高大卫《论语》译本所写的《导论》中，亦对孔子之"学"给出过精彩的评述：

> 孔子对道德的形而上定义几乎毫无兴趣。他首先关注的是经验性（empirical）的现实——人类的行为对于减轻苦难和增进幸福所具有的影响力。对于他而言，知识本身没有任何意义，除非它可以使社会和政治生活变得富有活力。（D. C.:x）

而西蒙·莱斯在其译本的《导论》中也同样表示，《论语》中的"道德和

---

① 程树德撰，程俊英、蒋见元点校：《论语集释》（第一册），北京：中华书局，1990年，第4页。

② ［美］森舸澜译：《论语：附以部分传统注疏》（Edward Slingerland, trans., *Confucius Analects: With Selections from Traditional Commentaries*, Indianapolis: Hackett, 2003, p.1）。

学问这两个概念是同义的",①"教育的目的首先在于道德：知识的获取只是达到道德之自我修养的一种方式"。②进而，西蒙·莱斯还提出了"教育不是占有（having），而是存在（being）"的理论命题，③只是他并未对此给出进一步的解释。那么，我们不妨以德国哲学家马丁·海德格尔（Martin Heidegger，1889—1976）对于"存在"的某些理解来加以阐发。

众所周知，在《存在与时间》（Sein und Zeit）中，海德格尔将"此在"（Dasein）置于其存在论分析的优先地位。④因为"此在"这一存在者的优先性之一，就体现在其总是已经对自己的存在有所理解，并且操劳于自身的"去存在"（Zu-sein）⑤和"能存在"（Seinkönnen）。⑥"此在"的这种"存在方式"本身，即内涵着"生存论的时间性结构"。那么，我们说儒家的"教育"或"学"是"存在"，而不是"占有"：一方面，可以理解为其"学"所面向的是"将来"，而不是已经"占有"的"过去"；另一方面，也是更为重要的，儒家之"学"早已超越"流俗的"或"机械的"这种派生性时间观，从而将其自身命定于"在明明德，在新民，在止于至善"这一"生存论的时间性结构"与"目的论的道德实践结构"之上。

3. 释"时"

在对"时"的翻译方面我们可以很清楚地看到，五位译者中只有詹宁斯的较为特别，其使用的是"opportunely"，即"适时地"。而其他四位译者的翻译则大体相仿：马士曼为"continually"、理雅各为"constant"、高

---

① [澳]西蒙·莱斯：《导论》，见于[澳]西蒙·莱斯译《论语》（Simon Leys, "Introduction," in Simon Leys, trans., *The Analects of Confucius*, New York: W.W. Norton, 1997, p.xxvii）。

② 同上书，第 p.xxix 页。

③ 同上。

④ 参见[德]马丁·海德格尔《存在与时间》（Martin Heidegger, *Sein und Zeit*, in *Martin Heidegger Gesamtausgabe*, Bd.2, Frankfurt am Main: Vittorio Klostermann, 1977, ss.15–20）。

⑤ 按：海德格尔曾指出，此在"这种存在者的'本质'在于它的去存在"。参见[德]马丁·海德格尔《存在与时间》（Martin Heidegger, *Sein und Zeit*, in *Martin Heidegger Gesamtausgabe*, Bd.2, Frankfurt am Main: Vittorio Klostermann, 1977, ss.56–57）。

⑥ 按：海德格尔将"能存在"与此在的"为了作"（Um-zu）与"赋予－意义"（be-deuten）相关联。参见[德]马丁·海德格尔《存在与时间》（Martin Heidegger, *Sein und Zeit*, in *Martin Heidegger Gesamtausgabe*, Bd.2, Frankfurt am Main: Vittorio Klostermann, 1977, ss.115–116）。

大卫与苏慧廉均为 "constantly"，即 "不断地" 或 "经常的（地）"。在詹宁斯译本的《导言》中，他曾指出：

> 我绝对不能忘记表示我对理雅各博士的感激之情，他在《中国经典》中提供了宝贵的资料。然而，我还是经常敢于表达出与他相左的意见；你们也会看到我还独立阅读了大量的中文注疏，有时我也敢于表现出不同于它们的观点。（W. J.: 36）

可见，詹宁斯在 "时" 的翻译上很可能参考了某些 "中文注疏"，只是其具体所本尚不得而知。不过，我们还是可以尝试在中国传统文献的注疏中给出一些可能的来源。

首先，何晏《论语集解》引王肃曰："时者，学者以时诵习之。"[1] "以时" 即有 "按时" 或 "在一定的时候" 的意思。其次，《礼记·学记》载曰："当其可之谓时。"[2] 那么，这个 "时" 就有 "适时" 的含义。清人焦循（1763—1820）在《论语补疏》中亦以此来解 "学而" 一句，其曰："当其可之谓时。说，解悦也。'不愤不启，不悱不发'，时也。'中人以上可以语上，中人以下不可以语上'，时也。'求也退，故进；由也兼人，故退'，时也。学者以时而说，此大学之教所以时也。"[3] 而詹宁斯参考何晏、焦循的可能性都是很大的。

至于其他翻译者的译文选择，大多应该较为直接地受到了朱注的影响。朱熹将 "时" 解释为 "时时"，因此才有了 "constant(ly)" 或 "continually" 的翻译。而朱熹之所以用 "时时" 或 "时常" 来解释 "时" 字，恐怕与宋儒所谓的 "功夫论" 不无关系。

---

[1] （魏）何晏等注，（宋）邢昺疏：《论语注疏》，见于《十三经注疏》（下册），北京：中华书局影印世界书局阮元校刻本，1980 年，第 2457 页上栏。

[2] （汉）郑玄注，（唐）孔颖达等正义：《礼记正义》，见于《十三经注疏》（下册），北京：中华书局影印世界书局阮元校刻本，1980 年，第 1523 页上栏。

[3] （清）焦循：《论语补疏》，清咸丰十一年《皇清经解》（卷一千一百六十四）补刊本，第 1 页 a。

校释者按

然而，近人杨伯峻（1909—1992）在《论语译注》中对朱熹将"学而时习"之"时"释为"时常"却提出了批评：

> "时"字在周秦时候若作副词用，等于《孟子·梁惠王上》"斧斤以时入山林"的"以时"，"在一定的时候"或者"在适当的时候"的意思。王肃的《论语注》正是这样解释的。朱熹的《论语集注》把它解为"时常"，是用后代的词义解释古书。①

不过，杨伯峻在此并未对"时"与"适时"的意义关联加以解释。

而《说文解字》对"时"的解释则明显将其关联于农业文明，其曰："时（時），四时也。从日、寺声。旹，古文时，从之、日。"②段注曰："本春秋冬夏之称。引伸之为凡岁月日刻之用。《释诂》曰：时，是也。此时之本义，言时则无有不是者也。"③《说文解字》对"是"的解释则为："是，直也。从日、正。"④段注曰："十目烛隐则曰直，以日为正则曰是。从日、正，会意。天下之物莫正于日也。"⑤可见，"时"与"是"都从"日"，且可以互训。而在先秦时，"是"经常为"指示代词"或表示"正确"的意思。《说文解字》中，"正"亦训作"是"，⑥因此，"时"本身即有"正确""适当"的含义，正所谓"言时则无有不是者也"，所以其向"适时"

---

① 杨伯峻译注：《论语译注》，北京：中华书局，2005年，第1页。
② （汉）许慎：《说文解字》，北京：中华书局影印清同治十二年陈昌治刻本，1978年，第137页。
③ （汉）许慎撰，（清）段玉裁注：《说文解字注》，上海：上海古籍出版社影印经韵楼藏版，1981年，第302页。
④ （汉）许慎：《说文解字》，北京：中华书局影印清同治十二年陈昌治刻本，1978年，第39页。
⑤ （汉）许慎撰，（清）段玉裁注：《说文解字注》，上海：上海古籍出版社影印经韵楼藏版，1981年，第69页。
⑥ （汉）许慎：《说文解字》，北京：中华书局影印清同治十二年陈昌治刻本，1978年，第39页。

的转化亦有其内在的必然。① 而詹宁斯将"时"译为"opportunely",确实更为接近"时"在这一意义层面的内涵。

此外,詹宁斯之后的一些《论语》英译本,在"适时"的意义上进行翻译的亦明显增多,主要有阿瑟·韦利、香港学者刘殿爵(D. C. Lau,1921—2010)以及西蒙·莱斯的译本。其对"学而时习之"的翻译依次为:"To learn and *at due times* to repeat what one has learnt"、② "having learned something, to try it out *at due intervals*" ③ 和 "To learn something and then to put it into practice *at the right time*"。④ 不过,令人稍感意外的是,刘殿爵的学生美国学者安乐哲(Roger T. Ames, 1947—)在与罗思文(Henry Rosemont, Jr., 1934—2017)合译的《论语》中,仍然选择了"时时"或"时常"的意义内涵,其相关译文为"Having studied, to then *repeatedly* apply what you have learned"。⑤(此段中英文引文的斜体均为笔者所加,与其相对应的即为汉语的"时"字。)

4. 释"习"

在对"习"的理解与解释方面,理雅各还是参考了朱注,即将"习"解释为"鸟数飞也",并进一步指出其表示"repeat"或"practise"(J. L.: 138)。然而,值得注意的是,在正文的翻译中理雅各并未使用上述诸词来翻译"习",而是同时使用了两个英文单词"perseverance and application"。马士曼用"practise"来翻译"习",在注释中又指出"习"

---

① 按:关于"时"与"是"的意义内涵及其哲学关系,可参见肖娅曼《中华民族的"是"观念来源于"时"——上古汉语"是"与"时"的考察》,《四川大学学报》(哲学社会科学版),2003 年第 1 期,第 37—43 页。

② [英]阿瑟·韦利译:《论语》(Arthur Waley, trans., *The Analects of Confucius*, New York: Vintage Books, 1989, p.83)。

③ 刘殿爵译:《论语》(D. C. Lau, trans., *The Analects*, Hong Kong: The Chinese University Press, 2010, p.3)。

④ [澳]西蒙·莱斯译:《论语》(Simon Leys, trans., *The Analects of Confucius*, New York: W.W. Norton, 1997, p.3)。

⑤ [美]安乐哲、罗思文译:《论语:一种哲学化的翻译》(Roger T. Ames and Henry Rosemont, Jr., trans., *The Analects of Confucius: A Philosophical Translation*, New York: Ballantine Books, 1999, p.71)。

既包括"学"（study）又包括"习"（practice），在意义上更接近于"应用"（application）（J. M.: 4）。此外，马士曼还将"习（習）"拆分为从"羽"从"百"（J. M.: 4）。只是此一拆分与《说文解字》有所不同，其曰："习（習），数飞也。从羽、从白。"①

高大卫对"习"的翻译较为特别，他使用的是"digest"。在页下的注释中，他解释道："当由学习而获得的知识通过长久反复的冥想（meditation）而完全成熟并精美地铸刻于内心之时，它就成为了纯粹的愉悦之源。"（D. C.: 63）尽管高大卫在《前言》中曾表明，"页下的脚注并非是对任何一个注释者的逐字翻译，而是体现了各种不同注释的主旨"（D. C.: 8）；然而，我们还是可以很明显地看到，这一注释与《四书章句集注》中朱熹所引程颐（1033—1107）之说——"时复思绎，浃洽于中，则说也"——极为接近。实际上，此句原出于《河南程氏经说》卷第六《论语解》。②而《四库全书总目·经部·五经总义类·程氏经说》则指出："不著编辑者名氏，皆伊川程子解经语也。……其中若《诗》《书》解、《论语》说，本出一时杂论，非专著之书。"③可见，此句为程子一时之感发，并非着意解经之论。而朱熹之所以又在其后补上程子之另一说，想必也是为了避免读者仅观前一说而失于偏颇。此后一说之全文在《河南程氏外书》中为："学而时习之。所以学者，将以行之也。时习之，则所学者在我，故说。习，如禽之习飞。"④综合程子之二说，我们似乎可以得出这样的结论："学""思""行""习"在程子的思想中具有内在一贯的特点。当然，我们若以此作为《论语》中孔子思想的重要特征，大概也不会导致太大的偏差。

---

① （汉）许慎：《说文解字》，北京：中华书局影印清同治十二年陈昌治刻本，1978年，第74页。

② （宋）程颢、程颐：《河南程氏经说》卷第六《论语解》，同治十年六安求我斋刊板，第1页a。

③ （清）永瑢、纪昀等：《四库全书总目》，北京：中华书局影印浙江杭州本，1965年，第270页下栏—第271页上栏。

④ （宋）程颢、程颐撰，朱熹编：《河南程氏外书》第七《胡氏本拾遗》，同治十年六安求我斋刊板，第4页a。

詹宁斯与马士曼相同，也使用"practise"来翻译"习"，而苏慧廉使用的则是"exercise"。这一选择是否为了与其他译本相区别，我们难以知晓。但作为苏慧廉参考译本的晁德莅之拉丁语译文值得我们注意，"学而"一句被译为"studere sapientiae et jugiter exercere hoc, nonne quidem jucundum"。[①]很明显，英语"exercise"正是源于拉丁语"exercere"。"exercere"是不定式形式，它的现在时第一人称单数为"exerceo"，其主要意义之一是"训练"（to train by practice），既包括身体上也包括智力上的活动。当然，它还有"运用""应用""实践"等意义内涵。[②]而苏慧廉自己对"习"的解释则为"practice, exercise, a verbal noun,（*Kuan.* 操练）"（W. S.: 119）。可见，二者在意义内涵上确实较为接近。此外，在柏应理主编的拉丁语译本中，"习"被译作"exercitare"，[③]该词与"exercere"是同源词，而且意义也基本相同。

校释者按

若从古文字学的角度而言，"习（習）"字恐怕并非《说文解字》所谓"从羽，从白"。唐兰在《殷虚文字记》中认为"习（習）"字应该"从日、彗声"，并进一步指出"《说文》彗或古文作篲，从竹从习（習），今按当作从竹习（習）声，然则彗之古本音若习（習）"。[④]若依唐兰之说，"习（習）"从"彗"声，便可推知"羽"实为"彗"之讹变，因此"习"本无"数飞"之义。进而，唐兰又对"习（習）"的"字义"给出了自己的判断："《贾谊传》云：'日中必熭。'《说文》：'熭，暴干也'，按暴晒者日之

---

① ［意］晁德莅编译：《中国文学教程》第二卷（Angelo Zottoli, *Cursus litteraturae Sinicae*, vol. II, Chang-hai: Missionis Catholicae, 1879, p.211）。

② ［英］亚历山大·苏特等编：《牛津拉丁语辞典》（Alexander Souter, et al. eds. *Oxford Latin Dictionary*, Oxford: Clarendon Press, 1968, p.640）。

③ ［比］柏应理等译著：《中国哲学家孔子，或以拉丁语表述中国人的智慧》（Philippe Couplet et al., *Confucius sinarum philosophus, sive Scientia sinensis latine exposita.*, Parisiis: Apud Danielem Horthemels, 1687, p.2）。

④ 唐兰：《殷虚文字记》，上海：上海古籍出版社，2016年，第33页。

按：括号里的字为笔者所加。

事，作夐者特叚借字耳，疑习（習）之本训当为暴干矣。"①

　　然而，"习"作为"暴干"之"字义"尚未发现用例。若就"词义"而言，②其在甲骨文中常常被假借为"袭"或"重"字，③徐中舒《甲骨文字典》亦释为"重复之义"，只是其解字与唐兰略有不同，不是"从日，彗声"而是"从彗、从日"。④此亦可见，唐兰是从声训的角度来解释"习（習）"字的意义，其认为："习（習）声与叠袭相近，故有重义、惯义，引申之乃有学义，本无飞义也。"⑤然而，若从形训的角度来看，习（習）字"从彗"，《说文解字》曰："彗，扫竹也。从又持甡。篲，彗或从竹。𥱻，古文彗，从竹、从习（習）。"⑥"彗"字"从又"似无太大问题，但"持甡"则很难讲得通。段玉裁认为"从甡者，取排比之意"，⑦似乎也有强解之嫌。若结合古文字来看，其所持亦应类似"扫竹"之物，后来讹变为"甡"的可能性较大。徐锴《说文解字系传》在"古文彗，从竹、习（習）"下曰："埽于尊加帚于箕上，以袂拘而退其尘，不及长者。子夏之门人，当洒埽应对可也，当习之也。"⑧而"洒扫"必"反复"为之，因此"习（習）"从"彗"得"反复之义"也不算"迂曲"。

　　然而，若"习"仅仅为"重复"所学，何来朱子所谓"中心喜说"，又何以达到"进不能已"的境界？如前所述，儒家之"学"不以"客

---

　　① 唐兰：《殷虚文字记》，上海：上海古籍出版社，2016年，第34页。

　　按：括号里的字为笔者所加。

　　② 按：陆宗达、王宁曾指出："字的意义叫字义。字义一般来自词义，同于词义。但在形训所表明的贴切字形的意义（即本义）中，有一部分没有直接在语言的词中被使用过，只与某一词的义项相联系，这一部分字义不是词义。"参见陆宗达、王宁著《训诂方法论》，北京：中国社会科学出版社，1983年，第189页。

　　③ 参见季旭昇《说文新证》，台北：艺文印书馆，2014年，第280页。

　　④ 徐中舒主编：《甲骨文字典》，成都：四川辞书出版社，1990年，第385页。

　　⑤ 唐兰：《殷虚文字记》，上海：上海古籍出版社，2016年，第34页。

　　按：括号里的字为笔者所加。

　　⑥ （汉）许慎：《说文解字》，北京：中华书局影印清同治十二年陈昌治刻本，1978年，第64页。

　　按：括号里的字为笔者所加。

　　⑦ （汉）许慎撰，（清）段玉裁注：《说文解字注》，上海：上海古籍出版社影印经韵楼藏版，1981年，第116页。

　　⑧ （南唐）徐锴：《说文解字系传》，北京：中华书局影印道光十九年重雕宋钞本，1987年，第57页。

观见闻"而以"道德实践"为核心，因此"学而时习"更接近于亚里士多德（Aristotle，前384—前322）的"实践智慧"（φρόνησις），而非简单地"重复"所学。那么，这里的"重复"实际上就是"实践""践履"之义，我们不妨以理雅各对"习"的翻译再做一点"过度诠释"（overinterpretation）。

理雅各在翻译"习"字时使用了两个英文单词，分别为"perseverance"和"application"。"perseverance"这一名词源于动词"persevere"，《牛津英语大词典》对该词的解释主要为："持续而坚定地处于某一行动过程之中（过去也可以指处于某种处境、状态或意志之中），尤其指面对困难或阻碍；保持忠诚或始终如一。"① 因此，作为名词的"perseverance"，其主要意义即为"坚定""固守""毅力"，等等。此外，"perseverance"还有一个非常重要的意义，也许正是这个意义才促使理雅各选用该词，即"持续地蒙受神恩（grace）并最终达至荣耀（glory）"。② 但对于这一意义，《国际标准〈圣经〉百科全书》（The International Standard Bible Encyclopedia）又给出了两种解释：

> 通过引用《约翰福音》（6:37；10:28；17:6—11）和《罗马书》（8:31—39），一些解释者认为某人一旦得救，便不会再失于获救。而其他解释者则坚称只有那些坚持（persevere）到最后的人才能成圣。他们引用《路加福音》（8:9—15）、《加拉太书》（5:4）和《希伯来书》（2:1—4；3:7—4:13；6:4—6）来证明，如果某人拒信基督耶稣便会因此而失于获救。③

鉴于《论语》的诠释语境，我们认为理雅各似乎更应该在后者的意义上来

---

① ［英］约翰·辛普森、埃德蒙·韦纳编：《牛津英语大词典》（J. A. Simpson and E. S. C. Weiner, eds., *The Oxford English Dictionary*, vol. XI, Oxford: Clarendon Press, 1989, p.593）。

② 同上。

③ ［英］杰弗里·布罗米利主编：《国际标准〈圣经〉百科全书》（Geoffrey W. Bromiley, ed., *The International Standard Bible Encyclopedia: K–P*, Grand Rapids: Wm. B. Eerdmans Publishing, 1986, p.776）。

使用"perseverance"。而"application"一词也有一定的宗教内涵,《牛津英语大词典》对该词的一个重要解释为:"使某事物对另一事物产生实际的影响,在神学中特指'基督完成的救赎(redemption)'。"①

在前文中我们曾经多次指出,选本的某些译者由于受限于基督教信仰而表现出的"偏执"及有意无意的"话语操控",如将"孔子"和《论语》置于某种特定的"等级序列"之中。当然,也有因"译入语"本身的复杂性与多层次性,从而使"话语操控"有导向"话语失控"的可能。然而,在具体的翻译过程中,亦不乏"以外经解本经"的"意义增殖"与"深层契合"。中国人民大学学者杨慧林(1954—)在《理雅各:文学与宗教之间》("James Legge: Between Literature and Religion")一文中即已指出:由于基督教的背景,理雅各在老子《道德经》的翻译上常常比中国的现代译者们具备更好的"前理解"(pre-understanding)。②当然,这也同样适用于《论语》,理雅各以"perseverance"和"application"来翻译"习"就特别能体现出儒家"学""行"一致中所蕴涵的"坚韧"与"勇毅"。《论语·里仁》载曰:"子曰:'富与贵,是人之所欲也。不以其道得之,不处也。贫与贱,是人之所恶也。不以其道得之,不去也。君子去仁,恶乎成名?君子无终食之间违仁,造次必于是,颠沛必于是。'"③这一段即可看作对"学而时习"的某种具体诠释,明人焦竑(1540—1620)在《焦氏笔乘》所辑之语录中,亦确有以此句解"学而时习"之例。④

这一解经体例若按中国传统经学则属于"以经解经",近人马宗霍(1897—1976)在《中国经学史》一书中也曾谈及此例。其曰:

---

① [英]约翰·辛普森、埃德蒙·韦纳编:《牛津英语大词典》(J. A. Simpson and E. S. C. Weiner, eds., *The Oxford English Dictionary*, vol.I, Oxford: Clarendon Press, 1989, p.575)。

② 杨慧林:《理雅各:文学与宗教之间》(Yang Huilin, "James Legge: Between Literature and Religion," *Revue de littérature comparée*, 2011/1, n°337, p.89)。

③ (魏)何晏等注,(宋)邢昺疏:《论语注疏》,见于《十三经注疏》(下册),北京:中华书局影印世界书局阮元校刻本,1980年,第2471页上栏。

④ (明)焦竑辑:《焦氏笔乘》卷一,见于《粤雅堂丛书》(第一集),清道光至光绪间南海伍氏刊本,第1页a—b。

其一以经解经，如费直治《易》亡章句，徒以象、象、系辞十篇文言解说上下经，刘歆治《左氏》，引传文以解经，经传相发明，由是章句义理备焉，此以本经解本经者也；又如毛公诂《诗》，多用《尔雅》，郑玄笺《诗》，广引《礼经》，此以他经解本经者也。①

依马宗霍之区分，前以《论语·里仁》一段解"学而时习"应属于"以本经解本经"之例。而理雅各对"习"字的翻译也同样暗中调用了其背后的《圣经》传统，然而，《圣经》与儒家经典毕竟不属于同一经典系统，所以不能名之为"以他经解本经"，那么我们即如前文所述将其称为"以外经解本经"，甚至可以将其作为"中西经文辩读"（Scriptural Reasoning between China and the West）的一种具体实践。②其实，以二程、朱子和陆王为代表的宋明儒学之所以能"别开生面"，自与其化用"佛禅"思想以丰富、更新儒学密不可分。究其根本，亦可以说是"以外经解本经"，当然所谓"内外之别"其实也很难说得清楚。就"儒耶关系"而言，理雅各

---

① 马宗霍：《中国经学史》，上海：商务印书馆，1937年，第56—57页。

按：引文中省去了作者自注的小字部分。

② 按："经文辩读"（Scriptural Reasoning）源自20世纪90年代初期的"文本辩读"（Textual Reasoning），其试图从跨文化和比较研究的角度重读基督教的《圣经》、犹太教的《塔木德》和伊斯兰教的《古兰经》（参见杨慧林《中西"经文辩读"的可能性及其价值——以理雅各的中国经典翻译为中心》，《中国社会科学》2011年第1期，第192页）。后来，美国弗吉尼亚大学犹太学者彼得·奥克斯（Peter Ochs，1950–）和英国剑桥大学神学家大卫·福特（David F. Ford，1948–）、丹尼尔·哈德（Daniel W. Hardy，1930–2007）等人将其进一步发展为"亚伯拉罕传统"内部的较具系统性与规模性的经文阅读实践。而在理论方面，"经文辩读通过对犹太教、基督教、伊斯兰教等宗教经文的尊重，试图超越文明冲突理论，主张经文的最终意义在于诠释者积极参与的对话和理解之中，宗教经文对所有的'他者'都具有开放性，经文辩读的目的在于使带有不同宗教与文化传统的诠释者通过辩读、对话与交流寻求一种共同的人类智慧"（参见管恩森《中西"经文辩读"的历史实践与现代价值》，《中国人民大学学报》2012年第5期，第16页）。在此基础之上，中国人民大学学者杨慧林又提出"中西经文辩读"的理论命题，以突破"亚伯拉罕传统"，使其成为一种真正跨文化、跨信仰的深层对话与交互理解。现阶段主要涉及的是天主教、新教传教士的《圣经》中文译本、中文宣教著作及其儒家、道家经典的西文翻译。有关"中西经文辩读"的理论问题，可参见杨慧林《中西之间的"经文辩读"》，《河南大学学报》（社会科学版）2009年第3期，第93—96页；《"经文辩读"与"诠释的循环"》，《中国人民大学学报》2012年第5期，第8—15页。此外，"经文辩读"的历史与实践，亦可参见［英］大卫·福特、佩克诺德编《经文辩读的许诺》（David F. Ford and C. C. Pecknold, eds., *The Promise of Scriptural Reasoning*, Malden: Blackwell Publishing Ltd., 2006）。

用"perseverance"和"application"来翻译"习"字，遂使其摆脱了简单的"重复之义"，从而饱含强烈的宗教内涵，并且在信仰的层面上更加突出了儒家君子无论"造次"还是"颠沛"都不改于"仁"的践履精神。正是儒家信仰的这种内在力量，才使得儒者"中心喜说，其进自不能已矣"，才使其"苟日新，日日新，又日新"。

5. 释"说"（兼及"乐"）

在"说"的翻译上，除詹宁斯的"a sense of satisfaction"稍有偏离之外，其他几位译者并无太大分歧。马士曼和高大卫均将其译为"delightful"，理雅各和苏慧廉则分别使用了"pleasant"和"pleasure"。马士曼在"汉字附注"中指出，"说"（*Eŭt*）是一种"内在的愉快或愉悦"（inward delight or pleasure）（J. M.: 5）。而这一解释明显源于朱注，理雅各的相关注疏亦是如此，其曰："说……表示的是'悦'。通过某人的亲身践履而学有所成，并因此在掌握者的内心产生满意的愉悦。与下段的'乐'相区别，'悦'是内在的（internal）、个人的愉悦之情。而'乐'则是一种外在的（external）表现，暗含着朋友之间的关系。"（J. L.138）此外，苏慧廉在解释下节"不亦乐乎"的"乐"字之时，亦称"说"为"内在的愉悦"（internal pleasure），而"乐"则是"外在的表现"（outward manifestation）（W. S.: 120）。

校释者按

在本章第二节对"乐"字的翻译上，高大卫和詹宁斯分别使用了"pleasant"和"pleasure"，而这正是本节中理雅各与苏慧廉对"说"字的翻译。更为有趣的是，理、苏二人在下一节中均使用"delightful"来翻译"乐"，而这一译文又与本节马士曼、高大卫对"说"字的翻译完全相同。可见，英语中并没有与"内外有别"的"说"和"乐"相对应的词语。当然，即便在汉语语境中，亦有不持二字之别的观点，如清人刘宝楠（1791—1855）在《论语正义》中所言："《苍颉篇》：'乐，喜也。'与

'说'义同。"①

不过，在历代《论语》注疏中，分别"说""乐"之说亦为数不少。其较早的似可追溯至三国时的谯周（201—270），唐陆德明（550?—630）《经典释文》曰："谯周云：悦深而乐浅。一云：自内曰悦，自外曰乐。"②而皇侃《论语义疏》则言："'悦'者，怀抱欣畅之谓也。言知学已为可欣，又能修习不废，是日知其所亡，月无忘其所能，弥重为可悦，故云'不亦悦乎'，如问之然也。"③其又曰："'悦'之与'乐'俱是欢欣，在心常等，而貌迹有殊。悦则心多貌少，乐则心貌俱多。所以然者，向得讲习在我，自得于怀抱，故心多曰'悦'。今朋友讲说，义味相交，德音往复，形彰在外，故心貌俱多曰'乐'也。"④此亦可见，同样是分别"说""乐"，谯周强调的是"深浅"的不同，但亦可以与"内外"互为引申；而皇侃之说则认为"悦""乐"之间大同而小异，在"心"常等，在"貌"则后者较多。那么，朱熹《论语集注》所引程颐"说在心，乐主发散在外"，⑤则与陆德明"自内曰悦，自外曰乐"略同。而前引马士曼、理雅各与苏慧廉对"说""乐"的解释，亦应直接源于朱熹的征引之语。

就"说"字本身而言，《说文解字》的解释为："说，说释也。从言、兑。一曰：谈说。"⑥从其"一曰：谈说"的解释可知，"说释"并非"说明解释"之义。徐锴《说文解字系传》曰："说之亦使悦怿也，《通论》详矣。"⑦其在《通论》中指出："悦犹说也，拭也，解脱也。若人心有郁结能解释之也。……故于文，心兑为悦。《易》曰：兑，说也，决也。心有不

① （清）刘宝楠：《论语正义》一，清光绪十四年南菁书院刻《皇清经解续编》本，第3页a。

② （唐）陆德明：《经典释文》（下册），上海：上海古籍出版社影印北京图书馆藏宋刻本，1985年，第1350页。

③ （南朝梁）皇侃撰，高尚榘校点：《论语义疏》，北京：中华书局，2013年，第3页。

④ 同上书，第4页。

⑤ （宋）程颢、程颐撰，朱熹编：《河南程氏外书》第六《罗氏本拾遗》，同治十年六安求我斋刊板，第2页a。

⑥ （汉）许慎：《说文解字》，北京：中华书局影印清同治十二年陈昌治刻本，1978年，第53页。

⑦ （南唐）徐锴：《说文解字系传》，北京：中华书局影印道光十九年重雕宋钞本，1987年，第45页。

快，忽自开决也。……故曰：悦在心。"①《说文解字注》亦曰："说释即悦
怿，说悦、释怿皆古今字，许书无悦怿二字也。说释者，开解之意，故为
喜悦。"② 既然，"说"为"悦"之古字，那么"深浅""内外""在心在貌"
之说则确实可以从"说"字本身找到依据。

第二节　《论语·学而》第一章第二至三节

第一章 / 二节·有朋自远方来，不亦乐乎？

J. L. I.2.　　**'Is it not delightful to have friends coming from distant quarters?**

J. M. I.2.　　To have a friend come from distant part, is it not happiness?

D. C. I.2.　　Is it not also pleasant to have a friend come from a distance!

W. J. I.2.　　'To have associates (in study) coming to one from distant parts—does not this also mean pleasure in store? ③

W. S. I.2.　　And is it not delightful to have men of kindred spirit come to one from afar?

朱注：乐，音洛。朋，同类也。自远方来，则近者可知。程子曰：
　　　　"以善及人，而信从者众，故可乐。"又曰："说在心，乐主发
　　　　散在外。"（第 47 页）

6. 释"朋"

在对"朋"的翻译上，马士曼、高大卫和理雅各均直译为"friend"，
但在具体的理解上还是略有出入。理雅各在注释中认为："朋，严格来说
就是'同门'（fellow-students），但通常来说指的是同类并志同道合的个

① （南唐）徐锴：《说文解字系传》，北京：中华书局影印道光十九年重雕宋钞本，1987
年，第 314 页。
② （汉）许慎撰，（清）段玉裁注：《说文解字注》，上海：上海古籍出版社影印经韵楼藏
版，1981 年，第 93 页。
③ 按：此处的"括号"在［英］詹宁斯《论语》"东方文学本"（p.7）和"流行经典本"
（p.8）中被删除。

体。"（J. L.: 138）而在"现代本"中，理雅各又指出："此处的'朋'不
是亲属，也不是旧相识；而是作为此段主语的具有相同志趣的个体——真
理之于学生和德行之于朋友。"①马士曼的解释则为："朋（P,hung），朋友
（a friend），此处也许是指仰慕者或弟子。但经常被用来指朋友。"（J. M.:
7）高大卫也给出了自己的解释："'朋'指的是同类或志趣相投的人。当
你的知识和德行可以吸引远方之人时，周围的人也会知道你。当你的德行
可以推己及人时，它就成为了快乐之源。"（D. C.: 63）可见，高大卫的
注释就是对朱注的翻译与解释。与上述三人的直译不同，詹宁斯和苏慧廉
都采用了意译的方式，前者为"associates (in study)"［（在学习上的）伙
伴］，后者为"men of kindred spirit"（志同道合之人）。苏慧廉在注释中
对"朋"的解释亦依朱熹之说，并将"同类"译作"Of the same class (i.
e. tastes) as oneself"（W. S.: 120）。

校释者按

在对"朋"的理解上，中国传统注疏大致可分为三种：一曰"同门"，
包咸（前7—65）主此说；二曰"同类"，朱熹主之；三曰"弟子"，见于
清宋翔凤（1779—1860）。《论语集释》引宋翔凤《朴学斋札记》云：

> 《史记·孔子世家》："定公五年，鲁自大夫以下皆僭离于正道，
> 故孔子不仕，退而修《诗》《书》《礼》《乐》。弟子弥众，至自远方，
> 莫不受业焉。"弟子至自远方，即"有朋自远方来"也。"朋"即指弟
> 子。故《白虎通·辟雍篇》云："师弟子之道有三:《论语》曰'朋友
> 自远方来'，朋友之道也。"又《孟子》："子濯孺子曰:'其取友必端
> 矣。'"亦指友为弟子。②

阮元在《揅经室集（一）》卷二《论语解》中对"朋"的解释亦与宋氏相

---

① 参见［英］理雅各《中国经典》第一卷"现代本"（p.117）。
② 程树德撰，程俊英、蒋见元点校:《论语集释》（第一册），北京: 中华书局，1990年，
第5页。

仿，其曰：

> 此章乃孔子教人之语，实即孔子生平学行之始末也。故学必兼诵之行之，其义乃全。马融《注》专以习为诵习，失之矣。朋自远来者，如孔子道兼师儒，《周礼·司徒》：师以德行教民，儒以六艺教民。各国学者皆来为弟子从学也。盖学而时习，未有不朋来者。圣人之道，不见用于世，所恃以传于天下后世者，朋也。[①]

宋、阮之说实际上是将此句解作"夫子自道"，然而，若与"人不知而不愠，不亦君子乎"相连贯，则似乎又成了"夫子自诩"，于文义不免有些乖离。不过，无论如何，马士曼首先将"朋"解释为"仰慕者或弟子"，可能直接或间接地与此二人之说相关。

毛奇龄在《论语稽求篇》中则坚持包咸之古注，其曰："同门曰朋，此是古注。自《说文》及《诗注》《左传注》《公羊传注》皆然。……盖'朋'是门户之名，凡曰朋党，曰朋比，比是乡比，党是党塾，皆里门闾户学僮居处名色。故'朋'为同门，此是字义本尔，不可易也。"[②]可见，包咸、毛奇龄等人之说，明显不是从"孔子自身"而是从"一般学者"的角度而言。

阮元在《论语校勘记》中又曾指出："《释文》出'有朋'，云：'有'或作'友'，非。案：《白虎通·辟雍篇》引'朋友自远方来'，又郑氏康成注此云：'同门曰朋，同志曰友。'是旧本皆作'友'字。"[③]若"有朋"果为"友朋"或"朋友"，那么朱熹注为"同类"之人亦无不妥之处。即便"朋"与"友"本义上有区别，但古人在具体使用上也不会如此严格，《论语》中有关"朋友"的言论亦可泛指为"同类"之人。

---

① （清）阮元撰：《揅经室集（一）》卷二《论语解》，见于《四部丛刊初编·集部》，上海：商务印书馆景印原刊初印本，1929年，第17页a—b。
② （清）毛奇龄著：《论语稽求篇》，清咸丰十一年《皇清经解》（卷一百七十七）补刊本，第1页a。
③ （魏）何晏等注，（宋）邢昺疏：《论语注疏》，见于《十三经注疏》（下册），北京：中华书局影印世界书局阮元校刻本，1980年，第2460页上栏。

《论语义疏》对"有朋"一句亦有诠释，虽略显迂曲，但仍有可观之处，现录于此，聊备一说：

> 同处师门曰朋，同执一志为友。朋犹党也，共为党类在师门也。"友"者，有也。共执一志，绸缪寒暑，契阔饥饱，相知有无也。"自"犹从也。《学记》云："独学而无友，则孤陋而寡闻。"君子出其言善，则千里之外应之；出其言不善，则千里之外违之。今由我师德高，故有朋从远方而来，与我同门，共相讲说，故可为乐也。所以云"远方"者，明师德洽被，虽远必集也。招朋已自可为欣，远至弥复可乐，故云"亦"也。然朋疎而友亲，朋至既乐，友至故忘言。但来必先同门，故举"朋"耳。①

此外，就选本之外的一些《论语》英译本而言，绝大多数的西方译者都将"朋"译为"friend"，而几位中国译者则选用了不同的译文。辜鸿铭和刘殿爵的翻译明显带有解释性，在"friends"的基础上增加了修饰成分，其译文分别为"friends of congenial minds"②和"like-minded friends"。③而"congenial minds"和"like-minded"均有"志趣相投"之义，其亦应源于朱熹"同类"之释。黄继忠则将"朋"译为"schoolfellows"，④可见其较为主张"同门"之义。而在笔者所涉猎的《论语》英译本中，尚未发现将"朋"译作"弟子"之例。

---

① （南朝梁）皇侃撰，高尚榘校点：《论语义疏》，北京：中华书局，2013年，第3—4页。
② 辜鸿铭译：《论语：新颖而别致的译本，以引用歌德和其他作家来进行阐释》（Ku Hung-ming, trans., *The Discourses and Sayings of Confucius: A New Special Translation, Illustrated with Quotations from Goethe and Other Writers*, Shanghai: Kelly and Walsh, 1898, p.1）。
③ 刘殿爵译：《论语》（D. C. Lau, trans., *The Analects*, Hong Kong: The Chinese University Press, 2010, p.3）。
④ ［美］黄继忠译：《论语》（Chichung Huang, trans., *The Analects of Confucius: A Literal Translation with an Introduction and Notes*, Oxford: Oxford University Press, 1997, p.47）。

第一章／三节·人不知而不愠，不亦君子乎？"

J. L. I.3. **'Is he not a man of complete virtue, who feels no discomposure though men may take no note of him?'**

J. M. I.3.　A man without knowledge and (yet) without envy, is he not the honourable man?

D. C. I.3.　Is not he a superior man, who does not feel indignant when men are blind to his merits!

W. J. I.3.　'And are not those who, while not comprehending (all that is said), still remain not unpleased (to hear), men of the superior order?' ①

W. S. I.3.　But is not he a true philosopher who, though he be unrecognised of men, cherishes no resentment?"

朱注：愠，纡问反。愠，含怒意。君子，成德之名。尹氏曰："学在己，知不知在人，何愠之有。"程子曰："虽乐于及人，不见是而无闷，乃所谓君子。"愚谓及人而乐者顺而易，不知而不愠者逆而难，故惟成德者能之。然德之所以成，亦曰学之正、习之熟、说之深，而不已焉耳。

程子曰："乐由说而后得，非乐不足以语君子。"（第 47 页）②

7. 释"人不知"

就五部选本而言，其对"人不知"的翻译和理解大致可分为两类：第一类以马士曼和詹宁斯为代表，即将"人不知"理解为"某人有所不知"的意思；第二类则以高大卫、理雅各和苏慧廉为代表，他们将"人不知"理解为"（某人）不为人所知"。而若从整体的句法结构上来看，这一分歧又主要体现在"人不知"的"人"是否为"不亦君子乎"的主语上，第一

---

①　按：此处的两个"括号"在［英］詹宁斯《论语》"东方文学本"（p.7）和"流行经典本"（p.8）中被删除。

②　按：朱熹于《论语集注》各章中大都有"总注"，笔者将"总注"另起一行，下同。

类明显持肯定态度，而第二类则予以否定。此外，在两类的内部亦存在着细微的差别。

理雅各将"人不知"译为"men may take no note of him"，其字面意义为"人们没有注意到他"。然而，在注释中理雅各却认为："但是在古代某些注者将'人不知'解释为对他的教诲表现得很迟钝（stupid）。这一解释在文本中无疑是正确的。"（J. L.: 138）这在某一方面体现出理雅各与朱注的微妙关系，虽然他常常倚重朱熹的解释，但在某些地方还是表现出不同的意见。不过，这些意见大都不会体现在译文中，而只会在注释中给出。① 这既体现出理雅各对朱熹的尊重，又表明了其严谨的学术态度。

如前所述，马士曼的译文与理雅各分属两类，其将"人不知而不愠，不亦君子乎"译为"a man without knowledge and (yet) without envy, is he not the honourable man"。对于这一翻译，法国著名汉学家雷慕沙（Jean-Pierre Abel-Rémusat，1788—1832）在其《中庸》（*L'invariable milieu, ouvrage moral de* Tsèu-ssê）译本中认为是"一个过于明显的误译"（un contre-sens très-remarquable）。② 而马礼逊在 1820 年 1 月 7 日写给雷慕沙的信中也表示赞同。③ 雷慕沙对此句的拉丁语译文为"Ab hominibus nesciri et tamen non indignari, nonne sapientis est"，④ 其中"Ab hominibus nesciri"是"不被人知"的意思，这表明雷慕沙也属于理雅各等人的第二类。

高大卫将"人不知"译为"men are blind to his merits"，即"人们看

---

① 参见［美］费乐仁《侍奉还是扼杀圣人？评价三位 19 世纪"四书"译者的成就，尤其关注理雅各（1815—1897）》（Lauren F. Pfister, "Serving or Suffocating the Sage? Reviewing the Efforts of Three Nineteenth Century Translators of *The Four Books*, with Special Emphasis on James Legge [A.D.1815–1897]," *The Hong Kong Linguist*, [Spring/Autumn] 1990, pp.44–45n69–70）。

② ［法］雷慕沙译：《中庸》（Jean-Pierre Abel-Rémusat, trad., *L'invariable milieu, ouvrage moral de* Tsèu-ssê, Paris: L'imprimerie royale, 1817, p.142）。

③ ［英］伊莱扎·马礼逊编：《马礼逊生平与工作回忆录》（Eliza Morrison, comp., *Memoirs of the Life and Labours of Robert Morrison*, vol.II, London: Longman, Orme, Brown, Green, and Longmans, 1839, p.28）。

④ ［法］雷慕沙译：《中庸》（Jean-Pierre Abel-Rémusat, trad., *L'invariable milieu, ouvrage moral de* Tsèu-ssê, Paris: L'imprimerie royale, 1817, p.142）。

不见他的优点",其虽属第二类,但与理雅各在注释中所赞同的古注在内涵上则有所不同。苏慧廉的译文为"he be unrecognised of men",即"他不被人所重视",而在注释中苏慧廉又将"人不知而不愠"译为"(Whom) men ignore yet unperturbed"(W. S.: 120)。那么,在没有做进一步解释的情况下,苏慧廉对"人不知"的理解显然与高大卫的更为接近。

詹宁斯对本节的翻译不仅冗长还有些别扭,其译文为"And are not those who, while not comprehending (all that is said), still remain not unpleased (to hear), men of the superior order",即"那些尽管不理解(所言之物)而仍然没有不愿意(聆听)的人,不也是君子吗"。从大体上看,他的翻译应与马士曼同属一类,然而詹宁斯所强调的是"听者"的"礼貌"或"风度"而不是"对知识的获得"。所以,相比于马士曼,他对本节的理解似乎更为"偏颇"。

校释者按

上述两类翻译的分歧也体现在对朱注的翻译上,朱熹在此所引之"学在己,知不知在人,何愠之有",实出自北宋学者尹焞(1071—1142)《论语解》一书。[①] 马士曼对此句的翻译为"*Wun-see* say, to learn depends on yourself. The acquisition of knowledge then, resting with a man's self, why should he be envious"(J. M.: 9),这也就是说,"能否获得知识取决于某人自己,若不能获得,某人也不愠怒"。然而,这明显不符合尹焞的"原义",即"自己已有所学,即便别人不知,也无可愠怒"。那么,高大卫在注释中对尹焞之语的翻译则比较正确,其为"Whether I possess knowledge or not, depends on me, but to know whether I have knowledge or not, depends on others: hence should they not know me, what cause have I to be angry"(D. C.: 63)。然而,尽管高大卫对尹焞之语的翻译是正确的,但并不能因此而证明马士曼对"人不知"一句的翻译就一定是"错误"的。而且,即便我们认同雷慕沙和马礼逊的判断,即马士曼在此是一

---

① (宋)尹焞:《论语解》,明末祁氏澹生堂抄本,第1页a。

个明显的"误译",但这一"误译"似乎也并非不可以在传统注疏中找到些许"踪迹"。

焦循《论语补疏》云:"循按:《疏》有二说,前一说'他人不见知而我不怒',此非《注》义,《注》言'人有所不知',则是人自不知,非不知己也。有所不知,则亦有所知。我所知而人不知,因而愠之,矜也;人所知而我不知,又因而愠之,忌也。君子不矜则不忌,可知其心休休,所以为君子也。"① 而焦循此处所言之《注》即何晏之《论语集解》,其曰:"愠,怒也。凡人有所不知,君子不怒。"② 而《疏》则为皇侃之《论语义疏》,其曰:"此有二释:一言古之学者为己,己学得先王之道,含章内映,而他人不见知,而我不怒,此是君子之德也。有德已为可贵,又不怒人之不知,故曰'亦'也。又一通云:'君子易事,不求备于一人,故为教诲之道,若人有钝根不能知解者,君子恕之而不愠怒之也,为君者亦然也。'"③ 其实,前述理雅各所说的古注应该指的就是《十三经注疏》中对皇侃此段疏文的引用,④ 尤其是其译文中的"stupid"恰好可以和"钝根"相对应。而且,理雅各所给出的《论语》注疏的相关书目中,第一部就是《十三经注疏》,却未见《论语义疏》(J. L.:128–134)。

此外,《论语义疏》又云:"就《注》乃得两通,而于后释为便也。故李充云:'愠,怒也。君子忠恕,诲人不倦,何怒之有乎?'明夫学者始于时习、中于讲肆、终于教授者也。"⑤ 皇侃以"后释为便",但未明确反对"前释"。而焦循则比皇侃更为"极端",其明确反对"前一说",而赞成"后一说",即"人不知"是"人自不知,非不知己也"。然而,对于焦循之说我们亦不予评骘,只是特别关注其"人所知而我不知,又因而愠之,

---

① (清)焦循:《论语补疏》,清咸丰十一年《皇清经解》(卷一千一百六十四)补刊本,第1页a—b。
② (魏)何晏等注,(宋)邢昺疏:《论语注疏》,见于《十三经注疏》(下册),北京:中华书局影印世界书局阮元校刻本,1980年,第2457页上栏。
③ (南朝梁)皇侃撰,高尚榘校点:《论语义疏》,北京:中华书局,2013年,第4页。
④ 参见(魏)何晏等注,(宋)邢昺疏《论语注疏》,见于《十三经注疏》(下册),北京:中华书局影印世界书局阮元校刻本,1980年,第2457页中栏。
⑤ (南朝梁)皇侃撰,高尚榘校点:《论语义疏》,北京:中华书局,2013年,第4页。

忌也"一句。如前所示，马士曼在翻译"愠"字及相关注释时，使用的是
"envy"（妒忌）和"envious"（妒忌的）。这一翻译选择多少会令人有些
不解，尤其是在"汉字附注"中，马士曼对"愠"（*Wun*）的解释为"存
于内心的怒气或不悦（anger or displeasure retained in the heart）"（J. M.:
10），但在正文中却并未使用"anger"或"displeasure"。因此，马士曼将
"愠"译作"envy"，很可能是受到了焦循"忌也"的影响，而且焦循此句
中的"我"也同样是"愠"和"忌"的主语，这也与马士曼对此节的翻译
相一致。

8. 释"君子"

在此节中，理雅各以"a man of complete virtue"来译"君子"，在注
释中他又进一步指出："字面上，其应为'a princely man'。……在中国的
道德作家那里它是一个术语，在英文中没有可以严格对应的词语，也无法
总是使用同一种方式来翻译。"（J. L.: 138）此外，他还提到对于"君子"
一词可参考马礼逊《华英字典》中的"子"字条，马礼逊在该条下对"君
子"的解释为：

> 君子（a prince），在中国道德哲学中是一个术语，指的是贤
> 明（wise）而有德行（virtuous）之人，他具备了所有的道德完善性
> （perfection）。无论是 honorable man，还是 wise man 或简单的 good
> man，①都无法完全表达出其内涵。君子包含了全部这三个特点：正直、
> 贤明和善良。②

---

① 按：辜鸿铭在翻译此节中的"君子"时，使用的就是"a wise and good man"。参见辜
鸿铭译《论语：新颖而别致的译本，以引用歌德和其他作家来进行阐释》（Ku Hung-ming, trans.,
*The Discourses and Sayings of Confucius: A New Special Translation, Illustrated with Quotations
from Goethe and Other Writers*, Shanghai: Kelly and Walsh, 1898, p.1）。

② ［英］马礼逊编著：《华英字典》（Robert Morrison, *A Dictionary of the Chinese Language,
in Three Parts. Part the First; Containing Chinese and English, Arranged According to the Radicals*,
Macao: The Honorable East India Company's Press, 1815, pp.704–705）。

诚如理雅各自己所言，他并没有以同一种方式来翻译"君子"，除了"a man of complete virtue"之外，还随文使用了"the superior man"（J. L.: 138）、"the scholar"（J. L.: 141）和"the student of virtue"（J. L.: 157），而使用最多的即为"the superior man"。理雅各在"孝弟也者，其为仁之本与"一句中，首先使用了这一译法并进行了说明："君子在此不如在上一章中具有那么强烈的意义内涵。由于没有更好的词语，我将其译为'The superior man'。"（J. L.: 139）

与理雅各不同，马士曼用"the honourable man"来翻译"君子"一词。此外，他还给出了较为详细的解释：

> 一个复合词：君是族长（a chief）或重要人物（principal man），也常指长官（a magistrate）。人君（the chief of men）一词用来指君主（emperor）。子是儿子。因此，君子是最高的，也是孔子最惯于用来指称品质好的人的词语。就原初意义而言，它特别近于英语中的 gentlemen。然而，该词现已具有了广泛而模糊的意义，"the honorable man"似乎可以更好地表示孔子在此所要传达的观念。但是，honorable 应该在行为上而不是出身上被理解。君由"尹"，即族长、领主，与"口"组合而成。（J. M.: 10）

在高大卫的译本中，其使用的是"a superior man"，理雅各使用最多的"君子"译文与之相同，而且高大卫的译本也被列在理雅各的参考书目之中，这一译文选择应该是受到了高大卫的某些影响。此外，高大卫还使用了"the man of superior virtue"（D. C.: 63）、"men of virtue and talent"（D. C.: 73）和"a man of perfect virtue"（D. C.: 87）等词来翻译"君子"，其间对"德"的强调是显而易见的。在本节中，詹宁斯使用"men of the superior order"来译"君子"，其意义与高大卫、理雅各基本一致。除此之外，他还使用了"men of superior mind"（W. J.: 40）、"the great man"（W. J.: 42）、"the man of greater mind"（W. J.: 44）和"superior man"（W. J.: 66）等词。之所以存在诸多译名，詹宁斯的理由也与理雅各很相似，尽管"君子"是"圣人心目中人之理想范型，但是我们发现它在意义上还是存在许多细微的变化，总是以同一词语来翻译是较为困难的……通常意义上，它指的是某人通过自己的成就已经超出了常人之列，或者正在努力通过对仁的践履来提升自己"（W. J.: 31）。

苏慧廉在此处使用的译文为"a true philosopher"，另外他还使用过"a scholar"（W. S.: 129）、"the higher type of man"（W. S.: 163）、"the nobler type of man"（W. S.: 163）和"a gentleman"（W. S.: 189）来作为"君子"的译文。在"名词解释"中，苏慧廉也对"君子"的内涵进行了说明：

> 君，从尹（即"握"的意思，相当于统治、掌握）、从口，其义为君主（prince）。因此，君子即君主的儿子，可以被译为王子（princely man）。它在 gentleman 最好的意义上与其内涵大致相同。第一章第一节（《论语·学而》）① 的注释为："君子，成德之名。"该词暗指已具备完善道德之人，即已使自身达到了那样的标准。另一种解释为"才德出众之名"，② 一个人具有突出的才能和道德。（W. S.:111—112）

校释者按

从上述诸多译名即可看出，"君子"是一个极为难译的名词。如理雅各所言，在英语中没有一个词语可以和"君子"较为严格地对应（J. L.: 138）。因此，我们真的没有必要过分纠缠于哪一个译名更好。如有的学者认为"gentleman"在"原初意义"上与"君子"最为接近，而理雅各惯于使用的"superior man"在英语中含有贬义。③ 詹宁斯之所以采用"men

---

① 按：此处括号里的汉字为笔者所加。
② 参见（宋）朱熹《四书章句集注》，北京：中华书局，1983 年，第 99 页。
③ 参见王辉《〈论语〉中基本概念词的英译》，《深圳大学学报》（人文社会科学版）2001 年第 5 期，第 116—121 页。
　　按：关于"君子"和"gentleman"的关系，亦可参见高志强《"去圣"与"一词一译"——阿瑟·韦利的〈论语〉导论研究》，《中国文化研究》2013 年春之卷，第 32—42 页。

of the superior order",很可能就是考虑到了这一点。然而,"gentleman"本身有时也会带有某种讽刺的意味,①所以苏慧廉才说要在 gentleman "最好的意义上"来理解。此外,亦如马士曼所言,"gentleman"的意义已过于"广泛而模糊",而一个语词的外延越广泛,它的内涵也就越"稀薄"。因此,在"译名"的选用及解释上,我们当然要看到其背后的文化差异与话语运作,却不应该仅在词义的褒贬上做简单的"否定"或"肯定"。我们必须注意到,某一概念即使是在其所属的语言内部亦存在着富于变化的多层次性内涵,而当这一概念进入另一语言及其概念系统时则会变得更为复杂,有时其很容易"挣脱"翻译者当初或有意或无意的话语操控。前述以"rabbi"或"Master"来翻译和解释"子曰"之"子"字,就是一个很好的明证。

既然如此,我们当然有必要首先在汉语语境下体认"君子"一词的复杂性。不要说先秦诸子著作中的"君子",就是《论语》中的"君子"概念也不可一概而论。杨伯峻曾指出,《论语》中的"君子",有时指"有德者",有时指"有位者"。②"德"与"位"固然是"君子"概念的主干,但二者又不是绝然分开的。《论语》中孔子许为"君子"的大致有四人:子贱(前521—?)、子产(?—前522)、蘧伯玉(生卒不详)和南宫适(生卒不详)。子贱,即宓不齐,字子贱,鲁国人,孔子弟子,曾为单父宰,③是"有位"之人。子产,即公孙侨,字子产,郑穆公之孙、公子发之子,春秋时郑国贤相。④而蘧伯玉则为卫国大夫,名瑗。⑤至于南宫适究竟为何人,学界一直存在争议,⑥但其也应属于"士"这一可以"有位"的阶层。

① 参见[英]约翰·辛普森、埃德蒙·韦纳编《牛津英语大词典》(J. A. Simpson and E. S. C. Weiner, eds., *The Oxford English Dictionary*, vol.VI, Oxford: Clarendon Press, 1989, p.452)。

② 杨伯峻译注:《论语译注》,北京:中华书局,2005年,第2页。

③ 参见(魏)何晏等注,(宋)邢昺疏《论语注疏》,见于《十三经注疏》(下册),北京:中华书局影印世界书局阮元校刻本,1980年,第2473页上栏。

④ 同上书,第2474页中栏。

⑤ 同上书,第2512页中栏至下栏。

⑥ 参见程树德撰,程俊英、蒋见元点校《论语集释》(第一册),北京:中华书局,1990年,第287—289页。

可见,《论语》中所许为"君子"的人,其"德"与"位"大都兼而有之。

从某种意义而言,"有位者"必须是"有德者",然而春秋时期的历史事实却与之大相径庭。若依孔子"述而不作"的精神,他肯定自认为是在"恢复"古之"君子"的"应有之义",但与其说"恢复"倒不如说孔子是在以"道德"之名"丰富"、"补充"甚至"替换"那种仅以"位"视"君子"的观念。我们似乎认为汉儒的"训诂"之学是对"经传"之"原初意义"的追寻,然而即使是"训诂"也无法逃出"以今释古"的"循环"。《说文解字》曰:"训,说教也。从言,川声。"① 段玉裁注曰:"说教者,说释而教之,必顺其理,引伸之凡顺皆曰训。"② 许慎对"诂"的解释为:"诂,训故言也。从言,古声。"③ 段注曰:"故言者,旧言也。十口所识前言也。训者,说教也。训故言者,说释故言以教人是之谓诂。"④ 可见,"训诂"在某种意义上就是"以今言释古言",而期间的龃龉必然难以克服,或者这种"龃龉"恰恰成为了后世学者"创造性诠释"的空间。其实,前述朱熹对于"学而时习"之"时"的解释即为一例,即便我们现在可以将他的这一"错误"坐实,但在相当长的一段历史时空中这一注释却是科举考试的"正解"。

因此,我们确实不必苛求诸多"君子"的英文译名,更不要动辄斥之以"汉学主义"(Sinologism)的话语操作。⑤ "汉学主义"最为人所诟病之

---

① (汉)许慎:《说文解字》,北京:中华书局影印清同治十二年陈昌治刻本,1978年,第51页。

② (汉)许慎撰,(清)段玉裁注:《说文解字注》,上海:上海古籍出版社影印经韵楼藏版,1981年,第91页。

③ (汉)许慎:《说文解字》,北京:中华书局影印清同治十二年陈昌治刻本,1978年,第52页。

④ (汉)许慎撰,(清)段玉裁注:《说文解字注》,上海:上海古籍出版社影印经韵楼藏版,1981年,第92页。

⑤ 关于"汉学主义"概念的提出及内涵,可参见[美]顾明栋《汉学主义:取舍于东方主义与后殖民主义》(Ming Dong Gu, *Sinologism: An Alternative to Orientalism and Postcolonialism*, London: Routledge, 2013);[澳]鲍勃·霍奇、雷金庆《中国语言与文化的政治学》(Bob Hodge and Kam Louie, *The Politics of Chinese Language and Culture*, London: Routledge, 1998, pp.12–17);[德]夏瑞春《中国性:17、18世纪欧洲文学对于中国的建构》(Adrian Hsia, *Chinesia: The European Construction of China in the Literature of the 17th and 18th Centuries*, Tübingen: Niemeyer, 1998, p.7–22)。

处即为西方权力对于汉学话语的无形操控，以及西方世界对于中国的想象性或对象化诉求。然而，问题的关键似乎并不在于"西方关于中国的认识是否正确"，而是在于"这一认识是如何形成的"和"这一认识所产生的影响和作用"。[①] 在中国学者所从事的国学研究中难道就不存在任何形式的"想象"与"虚构"吗？其实，如同在中国传统注疏的内部，上述诸多英文译名难免会存在某些"曲解"和"误读"，但它们也同样在跨语言、跨文化的层面上丰富着"君子"概念的内涵。而且，更为重要的是，这些英文译名自身的意义也会随之发生微妙的变化，汉语概念进入西方语言和文化之"概念系统"的真正价值亦体现于此。总之，我们无法摆脱"以今释古"、"以西释中"或"以中释西"的"循环"，因为我们早已深入这一"循环"之中！

---

① 耿幼壮:《关于"汉学主义"的几点思考》,《跨文化对话》2011 年第 28 辑，第 247 页。

第 四 章

《论语·学而》第二至六章汇校集释

第一节 《论语·学而》第二章

第二章 / 一节·有子曰："其为人也孝弟，而好犯上者，鲜矣；不好犯上，而好作乱者，未之有也。

J. L. II.1. The philosopher Yû① said, 'They are few who, being filial and fraternal, are fond of offending against their superiors. There have been none, who, not liking to offend against their superiors, have been fond of stirring up confusion.

J. M. II.1. Yaou-chee says, that is the man, (who possesses filial piety and fraternal respect.) Possessing filial piety and fraternal respect, and approving opposition to superiors, few are to be found. Of those who dislike opposition to superiors, and (yet) encourage insurrection; I have found none.

D. C. II.1. Yew Tsze says, it is seldom that he who practices filial piety, and manifests fraternal affection, takes pleasure in disobeying superiors: —not to feel pleasure in disobeying superiors, and yet to be guilty of rebellion, is a thing which never happens.

---

① 按："The philosopher Yû"在［英］理雅各《中国经典》第一卷"初版本"（p.2）和"现代本"（p.117）中分别作"The philosopher Yew"和"Yew the philosopher"。

W. J. II.1.　A saying of the Scholar Yu: —

'It is rarely the case that those who act the part of true men in regard to their duty to parents and elder brothers are at the same time willing to turn currishly upon their superiors: it has *never*① yet been the case that such as desire not to commit that offence have been men willing to promote anarchy or disorder.

W. S. II.1.　The philosopher Yu said: "He who lives a filial and respectful life, yet who is disposed to give offence to those above him is rare; and there has never been any one indisposed to offend those above him who yet has been **fond of creating disorder**.

[The philosopher Yu said: 'He who lives a filial life, **respecting the elders, who yet is wishful** to give offence to those above him, is rare; and there has never been any one **unwishful** to offend those above him, who **has yet** been fond of creating disorder.]②

朱注：弟、好，皆去声。鲜，上声，下同。有子，孔子弟子，名若。善事父母为孝，善事兄长为弟。犯上，谓干犯在上之人。鲜，少也。作乱，则为悖逆争斗之事矣。此言人能孝弟，则其心和顺，少好犯上，必不好作乱也。（第 47—48 页）

9. 释"孝弟"

从上述译文可知，马士曼和高大卫均将"孝"译为"filial piety"，因此这一译名并非始于理雅各。至于"弟"的翻译，二人分别为"fraternal

---

①　按："never"在 [英] 詹宁斯《论语》"东方文学本"（p.7）和"流行经典本"（p.8）中为"正体"。

②　按：方括号中为 [英] 苏慧廉《论语》"世经本"（p.1）的译文，不同之处笔者已用粗体标明。此后类似情况，若变动较大即在方括号中给出全文，并用粗体加以提示，若变动不大则随文在圆括号中给出"异文"。后文中，笔者不再另行说明。

respect"和"fraternal affection"。在此节中，理雅各将"孝弟"译为"being filial and fraternal"，而不是我们最常见的译法"filial piety"和"fraternal submission"（J. L.: 139）。这可能是为了与"为人"之"为"相配合，并且强调"孝"和"弟"不仅仅是一种品性，似乎可以一劳永逸的获得，而更应该是一种"状态"，需要不断地"践履"。其实，这也就是"学而时习"之"习"的重要体现。此外，理雅各在注释中还指出："此处的'弟'等于'悌'，即如弟弟一般顺从（submissive）。"（J. L.: 138）高大卫在上述译名前还分别加上了动词"practice"和"manifest"，可能也是为了突出这种"践履"的特点。

马士曼在注释中指出："孝（*Haou*），即 filial piety 或 veneration；其主干（key）是'子'。上面部分为'土'（the earth），通过一撇（an oblique stroke）与其他部分相连。"（J. M.: 13）这里使用的"piety"和"veneration"其实很重要，因为在中国传统文化中"孝"一定要包含着"敬"，即所谓"孝敬"。《论语·为政》载曰："子游问孝。子曰：'今之孝者，是谓能养。至于犬马，皆能有养；不敬，何以别乎？'"[1]马士曼对"弟"的解释为："年幼的弟弟对于兄长的尊敬，在中国它一点也不亚于对父母的义务。'弓'被置于中间，形成字的主干。其余两部分是不完整的汉字。"（J. M.: 13）从马士曼的汉字拆分可知，其主要是为了方便汉语教学，因此并未遵从中国字书的解字传统。

詹宁斯在本节中将"孝弟"译为"duty to parents and elder brothers"，如前所述，这一译法似乎并没有将"敬"的含义很好地融入其中。在本章的下一节，詹宁斯又将此二字译为"filial piety and friendly subordination among brothers"（W. J.: 40），这一翻译虽有些冗长，但已有了"敬"义。在《导论》中，詹宁斯指出："孝也是这本书（《论语》）中极为重要的因素。它是家庭生活中的基本德行，并且可以导向治道，其由孝的义务扩展而来。"[2]（W. J.:31–32）但是，与很多新教传教士相同，詹宁斯还是对儒家

---

① （魏）何晏等注，（宋）邢昺疏：《论语注疏》，见于《十三经注疏》（下册），北京：中华书局影印世界书局阮元校刻本，1980年，第2462页上栏。

② 按：括号里的汉字为笔者所加，加着重号的字在原文中为斜体。

的"孝"进行了某种否定:"由于把主要的尊敬归于父母,我认为,这一民族'在地上生活得实在太久了'。"①(W. J.: 32)

在此节的注释中,苏慧廉将"孝弟"解释为"filial and respectful to his elders",但在正文中却译作"lives a filial and respectful life",这使得"弟"的内涵隐而不显。也许正是因为这一点,少有注释的"世经本"才将正文改为"lives a filial life"和"respecting the elders"。该本在此节中还将"disposed/indisposed"替换为"wishful/unwishful",个别地方又增加了标点并调整了语序。这样做也许是为了更好地迎合现代英语读者的阅读习惯。在本章的下一节,苏慧廉又将"孝弟"译作"filial devotion and respect for elders"(W. S.: 121)。而在本节的注释中,苏慧廉还择要翻译了朱注,"善事父母为孝,善事兄长为弟"的译文为"To serve well one's father and mother is 孝;to serve well one's elder brothers and seniors is 弟";"作乱,则为悖逆争斗之事矣"为"Raising disorder, is acting rebelliously and quarrelsomely";解释"孝弟"的"和顺"为"pacific and obedient"(W. S.: 121)。此外,在"名词解释"中,除了倚重《说文解字》和朱注之外,苏慧廉在对"孝"进行说明时,还引用了汉刘熙(生卒不详)《释名·释言语》中对"孝"的解释:"孝,好也。爱好父母,如所悦好也。《孝经说》曰:'孝,畜(蓄)也;畜(蓄),养也。'"②(W. S.:110–111)

校释者按

时至今日,在英语文化中以"filial piety"来翻译《论语》中的"孝"几乎已成"定译"。毫无疑问,在西方语境中"piety"一词有着较强的宗教内涵,其首要的意义为:"习以为常的对于上帝(或诸神)的崇敬与服

---

① 按:着重号为笔者所加。

② 参见(汉)刘熙《释名》卷第四《释言语》,见于《四部丛刊初编·经部》,上海:商务印书馆影印江南图书馆藏明嘉靖翻刻宋本,1929年,第25页b。

按:括号里为苏慧廉所用之"蓄"字,与《四部丛刊》本《释名》不同。

从；对于宗教责任与仪式的虔诚；敬神、虔敬、笃信。"① 然而，"piety"本身也确有与汉语"孝"相重合的地方。《牛津英语大词典》对"piety"的一个解释为："忠诚于对父母、亲属及在自己之上者（superior）的理所当然的义务；恭顺（dutifulness）；热忱的忠诚与尊敬（affectionate loyalty and respect），尤其是对父母。"② 进而，该词典还给出了一些例证，其中最早的是英国作家约翰·黎里（John Lyly，1553/1554—1606）出版于 1579 年的小说《尤弗伊斯或对机智的剖析》（Euphues; or, The Anatomy of Wit），其原文为：

　　　　Ah *Lucilla*, thou knowest not the care of a father, nor the duetie of a childe, and as farre art thou from pietie as I from crueltie. ③

　　　　啊，露西拉，你既不懂得关心父亲，也不懂得子女的义务，就像你脱离了孝道，而我脱离了冷酷。

这段引文很清楚地向我们表明，"piety"在此处所指的就是"关心父母"和尽"子女的义务"。

　　此外，该词典还举出了"钦定版"《圣经》中《提摩太前书》（1 Tim. 5: 3—4）的一个例子：

　　　　（But if any widow haue children or nephewes,）let them learne first to shew piety at home, and to requite their parents:（for that is good and acceptable before God.）④

---

① ［英］约翰·辛普森、埃德蒙·韦纳编：《牛津英语大词典》（J. A. Simpson and E. S. C. Weiner, eds., *The Oxford English Dictionary*, vol.XI, Oxford: Clarendon Press, 1989, p.804）。

② 同上。

③ ［英］约翰·黎里：《尤弗伊斯或对机智的剖析》（John Lyly, *Euphues; or, The Anatomy of Wit*, London: Gabriel Cawood, 1579, p.103）。

④ 按：括号里的字为笔者按"钦定版"《圣经》所补。

"新标点和合本"《圣经》对此段的译文为："要尊敬那真为寡妇的。若寡妇有儿女，或有孙子、孙女，便叫他们先在自己家中学着行孝，报答亲恩，因为这在　神面前是可悦纳的。"① 当然，"新标点和合本"《圣经》的主要底本为"标准修订版"《圣经》（Revised Standard Version Bible），与"钦定版"中"piety"相对应的是"religious duty"一词。而《提摩太前书》的原文为希腊文，与钦定版中"shew piety"相对应的是"εὐσεβεῖν",② 该词的原形为"εὐσεβέω"，其主要指的是"live or act piously or reverently"（虔诚或恭敬地生活或行事）。③ 诚然，无论是"piety"还是"religious duty"以及"εὐσεβεῖν"，在《圣经》的语境中都包含着极强的宗教色彩。然而，此段经文的主要内容就是"对别人的责任"，其中对家的"piety"主要就是"报答亲恩"，这与"善事父母为孝"的基本内涵还是较为一致的。

第二章 / 二节·君子务本，本立而道生。孝弟也者，其为仁之本与！"

J. L. II.2. 　**'The superior man bends his attention to what is radical. That being established, all (right)④ practical courses naturally grow up. Filial piety and fraternal submission!—are they not the root of all benevolent actions?'**

J. M. II.2. 　The honorable man carefully regards the root. The root fixed, and the habit formed, filial piety and fraternal respect (follow.) These are the source of virtue.

D. C. II.2. 　The man of superior virtue bends his undivided attention to fundamental principles. Once established in these, virtuous practice naturally follows. Do not filial piety and fraternal

---

① 按：着重号为笔者所加。

② 参见《希腊语新约》（*The Greek New Testament*, London: Bibles.org.uk, 2005, p.465）。

③ 参见[英]亨利·乔治·利德尔、罗伯特·司各特主编《牛津希腊语辞典》（Henry George Liddell and Robert Scott, comp., *A Greek-English Lexicon*, Oxford: Clarendon Press, 1996, pp.731–732）。

④ 按：括号里为[英]理雅各《中国经典》第一卷"现代本"（p.117）所增之字。

respect constitute the stem of virtuous practice?

W. J. II.2. 'Men of superior mind busy themselves first in getting at the *root*① of things; and when they have succeeded in this the right course is open to them. Well, are not filial piety and friendly subordination among brothers a root of that right feeling which is owing generally from man to man?'

W. S. II.2. The true philosopher devotes himself to the fundamental(s), for when that (those) has (have) been established right courses naturally evolve; and are not filial devotion and respect for elders the very foundation(s) of an unselfish life? "②

朱注：与，平声。务，专力也。本，犹根也。仁者，爱之理，心之德也。为仁，犹曰行仁。与者，疑辞，谦退不敢质言也。言君子凡事专用力于根本，根本既立，则其道自生。若上文所谓孝弟，乃是为仁之本，学者务此，则仁道自此而生也。

程子曰："孝弟，顺德也，故不好犯上，岂复有逆理乱常之事。德有本，本立则其道充大。孝弟行于家，而后仁爱及于物，所谓亲亲而仁民也。故为仁以孝弟为本。论性，则以仁为孝弟之本。"或问："孝弟为仁之本，此是由孝弟可以至仁否？"曰："非也。谓行仁自孝弟始，孝弟是仁之一事。谓之行仁之本则可，谓是仁之本则不可。盖仁是性也，孝弟是用也，性中只有个仁、义、礼、智四者而已，曷尝有孝弟来。然仁主于爱，爱莫大于爱亲，故曰孝弟也者，其为仁之本与！"（第48页）

10. 释"本"

在本节中，理雅各首先使用"what is radical"来译"君子务本"之"本"，而后又以"root"来翻译"其为仁之本与"之"本"，并在注释中

---

① 按："root"在［英］詹宁斯《论语》"东方文学本"（p.7）和"流行经典本"（p.8）中为"正体"。

② 按：括号里为［英］苏慧廉《论语》"世经本"（p.2）中的"异文"。

进一步指出，"本"在此指的是"孝弟"（J. L.: 139）。朱注曰："本，犹根也。"而"root"就是"根"的意思，"radical"也是一个与"root"同源的词，也有"根本"的意思。①在翻译"本立而道生"的"生"时，理雅各很自然地使用了"grow up"，这使得前后得到了很好的呼应。马士曼先后使用了"root"和"source"来翻译两个"本"字，在注释中又将其解释为"原本（original）、根本（root）或本源（spring）"（J. M.16）。只是他选用"formed"来译"生"，因而没有理雅各对应得巧妙，也与汉字"生"的本义有些隔膜。

与其他选本相较，高大卫对"本"的翻译较为特别。他首先以"fundamental principles"来翻译"君子务本"之"本"，其后又以"stem"来翻译"其为仁之本与"之"本"。以"fundamental principles"来译"本"已稍显抽象化，而名词"stem"为"茎"、"干"或"主干"之义，其与"根本"之"本"差别较大。詹宁斯则与马士曼及理雅各相同，也使用"root"来翻译"本"字。苏慧廉在注释中虽将"本"解释为"the radical"和"the radix being"（W. S.: 122），但在译文中还是先后选用了"fundamental"和"foundation"这两个同源词来译两个"本"字。而在"世经本"中，这两个词被改为复数，其原因可能是考虑到"孝弟"本是两件事，所以应该为复数。

校释者按

高大卫在本节的"注释"中指出："孝是仁（benevolence）的主干（stem），而德（virtue）才是仁的根源（source）。"（D. C.: 63）这明显有纠正儒家学说的意味，也间接说明了其用"stem"来替换"本"的原因。而在这一注释的"附注"中，高大卫又进一步指出将"孝"作为"仁"之"本"的"弊端"：

---

① 按："root"和"radical"都源于拉丁语*radix*，参见［英］约翰·辛普森、埃德蒙·韦纳编《牛津英语大词典》（J. A. Simpson and E. S. C. Weiner, eds., *The Oxford English Dictionary*, vol.XIV/XIII, Oxford: Clarendon Press, 1989, p.87,91）。

这一学说是有缺陷的（defective），因为它把对父母的顺从视为"仁"或"德"之最高的和首要的部分，这也就拒绝了我们对于上帝（the Supreme Being）的职责。但是，如果我们对于父母的爱、敬畏和侍奉多于对待其他人，那是因为我们对于父母的责任比对于其他人更加重大。那么，基于同一原则，我们最高的爱、敬畏和顺从应该归于我们在天上的父，我们对于他的职责与对于尘世中的父母的职责完全不可同日而语。（D. C.：63）

其实，这既是清初"礼仪之争"（Rites Controversy）的某种延续，即当时的部分天主教耶稣会士反对儒家文化对于祖先的祭祀与崇拜；也是大部分传教士一贯的"话语策略"，他们认为儒家思想即便有可取之处，也仍然是"不完善的"和"有缺陷的"。

因此，高大卫用"fundamental principles"这一复数形式来译"本"，其很可能是在暗示儒家之"本"并非最根本的，而只是一些"基本原则"罢了。如其所言，最根本的或最高的应该是对"上帝"的"爱、敬畏和顺从"。然而，基督教这种"上学而下达"的"演绎"性理路，似乎总要倚重于"贬黜"孔子"下学而上达"的"时习"性思维，才能完成"自我建构"并将其自身置于"等级序列"之巅。其实，明蔡清（1453—1508）《四书蒙引》在"其为人也孝弟"一句下说得很清楚："圣人教人为学，不过教人做人而已。而人所以为人者，仁也。孝弟则仁道之大本也。孔门之学，以求仁为要。此章论为仁必本于孝弟，故以次于'学而时习'之后。"①

相较而言，后来的西方译者对"孝弟"的认识则比较公允，森舸澜在其《论语》译本中亦能引用中国传统文献来加以申说：

引号中的语句（本立而道生）可能是一句传统的谚语。《说苑》（Garden of Persuasions）对此段的评注为："夫本不正者末必陭，始不

──────────

① （明）蔡清：《四书蒙引》卷之五，明嘉靖六年刻本，第5页a。

盛者终必衰。《诗》云：'原隰既平／泉流既清／本立而道生。'"……
从儒家常见的主题可知，政治秩序是自然而然地由家庭生活内部所形
成的德性而生成。如陈天祥所注，我们在《孟子》（离娄上）4:A:11
中发现了相似的主题："人人亲其亲，长其长，而天下平。"①

除了将"本立而道生"误认为《诗经·小雅·黍苗》中的诗句，森舸澜显
然是从"家国同构"的伦理政治观来理解《论语》中的"孝弟"观念。

当然，即便是在儒家内部，其对"孝弟"与"仁之本"的关系亦存在
分歧。上述程氏"谓之行仁之本则可，谓是仁之本则不可"之说，即较为
迂曲繁复。程树德《论语集释》亦对此有所批评：

> 《集注·外注》尚有程子"性中只有仁义礼智，曷尝有孝弟来"
> 一段。明季讲家深诋之，谓与告子义同病。清初汉学家诋之尤力。考
> 《朱子文集·答范伯崇》云："性中只有仁义礼智，曷尝有孝弟来。此
> 语亦要体会得是，若差即不成道理。"是朱子先已疑之矣。疑之而仍
> 采为注者，门户标榜之习中之也。是书既不标榜，亦不攻击，故不如
> 删去以归简净。②

至于"世经本"对苏慧廉《论语》"初版本"所做的改动，则明显是一个
败笔。其将与"本"向对应的"fundamental"和"foundation"及相关的
代词（that）和动词（has）均改为了复数，这似乎是在语法上强调"孝"

---

① ［美］森舸澜译：《论语：附以部分传统注疏》（Edward Slingerland, trans., *Confucius Analects: With Selections from Traditional Commentaries*, Indianapolis: Hackett, 2003, pp.1–2）。
　　按：括号里的汉字为笔者所加。
　　又按：《说苑》的引文可参见（汉）刘向《说苑》卷第三《建本》，见于《四部丛刊初编·子部》，上海：商务印书馆景印平湖葛氏传朴堂藏明钞本，1929年，第1页a；陈天祥（1230—1316）引《孟子》的注文可参见（元）陈天祥《四书辨疑》卷二，清《钦定四库全书》本，第2页a。
② 程树德撰，程俊英、蒋见元点校：《论语集释》（第一册），北京：中华书局，1990年，第15页。
　　按：程树德所言《集注·外注》即笔者所言《四书章句集注》之"总论"。

和"弟"为两种不同的行为。但诚如森舸澜所言,"弟"更多地是泛指
"对长者的尊敬与服从";① 那么,我们甚至可以说,"孝弟"也只是儒家道
德伦理的某种"提喻"(synecdoche)而已。二者虽然有所分别,但同为
君子所务之"本","孝弟"绝非"仁"之源出的两个"根本"。

　　此外,还有一点尚需一提,这段译文的中文原文实际上有三个"本"
字,这三个"本"字都被直接译出的只有马士曼的译本,其余译本中的
第二个"本"字都以各种方式被省略掉了。而且,以相同的语词来翻译
"本"字的也只有詹宁斯。如若细细品味原文,我们不难发现,三个"本"
字的连用,实际上形成了一种递进、回环的语势。但由于上述原因,《论
语》原文中的这一修辞,在五个选本中均未得到很好的体现。在与选本大
致同一时期的其他译本中,威妥玛使用了三个"principle(s)"来译"本",
其具体译文如下:

　　　　The *chūn-tzŭ*'s business is with principles. A principle established,
the [right] issue ensues, (or, translating *pên*, principle, as root), the
[right] way, *tao*, springs forth, is produced [as the tree from the root]).
Duty to parents and brethren, this is the principle (or root) of *jên*, is it
not?②

威妥玛在译文中还特别提示,"本"(*pên*)也可以译作"root","本立而
道生"就如同"树从根部生长而成"。

　　在威妥玛之后的赖发洛即连续使用三个"root(s)"来对应"本"字,
其译文比威妥玛的更加简洁流畅:"A gentleman nurses the roots: when the
root has taken, the truth will grow; and what are the roots of love, but the

---

① 〔美〕森舸澜译:《论语:附以部分传统注疏》(Edward Slingerland, trans., *Confucius
Analects: With Selections from Traditional Commentaries*, Indianapolis: Hackett, 2003, p.1n1)。
② 〔英〕威妥玛译:《论语:被西方世界作为 Confucius 而知晓的孔子的言论》(Thomas
Francis Wade, trans., *The Lun Yü: Being Utterances of Kung Tzŭ, Known to the Western World as
Confucius*, Hertford: Stephen Austin, 1869, pp.1-2)。

duty of son and of brother?"① 在这一时期之后的译本中,沿用赖发洛的选词和方式的较多,如西蒙·莱斯的译文为:"A gentleman works at the root. Once the root is secured, the Way unfolds. To respect parents and elders is the root of humanity."②

11. 释"道"

在此节的译文中,理雅各以"all practical courses"来翻译"道",其核心词为"course"。在注释中,他又进一步指出:"道,即'ways'或'courses',其一切均被下面的'为(=行)仁'所指明。"(J. L.: 139)在"现代本"的译文中,理雅各在"all"和"practical"之间又加了一个"right",这可能与这一版本中没有对"道"和"仁"的注释有关,"right"可以减少西方读者的误解。

马士曼在"汉字附注"中将"道"(Tou)解释为"way"、"course""conduct"和"to conduct"、"to govern"(J. M.: 16)。但他在译文中却使用了"habit",这可能是考虑到,此处的"道"如果直接译为"way"或"course"会使英语读者感到费解。不过,这也多少违背了他的"直译"(literal translation)原则,马士曼认为若要汉语向我们敞开就必须给出原文,并尽可能译出其严格的字面意义(J. M.:xxxv)。高大卫在此节中将"道"译为"virtuous practice",而且将段末的"仁"字也译为"virtuous practice"。这似乎亦与朱注有关,朱熹曰:"若上文所谓孝弟,乃是为仁之本,学者务此,则仁道自此而生也。"显然,朱熹认为此处的"道"指的就是"仁道"。前文中理雅各认为此节之"道"与"为仁"可以互释,似乎也是源于此注。

詹宁斯和苏慧廉在此节中分别将"道"译为"the right course"和"right courses",这两个译名或与理雅各的翻译存在某种关系。在注释中,

① [英]赖发洛译:《论语》(Leonard A. Lyall, trans., *The Sayings of Confucius*, London: Longmans, Green and Co., 1909, p.1)。

② [澳]西蒙·莱斯译:《论语》(Simon Leys, trans., *The Analects of Confucius*, New York: W.W. Norton, 1997, p.3)。

苏慧廉将"道"解释为"the way",即"思想和行动的正确路线"(W. S.:
122)。而在译本的"名词解释"中,苏慧廉还是首先对"道"的字形和基
本意义进行了说明:"道,从辵(To go),从首(A head),即前行、循路
而行的意思,相当于'正确的路'(The right Road)、'真理'(the Truth)
或'道路'(the way)。"(W. S.: 108)其后,他又引用了大量的中国古典
文献来解释"道"的意义内涵:

　　在第一篇第十四章(《论语·学而》)①中,朱熹将"道"表述为
"事物当然之理",即与任何现象相关的自然法则。《中庸》中的"道"
又被(朱熹)②详尽地解释为:道,由路也。人物各循其性之自然,则
其日用事物之间,莫不各有当行之路,是则所谓道也。③在《中庸》中,
"道"被定义为"率性"(to follow the nature),即神性灌注的自
然(the divinely implanted upright nature)。"道"也有"言"(to
say, speak)、"治"(to govern)和"导"(to lead)的内涵。亦可
参见——修己治人之术;④道、导也,所以通导万物也;⑤道、蹈也,人
所蹈也,一达谓之道,二达曰岐旁,三代之所以直道而行也;⑥一达
曰道路,道、蹈也,路、露也,人所践蹈而露见也;⑦道者,天理之自
然;⑧左道者,衺僻之径也……权道,违经而合于道也,道、经也,权
者、不久之名也,不得已而行也……故于文,辵、首为道,辵、乍

---

① 按:括号里的汉字为笔者所加。
② 按:括号里的汉字为笔者所加。
③ 参见(宋)朱熹《四书章句集注》,北京:中华书局,1983年,第17页。
　　按:此本中"由"作"犹"。
④ 参见(明)蔡清《四书蒙引》卷之二,明嘉靖六年刻本,第55页b。
⑤ 参见(汉)刘熙《释名》卷第四《释言语》,见于《四部丛刊初编·经部》,上海:商
务印书馆影印江南图书馆藏明嘉靖翻宋本,1929年,第25页a。
⑥ 参见(南唐)徐锴《说文解字系传》,北京:中华书局影印道光十九年重雕宋钞本,
1987年,第307页。
⑦ 参见(汉)刘熙《释名》卷第一《释道》,见于《四部丛刊初编·经部》,上海:商务
印书馆影印江南图书馆藏明嘉靖翻宋本,1929年,第9页a。
⑧ 参见(宋)朱熹《四书章句集注》,北京:中华书局,1983年,第231页。

行乍止也，首、始也；①凡言道者，皆谓事物当然之理，人之所共由者也。②（W. S.: 108-109）③

校释者按

《说文解字》曰："道，所行道也。从辵、从首。一达谓之道。"④段注曰："《毛传》每云'行道'也。道者人所行，故亦谓之行。道之引伸为道理，亦为引道。"⑤因此，上文苏慧廉所言"道"之"言""治""导"等意义均由"道路"之"道"引申而来。其实，以上诸义，《论语》中所见的"道"字都已经涵盖。⑥但是，当苏慧廉用"the Truth"和"the way"来翻译和解释《论语》中的"道"时，我们似乎还可以在"中西经文互译"的层面上来展开进一步的探讨。

看到苏慧廉的解释，我们最容易想到的就是《新约·约翰福音》第14章第6节耶稣所说的那句话：

I am the way, the truth, and the life: no man cometh unto the Father, but by me. （KJV）⑦

I am the way, and the truth, and the life. No one comes to the Father except through me. （NRSV）⑧

我即途也、真理也、生命也，非我则末由就父。（委办本）

---

① 参见（南唐）徐锴《说文解字系传》，北京：中华书局影印道光十九年重雕宋钞本，1987年，第307页。

按：此本中"权道"后多一"也"字。

② 参见（宋）朱熹《四书章句集注》，北京：中华书局，1983年，第52页。

③ 按：苏慧廉在"亦可参见"后所引古典文献每条以分号隔开，每条引文中的标点为笔者所加。后文同一情况，均按此例，不再另行说明。

④ （汉）许慎《说文解字》，北京：中华书局影印清同治十二年陈昌治刻本，1978年，第42页。

⑤ （汉）许慎撰，（清）段玉裁注：《说文解字注》，上海：上海古籍出版社影印经韵楼藏版，1981年，第75页。

⑥ 参见杨伯峻译注《论语译注》，北京：中华书局，2005年，第293—294页。

⑦ 按："KJV"为"King James Version"的缩写，即"钦定版"《圣经》。

⑧ 按："NRSV"为"New Revised Standard Version"的缩写，即"新修订标准版"《圣经》。

我就是道路、真理、生命，若不藉着我。没有人能到父那里去。
（新标点和合本）

《国际标准〈圣经〉百科全书》指出，"truth"在《旧约》中主要有"律法的意义"（legal sense）和"神学的意义"（theological sense）这两重内涵；而在《新约》中它的意义更为具体和丰富，其主要具有"合法性"（validity）、"可靠性"（reliability）、"现实性"（reality）、"真实性"（veracity）、"正确的教训"（true teaching）、"启示"（revelation）以及"实践"（practice）等意义。①

对于《论语·里仁》第八章"朝闻道，夕死可矣"一句，高大卫和苏慧廉分别将其译为"if in the morning you hear divine truth, in the evening you may die"（D. C.: 75）和"He who heard the Truth in the morning might die content in the evening"（W. S.: 229）。显然，无论是"divine"还是大写的"T"，似乎都将儒家之"道"染上了基督教的色彩。甚至可以说，译者们又在以基督教的"真理"概念来翻译、解释和替换《论语》中的"道"。然而，如前所述，在《孔子略传》中高大卫认为"孔子"明显低于"希腊先贤"，尤其是"苏格拉底"，而那个荒谬的原因则是"后者更接近那个首先被启示之光所照耀的幸运之国"（D. C.: 14）。既然如此，那么孔子所谓的"道"怎么可能是"divine truth"呢？从高大卫的"注释"及"附注"中，我们似乎可以理出这样一条颇为吊诡的逻辑：他的前提首先是任何人都需要"神圣真理"的拯救，而中国儒家的学说是不能提供这种真理及拯救的；那么，孔子所言的可以让人死而无憾的"道"，其本质就不可能是"先王之道"，而只能是耶稣基督的"福音"，即"divine truth"（参见 D. C.: 75）。不过，"孔子"其实与"苏格拉底"相同，他们无论如何都是没有机会听信耶稣基督这位"后王"所传之"道"的。而且，无论是"后王之道"还是"先王之道"，二者均不具备"先天"或"先验"的合理性。

---

① 参见［英］杰弗里·布罗米利主编《国际标准〈圣经〉百科全书》（Geoffrey W. Bromiley, ed, *The International Standard Bible Encyclopedia:* Q–Z, Grand Rapids: Wm. B. Eerdmans Publishing, 1988, pp.926–927）。

在此章中，理雅各与詹宁斯虽没有使用"truth"来翻译"朝闻道"之"道"，但是他们都使用了"the right way"（J. L.:168；W. J.:63）。马士曼（J. M.: 48）、高大卫（D. C.: 157）和苏慧廉（W. S.: 135）也都曾使用"way"来翻译《论语》中的"道"。《国际标准〈圣经〉百科全书》指出"way"在"修订标准版"《圣经》（RSV）①中共出现 550 多次，在《旧约》中除了字面意义之外，还可以指"上帝之所行"（"way[s]" of God），如《诗篇》145:17，尤其是"上帝所行的拯救"，如《诗篇》67:2；103:7。②在《新约》中，"way"的意义与在《旧约》中大致相同，只是其还可以指"生活的方向或方式"，在《彼得后书》中"基督教"被作为"the way of truth"（2:2）、"the right way"（2:15）和"the way of righteousness"（2:21）。③

此外，我们还应该记得《约翰福音》的开篇即为"In the beginning was the Word, and the Word was with God, and the Word was God"（NRSV），而"委办本"《圣经》对此段的译文则为"元始有道，道与上帝共在，道即上帝"。这里的"道"实际上是"言"，即"the Word"，而汉语的"道"本身就有"言"的内涵。因此，在这种"中西经文互译"的过程中，原本在各种语言文化内部较为封闭自足的概念被不断地敞开，无论是翻译、解释还是有意无意的替换，原语与目的语的概念系统都发生了微妙且复杂的变化。

12. 释"仁"

毫无疑问，"仁"是《论语》中最为核心的概念，理雅各在此节中将其译为"benevolent actions"，之所以没有直接使用"benevolence"可能与朱注"为仁，犹曰行仁"有关。在注释中，理雅各指出：

---

① 按："RSV"为"Revised Standard Version"的缩写，即"修订标准版"《圣经》。

② 参见［英］杰弗里·布罗米利主编《国际标准〈圣经〉百科全书》（Geoffrey W. Bromiley, ed., *The International Standard Bible Encyclopedia: Q–Z*, Grand Rapids: Wm. B. Eerdmans Publishing, 1988, p.1032）。

③ 同上书，第 1032—1033 页。

仁，在此被解释为 "the principle of love" "the virtue of the heart"。孟子曰：仁也者，人也。与此相应，儒莲（Julien）将其译为 "*humanitas*"。"Benevolence" 与其义接近，但是，如同前面所提到的 "君子"，我无法对该词给出一个统一的翻译。（J. L.: 139）

马士曼将此处的 "仁" 译作 "virtue"，在注释中他对 "仁" 的翻译和意义做了进一步解释：

> 仁（*Yun*），即 virtue、benevolence、goodness of heart，其在孔子的伦理体系中占有主要地位。但是，很难找到一个词可以作为其固定的译名：goodness、rectitude of mind、benevolence，似乎每一个词在不同的地方都可以很好地表达它的意义。但是，也许广义上的 virtue 在大体上最接近于仁的观念，在本节就是如此。仁的主干是 "人"，被置于左侧；右侧是 "二" 字。（J. M.: 17）

如前所述，高大卫在此节中将 "道" 和 "仁" 都译为 "virtuous practice"。而詹宁斯对 "仁" 的翻译其实是一种解释，即 "that right feeling which is owing generally from man to man"，在注释中他对这一译法进行了说明：

> That right feeling which is owing generally from man to man，在这些语词中，我尽可能给出了仁的全部意义。该词将经常出现在这部书中，我们没有准确的英文对应词。它指的是 the virtue of *humanitas*、the right feeling of man to his kind。这一点在仁（"人" 和 "二"）字的构成上就有某种体现。我们无法使用同一词语来翻译它，philanthropy（在其最深层的意义上）或 social good feeling 有时可以表达其意义。（W. J.: 40）

在译本《导言》中，詹宁斯也同样认为无法以同一译名来翻译 "仁"，并指出它的主要内涵有 "philanthropy" "humanity" "good-will" "good-nature" "fellow-feeling"等（W. J.: 30）。而在《导言》的结尾处，詹宁斯又从汉字结构上对"仁"字进行了解释："Humaneness，即仁，由'人'（a man）和'二'（two，plurality）组合而成。此处的联系是很明显的，人不能不与其同类一起生存，他必须支持他们（*stand by them*），他们对他也是如此。"①（W. J.: 37）

苏慧廉将本节中的"仁"译为"an unselfish life"，之所以选用"unselfish"应该也与对"仁"字字形的释义有关。与马士曼和詹宁斯相同，苏慧廉也指出："仁，由'人'和'二'组合而成，表明人与其同类的正确关系，换言之，仁人将他人视若自己。"（W. S.: 104）"unselfish"的词干为"self"，即"自我"，"仁"从"二"就是对单纯自我的否定，所以"un-selfish"可以间接地表达出这一内涵。这比詹宁斯冗长的解释性译文要简洁而巧妙得多，但对于一般英语读者而言，"an unselfish life"的翻译很可能会将儒家之"仁"仅仅简化为"不自私"。

由于"仁"在《论语》中的核心地位，苏慧廉在"名词解释"中又大量地引用中国古典文献来试图阐明它的内涵：

> 它（仁）通常被译为 Virtue，②二者都以"人"（vir）为词根，并且都表明人最优秀之处。它的同义词有 humanity、humaneness、generosity、altruism、charity、kindness 等等。在第十二篇第二十二章（《论语·颜渊》）中，③孔子将"仁"定义为"爱人"。在第一篇第三章（《论语·学而》）中，④朱熹将"仁"定义为"仁者，爱之理，心之德也"。《四书合讲》在同一处指出："仁者，德之全体……仁包义、礼、智。"⑤在另一处，即第四篇第三章（《论语·里仁》），⑥朱熹表

---

① 按：加着重号的字在原文中为斜体。
② 按：括号里的汉字为笔者所加。
③ 按：括号里的汉字为笔者所加。
④ 按：应为第一篇第二章，即本章；括号里的汉字为笔者所加。
⑤ 参见（清）翁复辑《四书合讲·论语》卷一，清雍正八年酌雅斋藏板，第 2 页 a。
⑥ 按：括号里的汉字为笔者所加。

明"仁者无私心"。① 他也曾说过"仁者，人也"，② "以己及物，仁也"，③ 及"爱人，仁之施"。④ 下面是其他的一些定义：仁者安于义理而厚重不迁；⑤ 仁以理言，通乎上下；⑥ 仁，则私欲尽去而心德之全也；⑦ 仁，则心德之全而人道之备也；⑧ 仁，忍也，好生恶杀，善含忍也；⑨ 仁者、人也，人之行也，仁者、亲也，仁者兼爱，故于文，人二为仁；⑩ 恻隐之心，仁之端也；⑪ 仁者天地生物之心，得之最先……所谓元者善之长也；⑫ 仁之实，事亲也；⑬ 仁，推己及人，如老吾老以及人之老，⑭ 幼吾幼以及人之幼之类。（W. S.：104-105）

校释者按

《说文解字》载曰："仁，亲也。从人、从二。（臣铉等曰：仁者兼爱，故从二。）"⑮ 由此可见，上述译者在解释"仁"的意义时大都注意到了

---

① 参见（宋）朱熹《四书章句集注》，北京：中华书局，1983 年，第 69 页。

② 按：此为《中庸》之语。参见（汉）郑玄注，（唐）孔颖达等正义《礼记正义》，见于《十三经注疏》（下册），北京：中华书局影印世界书局阮元校刻本，1980 年，第 1639 页上栏。

③ 按：此为朱熹引程子之语。参见（宋）朱熹《四书章句集注》，北京：中华书局，1983 年，第 72 页。

④ 参见（宋）朱熹《四书章句集注》，北京：中华书局，1983 年，第 139 页。

⑤ 同上书，第 90 页。

⑥ 同上书，第 92 页。

⑦ 同上书，第 94 页。

⑧ 同上书，第 101 页。

⑨ 参见（汉）刘熙《释名》卷第四《释言语》，见于《四部丛刊初编·经部》，上海：商务印书馆影印江南图书馆藏明嘉靖翻宋本，1929 年，第 25 页 a。

⑩ 参见（南唐）徐锴《说文解字系传》，北京：中华书局影印道光十九年重雕宋钞本，1987 年，第 307 页。

⑪ 参见（汉）赵岐注，（宋）孙奭疏《孟子注疏》，见于《十三经注疏》（下册），北京：中华书局影印世界书局阮元校刻本，1980 年，第 2691 页上栏。

⑫ 参见（宋）朱熹《四书章句集注》，北京：中华书局，1983 年，第 239 页。

⑬ 参见（汉）赵岐注，（宋）孙奭疏《孟子注疏》，见于《十三经注疏》（下册），北京：中华书局影印世界书局阮元校刻本，1980 年，第 2723 页中栏。

按：此本中"亲"后多一"是"字。

⑭ 按：此为朱熹引程子之语，但无其后"幼吾幼……之类"一句。参见（宋）朱熹撰《四书章句集注》，北京：中华书局，1983 年，第 363 页。

⑮ （汉）许慎：《说文解字》，北京：中华书局影印清同治十二年陈昌治刻本，1978 年，第 161 页。

"仁"字在字形上的这一特点。段玉裁注曰：

> 《中庸》曰："仁者，人也。"注："人也，读如相人偶之人。以人
> 意相存问之言。"……按：人耦犹言尔我亲密之词。独则无耦，耦则
> 相亲。故其字从人二。孟子曰："仁也者，人也。"谓能行仁恩者人
> 也。又曰："仁，人心也。"谓仁乃是人之所以为心也。①

徐铉（916—991）之"仁者兼爱"即段注之"独则无耦，耦则相亲"，
《论语·颜渊》载曰："樊迟问仁。子曰：'爱人。'"②就这一意义而言，
"philanthropy"确实与"仁"较为接近。英语"philanthropy"源于拉丁语
"*philanthropia*"，该词又源于希腊语"$\phi\iota\lambda\alpha\nu\theta\rho\omega\pi\iota\alpha$"。③而"$\phi\iota\lambda\alpha\nu\theta\rho\omega\pi\iota\alpha$"
又是由前缀"$\phi\iota\lambda o\text{-}$"和词干"$\H{\alpha}\nu\theta\rho\omega\pi o\varsigma$"组合演化而来，④"$\phi\iota\lambda o\text{-}$"即
"爱"（love），"$\H{\alpha}\nu\theta\rho\omega\pi o\varsigma$"就是"人"（man），其最直接的意义就是"爱
人"。《牛津英语大词典》对"philanthropy"的一个解释为：

> Love to mankind; practical benevolence towards men in
> general; the disposition or active effort to promote the happiness
> and well-being of one's fellow-men.（爱人；对人类的仁慈之举；促
> 进同胞之幸福与安康的天性或努力）⑤

---

① （汉）许慎撰，（清）段玉裁注：《说文解字注》，上海：上海古籍出版社影印经韵楼藏
版，1981年，第365页。

② （魏）何晏等注，（宋）邢昺疏：《论语注疏》，见于《十三经注疏》（下册），北京：中
华书局影印世界书局阮元校刻本，1980年，第2504页下栏。

③ 参见［英］约翰·辛普森、埃德蒙·韦纳编《牛津英语大词典》（J. A. Simpson and
E. S. C. Weiner, eds., *The Oxford English Dictionary*, vol.XI, Oxford: Clarendon Press, 1989,
p.679）。

④ 同上书，第678页。

⑤ ［英］约翰·辛普森、埃德蒙·韦纳编：《牛津英语大词典》（J. A. Simpson and E. S. C.
Weiner, eds., *The Oxford English Dictionary*, vol.XI, Oxford: Clarendon Press, 1989, p.679）。

此外，"philanthropy"还可以特指"上帝对人类的爱"。①

　　当然，"humanity"或"humaneness"也与"仁"的意义较为接近，他们的词干都是"human"，即"人"，该词的拉丁语词根为"*homo*"，同样也是"人"的意思。②在前文中，理雅各提到法国汉学家儒莲（Stanislas Aignan Julien，1797—1873）曾使用"humanitas"来翻译"仁"，这一译名出现在他的《孟子》（*Meng tseu, vel; Mencium inter Sinenses philosophos ingenio, doctrina, nominisque claritate Confucio proximum*）拉丁语译本之中。在该书中，儒莲对"仁"的解释为："仁是一种爱他人的德性，即得之于天的、主宰人灵魂的智慧（prudentia），它可以在理性（rationis）的天平中权衡，并教我们尽人的本分。"③从这一解释中，我们可以很清楚地看到古希腊、罗马以及基督教思想的因素，但是我们又不得不承认它确实在很大程度上体现了儒家思想中"仁"的本质内涵。因此，中西经典的翻译及阐释从来都不是单向的，这种表面上从原语到目的语的单向活动，总是在不断产生你中有我、我中有你的"互文性"（intertextuality）。

　　至于马士曼主张用"virtue"来翻译"仁"，其实也可能是出于类似的考虑，即"virtue"中的"*vir*"在拉丁语中指的同样是"人"（man）。④但是，"virtue"一词在英语中的意义过于宽泛，所以用它来翻译"仁"很难体现出其独特的内涵。而理雅各所提出的"benevolence"则与"仁"在词源上找不出任何相似的地方，但是从意义上来看还是存在着某些重合之处。不过，在具体翻译"仁"时，理雅各最常使用的却是"perfectly virtuous"和"perfect virtue"，而"perfect"中所包含的基督

---

①　参见［英］约翰·辛普森、埃德蒙·韦纳编《牛津英语大词典》（J. A. Simpson and E. S. C. Weiner, eds., *The Oxford English Dictionary*, vol.XI, Oxford: Clarendon Press, 1989, p.679）。

②　同上书，第473页。

③　［法］儒莲译：《孟子》上卷（Stanislas Aignan Julien, *Meng tseu, vel; Mencium inter Sinenses philosophos ingenio, doctrina, nominisque claritate Confucio proximum*, pars prior, Lutetiae Parisiorum: Societatis Asiaticae et Comitis de Lasteyrie impensis, 1824, p.2）。

④　参见［英］约翰·辛普森、埃德蒙·韦纳编：《牛津英语大词典》（J. A. Simpson and E. S. C. Weiner, eds., *The Oxford English Dictionary*, vol.XIX, Oxford: Clarendon Press, 1989, p.675）。

教意义已无需多言。① 如前所述，理雅各常常认为儒家思想是"不完善的"（imperfect），但是在对"仁"的具体翻译上，他又不得不以"完善的"（perfect）来进行"修饰"。

第二节 《论语·学而》第三至四章

第三章·子曰："巧言令色，鲜矣仁！"

J. L. III. **The Master said, 'Fine words and an insinuating appearance are seldom associated with true virtue.'**

J. M. III. Chee says, fair words, and a humble countenance; little real virtue.

D. C. III. Confucius says, that fine speech and a fair exterior are seldom associated with virtue.

W. J. III. The Master observed, 'Rarely do we meet with the right feeling due from one man to another where there is fine speech and studied mien.'

W. S. III. The Master said:② "Artful speech and an ingratiating demeanour rarely accompany Virtue."③

朱注：巧，好。令，善也。好其言，善其色，致饰于外，务以悦人，则人欲肆而本心之德亡矣。圣人辞不迫切，专言鲜，则绝无可知，学者所当深戒也。

程子曰："知巧言令色之非仁，则知仁矣。"（第 48 页）

---

① 参见杨慧林《中西"经文辩读"的可能性及其价值——以理雅各的中国经典翻译为中心》，《中国社会科学》2011 年第 1 期，第 195 页。

② 按：此处的"冒号"在［英］苏慧廉《论语》"初版本"（P.125）中为"分号"，据"世经本"（P.2）改正。

③ 按："Virtue"在［英］苏慧廉《论语》"世经本"（p.2）中作"virtue"。

13. 释 "巧言令色"

在对 "巧言" 的 "巧" 字进行翻译时，高大卫、理雅各和詹宁斯都使用了 "fine" 一词，该词在用于言辞或书写等方面时，有 "矫揉造作或过于讲究"（Affectedly ornate or elegant）的意思。① 因此，上述三位译者很可能是在这一意义上来使用 "fine" 的。理雅各在注疏中首先给出了这一章的章旨，即 "悦人的外表令人怀疑"（Fair appearances are suspicious），并提示参见《书经》（Shû-ching）第二部分第三篇第二节（II.iii.2）（J. L.: 139）。其实，这指的就是《尚书·皋陶谟》中的 "何畏乎巧言令色孔壬" 一句。② 只是，他将此句中的 "巧言" 译成了 "fair words"，而不是 "fine words"。③ 此外，理雅各在本章的注疏中还对 "巧" 的内涵做了解释："巧，'工艺中的技艺'（skill in workmanship），或通常而言的 '技艺'、'机巧'（cleverness），有时会带上负面的意义，如在此处即为 '施展技巧的'（artful）、'虚伪的'（hypocritical）。"（J. L.: 139）

马士曼恰好选用了 "fair"，这一上述理雅各对《皋陶谟》中 "巧" 字的翻译，该词在与言辞相关时也常含贬义，即 "初见或初听时有吸引力或令人愉悦的；似是而非的（specious）、花言巧语的（plausible）或奉承的（flattering）"。《牛津英语大词典》还指出，英国诗人米歇尔·德雷顿（Michael Drayton，1563—1631）的诗句中有 "巧言悦人"（Fair words make fools）的谚语。④

苏慧廉在其译本中直接选择了 "artful" 来翻译 "巧" 字，如前所述，

---

① 参见［英］约翰·辛普森、埃德蒙·韦纳编《牛津英语大词典》（J. A. Simpson and E. S. C. Weiner, eds., *The Oxford English Dictionary*, vol.V, Oxford: Clarendon Press, 1989, p.927）。

② 参见（汉）孔安国传，（唐）孔颖达等正义《尚书正义》，见于《十三经注疏》（上册），北京：中华书局影印世界书局阮元校刻本，1980年，第 138 页中栏。

③ ［英］理雅各译：《中国经典：附有译文、注疏、绪论及详细索引》港大本 / 第三卷（James Legge, trans., *The Chinese Classics: With a Translation, Critical and Exegetical Notes, Prolegomena, and Copious Indexes*, vol. III, *Containing* the first parts of *The Shoo-King, or The Book of Historical Documents*, Hong Kong: Hong Kong University Press, 1960, p.70）。

④ 参见［英］约翰·辛普森、埃德蒙·韦纳编《牛津英语大词典》（J. A. Simpson and E. S. C. Weiner, eds., *The Oxford English Dictionary*, vol.V, Oxford: Clarendon Press, 1989, p.671）。

该词具有"施展技巧的"、"取巧的",甚至是"狡猾的"的含义。现代英语中的"art"通常指"艺术",但其"原初意义"指的是一般意义上的"技艺"。该词的拉丁语词源为"*ars*",其较为本质的内涵是"专业的、艺术的或技术性的技艺"(Professional, artistic, or technical skill)。① 而《说文解字》亦曰:"巧,技也。"② 此外,在解释本章的章旨时,苏慧廉使用了一句谚语,即"Fine Feathers Do Not Make Fine Birds",可以直译为"美丽的羽毛无法成就美丽的鸟儿"(W. S.: 123)。其实这句话也是一本书的书名,该书隶属于一套谚语丛书,讲的是一个叫内莉(Nelly)的女孩因对父母的谎言和对虚荣的爱慕而领受了痛苦的教训。③

"巧言"在《论语》中共出现过四次,除"阳货"篇与本章重出之外,还有"公冶长"篇的"巧言、令色、足恭……"④ 和"卫灵公"篇的"巧言乱德"。⑤ 马士曼的"半部"《论语》中,"公冶长"篇对"巧言"的翻译与本章不同,其为"Fine words"(J. M.: 326)。不过,这一翻译却与理雅各在本章中的完全一致。高大卫在"阳货"篇中并未重译本章,"公冶长"与本章相同(D. C.: 82),而"卫灵公"中的"巧言"则被译为"sophistry"(D. C.: 138),其有"诡辩"之义。理雅各在"公冶长"(J. L.: 182)和"阳货"(J. L.: 326)中都采用了与本章相同的译文,但在"卫灵公"中也有所变化,其译文为"Specious words"(J. L.: 302),⑥ 即"似是而非的言语"。詹宁斯亦与理雅各相似,仅在"卫灵公"中将"巧言"改译为"Artful speech"(W. J.: 176),而其余两篇则未做改动(W. J.:75;195)。值得注意的是,"Artful speech"又与苏慧廉在本章中的译文相同。对于重出之章,苏慧廉在其译本中还是稍有改动,其译文为"Artful address"(W.

---

① [英]亚历山大·苏特等编:《牛津拉丁语辞典》(Alexander Souter, et al. eds. *Oxford Latin Dictionary*, Oxford: Clarendon Press, 1968, p.175)。

② (汉)许慎:《说文解字》,北京:中华书局影印清同治十二年陈昌治刻本,1978年,第100页。

③ 参见[英]凯特·尼利《美丽的羽毛无法成就美丽的鸟儿》(Kate J. Neily, *Fine Feathers Do Not Make Fine Birds*, Boston: Lee and Shepard, 1869)。

④ (魏)何晏等注,(宋)邢昺疏:《论语注疏》,见于《十三经注疏》(下册),北京:中华书局影印世界书局阮元校刻本,1980年,第2475页中栏。

⑤ 同上书,第2518页中栏。

⑥ 按:在本章的"评注"中,马士曼将程子"知巧言令色之非仁"中的"令色"译为"specious appearance"(J. M.: 18)。

S.: 841）。而在"公冶长"和"卫灵公"中，"巧言"则分别被译作"Plausible speech"（W. S.: 279）和"Plausible words"（W. S.: 753），即"花言巧语"。

对于"令色"的翻译，五部选本可谓各具特色，不像"巧言"一般前后相继，但亦偶有交错。理雅各将"令色"译为"insinuating appearance"，即"钻营的外表"。在注疏中，他进一步解释道："令，'法令'（a law）、'命令'（an order），也有'善'（good）的意思。而在此处则与'巧'相似，有负面含义，即'伪装善良'（pretending to be good）。"（J. L.: 139）其中，理雅各将"令"解释为"good"，应与朱注"令，善也"有关。而马士曼亦是如此，他在"汉字附注"中将"令"（Lung）解释为"有道德的"（virtuous）、"谦逊的"（humble）和"令人愉悦的"（pleasing）（J. M.: 18）。在正文中，马士曼用"a humble countenance"来翻译"令色"，而"humble"一词有时也会带上嘲讽的含义，表示一种"不够真诚的谦逊"。高大卫则用"a fair exterior"来翻译"令色"，而"fair"又恰好是马士曼对"巧言"之"巧"的译文，如前所述该词亦可含贬义。

詹宁斯将"令色"译为"studied mien"，而"studied"则有"刻意的""精心安排的"的内涵。苏慧廉将"令"解释为"命令（command）——'精心安排的'表情（an 'ordered' countenance）"（W. S.: 123），而其中"ordered"的原形"order"亦有"命令"的意思。可见，苏慧廉正在努力地"调试"英文，以使其最大限度地与古代汉语相"吻合"。但是在正文中，他还是用"ingratiating demeanour"（讨好的外表）这一词组来翻译"令色"，这很可能是因为"an 'ordered' countenance"对英语读者而言显得过于"生硬"，译者一定要把这样的"胡须"剃掉。①

至于"阳货"中重出之章的"令色"和"公冶长"中的"令色"，理

---

① 按：在《论语》译本的《序言》中，苏慧廉曾提到后为香港官员的英国人李思达（Alfred Lister, 1843–1890）所写的一篇书评，即《理雅各博士的"韵文体"〈诗经〉》（"Dr. Legge's Metrical Shi-king"）一文。李思达在文中对理雅各多有讥讽，并认为"不曾有任何语言像汉语一样被译者们如此恶劣地使用"（苏慧廉的引文与此略有出入），且将其翻译比作"长着浓密胡须的女人"。参见 [英] 李思达《理雅各博士的"韵文体"〈诗经〉》（Alfred Lister, "Dr. Legge's Metrical Shi-king," *The China Review: or, Notes and Queries on the Far East*, vol.5, no.1, 1876, pp.1–2）。对此苏慧廉则表示："至少我希望在此书中已经剃掉了这样的'胡须'；因为尽管将其皮肤剥掉，蒙古人种的面相依然会存于其下！"（W. S.: IV）由此，我们可以间接地领会苏慧廉的某种翻译策略。不过，令人颇感意外的是，笃信基督教的苏慧廉为何要在此使用"剥皮"这一如此"残酷"的修辞。

雅各的译文并无变化（J. L.: 326;182）。而马士曼则将"公冶长"中的"令色"改译为"a pleasing countenance"（J. M.: 326），当然"pleasing"一词也出现在本章其对"令"字的解释之中（J. M.: 18）。如前所述，高大卫未译重出之章，而在"公冶长"中仅对"色"字做了修改，其为"a fair countenance"（D. C.: 82）。詹宁斯在这两处译文的处理上再次与理雅各保持一致，均未做出任何修改（W. J.: 195;75）。苏慧廉在"公冶长"中沿用了本章对"令色"的翻译（W. S.: 279），然而在"阳货"中却改为"insinuating demeanour"（W. S.: 841）。而"insinuating"一词又恰恰是理雅各在本章中对"令"字的译文。

校释者按

在《新约·彼得前书》中，我们也曾听到过与"巧言令色，鲜矣仁"相类似的教诲："你们不要以外面的辫头发、戴金饰、穿美衣为妆饰，只要以里面存着长久温柔、安静的心为妆饰，这在　神面前是极宝贵的。"（3:3—4）其实，在"中西经文辩读"的视域下，我们完全可以把基督教《圣经》中的这段话作为《论语》此章的"外注"或"注脚"，即前文中所说的"以外经解本经"。

让我们再次回到《论语》自身的文化传统之中，在《论语》中有一个与"巧言"相当，甚至更为孔子所嫌恶的行为，即"佞"。前述《尚书·皋陶谟》"巧言令色"一句，其传曰："禹言有苗、驩兜之徒甚佞如此。"而孔颖达的疏文中亦有"何所畏惧于彼巧言令色为甚佞之人"一语。①《后汉书·申屠刚鲍永郅恽列传》载曰："昔虞舜辅尧，四罪咸服，谗言弗庸，孔任不行，故能作股肱，帝用有歌。"唐李贤（655—684）等注曰："孔，甚也。任，佞也。"②可见，"巧言令色"之人多为"奸佞"之徒。

《论语·公冶长》亦载："或曰：'雍也仁而不佞。'子曰：'焉用佞？

---

① （汉）孔安国传，（唐）孔颖达等正义：《尚书正义》，见于《十三经注疏》（上册），北京：中华书局影印世界书局阮元校刻本，1980年，第138页中栏。

② （南朝宋）范晔撰，（唐）李贤等注：《后汉书》（第四册），北京：中华书局，1973年，第1028页。

御人以口给，屡憎于人。不知其仁，焉用佞？'"①孔子对"佞"的反感在两个"焉用佞"中得到了突出的体现。朱注曰："佞，口才也。"又曰："佞人所以应答人者，但以口取辨而无情实，徒多为人所憎恶尔。"②对此章中的"佞"字，五部选本的翻译依次为"eloquent/elocution"（J. M.: 265–267）、"a clever/artful address"（D. C.: 78）、"ready with his tongue/readiness of the tongue"（J. L.: 174）、"the gift of ready speech"（W. J.: 68）和"ready (of) speech"（W. S.: 251）。其实，我们不难看出，这些用词也可以用来翻译"巧言"。此外，孔子对于"巧言"和"佞"的憎恶，亦与柏拉图（Plato，前 428/427 or 前 424/423—前 348/347）、亚里士多德反对智者学派（Sophists）相似，因为他们认为普罗泰戈拉（Protagoras，约前 490—约前 420）、高尔吉亚（Gorgias，约前 485—约前 380）等人仅会兜售"演说术"（elocution），"御人以口给"，而无法获得"真理"。

当然，孔子更关心的恐怕不是古希腊意义上的"真理"，而是如何成为"仁人君子"。因此，在《论语·里仁》中，孔子要求"君子"应该"讷于言而敏于行"。③五部选本对"讷"字的译文分别为"slow in his words"（J. M.: 252）、"slow in speech"（D. C.: 77）、"slow in his speech"（J. L.: 172）、"slow to speak"（W. J.: 66）和"slow to speak"（W. S.: 243）。可见，五位译者均将"讷"与"slow"（"慢"或"迟钝"）联系在一起。而在《论语·颜渊》中，司马牛（生卒不详）亦曾问"仁"于孔子，子曰："仁者，其言也讱。"④朱注曰："讱，忍也，难也。仁者心存而不放，故其言若有所忍而不易发，盖其德之一端也。"⑤除马士曼外，其他四位译者对"讱"的翻译为"difficult to speak"（D. C.: 115）、"slow in his speech"（J. L.: 251）、"uttered with difficulty"（W. J.: 134）和"chary of speech"（W. S.: 563）。其中，理雅各在此处对"讱"的译文

---

① （魏）何晏等注，（宋）邢昺疏：《论语注疏》，见于《十三经注疏》（下册），北京：中华书局影印世界书局阮元校刻本，1980 年，第 2473 页中栏。

② （宋）朱熹：《四书章句集注》，北京：中华书局，1983 年，第 76 页。

③ （魏）何晏等注，（宋）邢昺疏：《论语注疏》，见于《十三经注疏》（下册），北京：中华书局影印世界书局阮元校刻本，1980 年，第 2472 页上栏。

④ 同上书，第 2502 页下栏。

⑤ （宋）朱熹：《四书章句集注》，北京：中华书局，1983 年，第 133 页。

与"讷"完全相同,而高大卫的"difficult"、詹宁斯的"difficulty"和苏慧廉的"chary"(小心谨慎的)应该都与朱注"讱,忍也,难也"有关。由此,我们亦可以在"巧言""佞"与"讷""讱"相对立的意义上来理解其意义内涵。

第四章·曾子曰:"吾日三省吾身——为人谋而不忠乎?与朋友交而不信乎?传不习乎?"

J. L. IV. **The philosopher Tsăng① said, 'I daily examine myself on three points: —whether, in transacting business for others, I may have been not faithful; —whether, in intercourse with friends, I may have been not sincere; —whether I may have not mastered and practised the instructions of my teacher.'**

J. M. IV. Chung-chee says, I daily examine myself in a threefold manner; in my transactions with men, whether I am upright; in my intercourse with friends, whether I am faithful; and whether I exemplify the instructions of my master.

D. C. IV. Tsăng Tsze said, I daily examine myself in three things; viz. whether I have been unfaithful in transacting business for men, whether in my intercourse with friends I have been insincere, and whether I have neglected to reduce to practice the instructions of my Teacher.

W. J. IV. The Scholar Tsăng once said of himself: 'On three points I examine myself daily, viz. whether, in looking after other people's interests, I have not been acting whole-heartedly; whether, in my intercourse with friends, I have not been true; and whether, after teaching, I have not myself been practising what I have taught.' ②

---

① 按:"The philosopher Tsăng"在[英]理雅各《中国经典》第一卷"现代本"(p.117)中作"Tsăng the philosopher",后文对这一"异文"不再出注。

② 按:"Tsăng"在[英]詹宁斯《论语》"东方文学本"(p.7)和"流行经典本"(p.8-9)中作"Tsang",且"viz."后增加了一个"逗号"。

W. S. IV.　　The philosopher Tsêng said: "I daily examine myself on three points, —In planning for others have I failed in conscientiousness? In intercourse with friends have I been insincere? And have I failed to practise what I have been taught?"

朱注：省，悉井反。为，去声。传，平声。曾子，孔子弟子，名参，字子舆。尽己之谓忠。以实之谓信。传，谓受之于师。习，谓熟之于己。曾子以此三者日省其身，有则改之，无则加勉，其自治诚切如此，可谓得为学之本矣。而三者之序，则又以忠信为传习之本也。

尹氏曰："曾子守约，故动必求诸身。"谢氏曰："诸子之学，皆出于圣人，其后愈远而愈失其真。独曾子之学，专用心于内，故传之无弊，观于子思、孟子可见矣。惜乎！其嘉言善行，不尽传于世也。其幸存而未泯者，学者其可不尽心乎！"（第48—49页）

14. 释"忠"

理雅各在此章中以"faithful"来译"忠"，因为"忠，从中、心"，即"loyalty"（忠诚）、"faithfulness"（忠心）、"action with and from the heart"（从心而动）（J. L.: 139）。不过，在理雅各之前，高大卫就已经使用"unfaithful"来译"不忠"。而马士曼与詹宁斯则分别使用了"upright"和"whole-heartedly"，苏慧廉的译法则为"conscientiousness"。而在"名词解释"中，苏慧廉也对"忠"的意义进行了简要说明：

忠，从中、心。即 the central heart、from（or in）the very heart、sincere、conscientious、loyal。朱子曰，"发己自尽为忠"，① 或"尽己之谓忠"。参见第第四篇第十五章（《论语·里仁》）②注：忠者，天道；③公家

---

① 参见（宋）朱熹《四书章句集注》，北京：中华书局，1983年，第12页。
② 按：此处括号里的字为笔者所加。
③ 参见（宋）朱熹《四书章句集注》，北京：中华书局，1983年，第72—73页。
按：此为所引"程子"之语。

之利，知无不为，曰忠，忠、中也，匡救其君使至中道也；① 忠，中下从心，谓言出于心皆有忠实也。②

校释者按

前文中苏慧廉引用了朱子"发己自尽为忠"和"尽己之谓忠"的注释，其选用"conscientiousness"一词来翻译"忠"字恐怕亦与之有关。名词"conscientiousness"源于形容词"conscientious"，《牛津英语大词典》对后者的一条解释为"服从或忠诚于良知（conscience）"以及"惯于为责任所支配"。③ 若单就此处的朱注而言，苏慧廉的译文确实较为贴切。但是，若从《论语》此章的语境来看，"为人谋而不忠乎"则明显存在着君臣、上下的关系。④ 刘宝楠《论语正义》曰："杨倞《荀子·礼论》注：'忠，诚也。''诚''实'义同。诚心以为人谋谓之忠，故臣之于君，有诚心事之，亦谓之忠。"⑤ 因此，"faithful"似乎是一个更好的选择，因为该词最基本的内涵就是对某人、某组织或某种信仰的"忠诚"。马士曼将"忠"（*Choong*）解释为"upright"、"sincere"和"good"（J. M.: 21），而其之所以使用"upright"可能与该词既有"诚实""正直"的意思，又可表示"竖直的""挺立的"，从而与"中"产生某些意义关联。而詹宁斯采用的"whole-heartedly"一词，则不禁使我们联想到《旧约·申命记》中的"你要尽心、尽性、尽力爱耶和华你的 神"（You shall love the LORD your God with all your heart, and with all your soul, and with all your might）（6:5）。

此外，对"吾日三省吾身"的"三"字，所有译者都将其作为一个实

---

① 参见（南唐）徐锴《说文解字系传》，北京：中华书局影印道光十九年重雕宋钞本，1987 年，第 313 页。

② 参见（清）吴昌宗《四书经注集证·论语》卷二，清嘉庆三年汪廷机刻本，第 39 页 b。

③ ［英］约翰·辛普森、埃德蒙·韦纳编：《牛津英语大词典》（J. A. Simpson and E. S. C. Weiner, eds., *The Oxford English Dictionary*, vol.III, Oxford: Clarendon Press, 1989, p.775）。

④ 按："为人谋"似有"君臣之别"，"与朋友交"则存"同辈之谊"，而"传习"亦为"师生之道"。

⑤ （清）刘宝楠：《论语正义》一，清光绪十四年南菁书院刻《皇清经解续编》本，第 6 页 b。

数译成"three"。当然，这一翻译又毫无疑问地源于朱注。不过，杨伯峻在《论语译注》中认为此处的"三"应为虚指：

> "三省"的"三"表示多次的意思。古代在有动作性的动词上加数字，这数字一般表示动作频率。而"三""九"等字，又一般表示次数的多，不要着实地去看待。说详汪中《述学·释三九》。这里所反省的是三件事，和"三省"的"三"只是巧合。如果这"三"字是指以下三件事而言，依《论语》的句法便应该这样说："吾日省者三。"和《宪问篇》的"君子道者三"一样。①

杨伯峻的说法确实较为合理，但此处若理解为实指的"三"亦无害于大义。

15. 释"信"

在此章中，高大卫、理雅各和苏慧廉都以"(in)sincere"来译"（不）信"，而马士曼则以理雅各等人用来译"忠"的"faithful"译"信"。令人有些不解的是詹宁斯，他使用了一个内涵过于宽泛的词"true"，尤其是他在《导言》中已经用"faithfulness"来翻译"信"，并且还给出了进一步的解释：

> 信，经常与忠诚（loyalty）和忠心（leal-heartedness）联系在一起。在本书中该词常被译为"confidence""trustworthiness""sincerity"。它是朋友、君臣以及社会生活各个部分都必不可少的要素。缺少了"信"，人就像上了一驾没有辀的车子（《论语·为政》第二十二节）。②（W. J.: 31）

---

① 杨伯峻译注：《论语译注》，北京：中华书局，2005年，第3—4页。

② 按：此处《论语·为政》的原文为："子曰：'人而无信，不知其可也。大车无輗，小车无軏，其何以行之哉？'"参见（魏）何晏等注，（宋）邢昺疏《论语注疏》，见于《十三经注疏》（下册），北京：中华书局影印世界书局阮元校刻本，1980年，第2463页上栏。

此外，苏慧廉也对"信"的意义和内涵进行了说明：

> 信，从人（Man）、从言（word），即人与其言语——"veracity"
> "credibility""faith""faithfulness"。第一篇第四章（《论语·学而》）① 注
> 曰：以实之为信。参见：循物无违为信；② 言之有实也；③ 信，实也；④
> 信，申也，言以相申于束，使不相违也；⑤ 鹦狂能言，不离禽兽，言
> 而不信，非为人也，故于文，人言为信。⑥

校释者按

《说文解字》曰："信，诚也。从人、从言，会意。佡，古文从言省。
訫，古文信。"⑦ 段玉裁对"訫"的解释为："言必由衷之意。"⑧ 若以"人言为
信"或"言必由衷"来释"信"，那么上述译者的译名似乎都未能体现出
"信"之为"言"的一面。在阿瑟·韦利的《论语》译本中，"与朋友交
而不信乎"被译为"In intercourse with my friends, have I always been true
to my word"。⑨ 在刘殿爵的译本中，该句则被翻译为"In my dealings with
my friends have I failed to be trustworthy in what I say"。⑩ 显然，这两段译

---

① 按：此处括号里的字为笔者所加。

② 参见（宋）朱熹《四书章句集注》，北京：中华书局，1983 年，第 12 页。

③ 同上书，第 49 页。

④ 同上书，第 104 页。

⑤ 参见（汉）刘熙《释名》卷第四《释言语》，见于《四部丛刊初编·经部》，上海：商务印书馆影印江南图书馆藏明嘉靖翻宋本，1929 年，第 25 页 b。

按：此本中无"于"字。

⑥ 参见（南唐）徐锴《说文解字系传》，北京：中华书局影印道光十九年重雕宋钞本，1987 年，第 307 页。

按：引文中"狂"应为"狿"。

⑦ （汉）许慎：《说文解字》，北京：中华书局影印清同治十二年陈昌治刻本，1978 年，第 52 页。

⑧ （汉）许慎撰，（清）段玉裁注：《说文解字注》，上海：上海古籍出版社影印经韵楼藏版，1981 年，第 92 页。

⑨ ［英］阿瑟·韦利译：《论语》（Arthur Waley, trans., *The Analects of Confucius*, New York: Vintage Books, 1989, p.84）。

⑩ 刘殿爵译：《论语》（D. C. Lau, trans., *The Analects*, Hong Kong: The Chinese University Press, 2010, p.3）。

文均强调了"信"与"言"的关系，但是它们却并非以一个英文单词与"信"相对应。可见，面对不同语言之间无法通约的困境，在"概念"的翻译方面，"解释"是难以避免的。

此外，在本章的语境中，如果说"为人谋"中暗含着某种"君臣之义"，那么此句中则明显存在着"朋友之谊"。若依此言，本章中的"信"更适合被译为"loyal"或"loyalty"，因为这两个同源的英文恰好可以特指"朋友"之间的"忠诚"或"忠贞"。威妥玛的《论语》译本中将这两句译为："In what I have attempted (or contemplated) for any one, have I not been faithful? In my intercourse with my friends, have I not been loyal?"①其中，"faithful"和"loyal"正好与"忠"和"信"相对应。

16. 释"传"

理雅各在注释中首先认为"传不习"一语是"令人捉摸不透的"（enigmatical），然后指出其翻译遵循的是朱熹。但是，随后他再次表明自己实际上更加认同古注：

> 何晏解释得极为不同："言凡所传之事，得无素不讲习而传之？"②（whether I have given instruction in what I had not studied and pratised?）主动意义上的"传"，即"传授"（to give instruction），似乎比被动意义上的"受教"（to receive instruction）更为正确。参见毛西河（Mâo Hîs-ho）《四书改错》卷十五第十七条。（J. L.: 140）

其实，马士曼、高大卫和苏慧廉对"传不习"的翻译也都依从朱注，其分别为"I exemplify the instructions of my master"、"I have

---

① ［英］威妥玛译：《论语：被西方世界作为 Confucius 而知晓的孔子的言论》（Thomas Francis Wade, trans., *The Lun Yü: Being Utterances of Kung Tzǔ, Known to the Western World as Confucius*, Hertford: Stephen Austin, 1869, p.2）。

② （魏）何晏等注，（宋）邢昺疏：《论语注疏》，见于《十三经注疏》（下册），北京：中华书局影印世界书局阮元校刻本，1980 年，第 2457 页中栏。

neglected to reduce to practice the instructions of my Teacher" 和 "I failed to practise what I have been taught"。马士曼和高大卫都使用了名词 "instructions" 来翻译 "传"，且均以所属格 "我的老师" 来修饰；苏慧廉使用的是动词 "teach" 的被动态，亦可表明是 "受之于师"。只有詹宁斯的译文有所不同，其将此句译为 "after teaching, I have not myself been practising what I have taught"。从 "what I have taught" 来看，詹宁斯似乎同意何晏的主张；但是，此处何晏之意实际应为 "先习后传"，而詹宁斯的翻译则为 "传后（after teaching）是否一直在习"。

校释者按

从上述分析可知，在中国传统注疏中，对此章中 "传" 字的释义可分为两类：一类为 "主动义"，何晏主之；另一类为 "被动义"，朱熹主之。理雅各所言《四书改错》卷十五中的 "传不习乎" 一条，即是毛奇龄反驳朱熹所主之 "被动义"，并将其归于 "改注错" 之类。其曰：

> 旧注 "传" 是 "传于人"，今改作 "受于师"，从来无有以 "传" 之一字作 "受" 字解者。传者，授也，非受也，授、受不得溷。是以传曰传业，《汉·儒林传》 "传业者寝盛"，《后汉》甄宇三世皆传业是也。受曰受业，《后汉》包子良受业长安，杜橆受业于薛汉是也。故 "孰先传焉"，是传于人，即《曲礼》七十老而传，亦是传于人。凡单下一 "传" 字，总是 "授" 字。乃以授为受，以授于人者而反曰受于人，则诂字先错矣。[1]

然而，刘宝楠《论语正义》则坚持朱熹之 "被动义"，其曰："'传不习乎' 者，'传' 谓师有所传于己也。"[2] 其后又进一步引证以明己说：

---

① （清）毛奇龄:《四书改错》卷十五，清嘉庆十六年金孝柏学圃刻本，第 10 页 a—b。
② （清）刘宝楠:《论语正义》一，清光绪十四年南菁书院刻《皇清经解续编》本，第 6 页 b。

郑《注》云："鲁读传为专，今从古。"臧氏庸辑郑《注》释云：
"此传字，从专得声。《鲁论》故省用作专，郑以《古论》作传，于义
益明，故从之。"如臧此言，是"传"与"专"同谓师之所"传"，而
字作"专"者，所谓叚借为之也。宋氏翔凤《论语发微》："孔子为
曾子传孝道而有《孝经》。《孝经说》曰：'《春秋》属商，《孝经》属
参。'则曾子以《孝经》专门名其家。故《鲁论》读传为专。所业既
专，而习之又久，师资之法无绝，先王之道不湮，曾氏之言，即孔子
传习之旨也。"包氏慎言《论语温故录》："专为所专之业也。吕氏春
秋曰：'古之学者，说义必称师。说义不称师命之曰叛。'所专之业不
习，则隳弃师说，与叛同科。故曾子以此自省。……"①

对于以上诸说，刘宝楠案曰："宋、包二君义同。《广雅·释诂》：'专，业
也。'亦谓所专之业。此《鲁论》文既不箸，义亦难晓。故既取臧说，兼
资宋、包。非敢定于一是也。"②

《说文解字》曰："传，遽也。从人、专声。"③但若依刘宝楠等人之说，
则"传不习乎"之"传"又从"专"得义。段玉裁注曰：

辵部曰："遽，传也。"与此为互训，此二篆之本义也。《周礼》：
"行夫掌邦国传遽。"注云："传遽，若今时乘传骑驿而使者也。"《玉
藻》："士曰传遽之臣。"注云："传遽，以车马给使者也。"《左传》
《国语》皆曰："以传召宗伯。"注皆云："传，驿也。"汉有置传、弛
传、乘传之不同。按传者如今之驿马，驿必有舍，故曰传舍。又文书
亦谓之传，《司关》注云："传如今移过所文书是也。"引伸传遽之义，

---

① （清）刘宝楠：《论语正义》一，清光绪十四年南菁书院刻《皇清经解续编》本，第
7页a。
② 同上。
③ （汉）许慎：《说文解字》，北京：中华书局影印清同治十二年陈昌治刻本，1978年，第
165页。

则凡展转引伸之称皆曰传。而传注、流传皆是也。①

若依段注，则"传"作"传授"之义亦是由"传遽"引申而来。只是古汉语往往单字成义，《论语》各章又相对独立；因此，"传不习乎"之"传"，究竟是主动的"师传于弟子"还是被动的"弟子受师所传"，是很难"定于一是"的。而刘宝楠在赞同朱注之余，亦不避讳遵从何晏之论，其曰：

> 郭氏翼雪《履斋笔记》："曾子三省，皆指施于人者言。传亦我传乎人。传而不习，则是以未尝躬试之事而误后学。其害尤甚于不思不信也。"焦氏循《论语补疏》："己所素习，用以传人，方不妄传，致误学者，所谓'温故而知新，可以为师'也。"②

尤为难能可贵的是，刘宝楠在此没有毛奇龄之前所谓"从来无有"之论，而是指出"二说皆从《集解》，亦通"。③

如若能够拥有刘宝楠"非敢定于一是"的谦卑心态，也许我们就不难容纳詹宁斯"增殖性"的"第三种"解释。若依第一种"主动义"，则为"先习而后传"；若依第二种"被动义"，则为"先受所传而后习"。詹宁斯的第三种解释虽取"主动义"，却更之为"先传而后习"，即在传授之后一直对其有所践习。然而，这三种解释虽各不相同，但有一点却是一致的——反对"传"与"习"的分裂。因此，这一问题的关键之处并不在于三种解释究竟孰是孰非，而是在于其义是否可取。若我们将上述三义同时存焉，则无论"师"还是"弟子"均可从中"取义"，又可使"传不习乎"与前章的"学而时习"及《礼记》中的"教学相长"之义相维系。④

---

① （汉）许慎撰，（清）段玉裁注：《说文解字注》，上海：上海古籍出版社影印经韵楼藏版，1981年，第377页。

② （清）刘宝楠：《论语正义》一，清光绪十四年南菁书院刻《皇清经解续编》本，第7页b。

③ 同上。

④ 参见（汉）郑玄注，（唐）孔颖达等正义《礼记正义》，见于《十三经注疏》（下册），北京：中华书局影印世界书局阮元校刻本，1980年，第1521页中栏。

　　既然如此，此句的重点还是应该落在"习"上。众所周知，"习"在儒家思想中首先应该被理解为道德上的"践习"或"践履"，而不仅仅是客观知识的"讲习"、"练习"或"复习"。亦如森舸澜在其译本注释中所述："此处我们再次发现对于'习'的强调——实际的社会行为——其与学术的、理论的知识相对立。毫无疑问，曾子所践行的这种不断的自我省察也引发了他在第八篇第七章（《论语·泰伯》）中的言论：'任重而道远。'"①因此，此章既向我们暗示了，在"实际的社会行为"中"君臣"、"朋友"和"师弟子"之间的道义关系；又将"忠"、"信"与"传习"贯通为一，"传习"之事必以"忠""信"为本，且为"适时而习""无时而不习"。

第三节　《论语·学而》第五至六章

第五章·子曰："道千乘之国，敬事而信，节用而爱人，使民以时。"

J. L. V.　　**The Master said, 'To rule a country of a thousand chariots, there must be reverent attention to business, and sincerity; economy in expenditure, and love for men (the people); and the employment of the people (them) at the proper seasons.'②**

J. M. V.　　Chee says, in ruling the extensive province, diligently regard business, and be sincere (in your promises;) practise a discreet economy, and love mankind: employ the people in season.

D. C. V.　　Confucius says, he who rules a country of a thousand chariots, should pay serious attention to business; —obtain the confidence of the people; —be economical in his expenditure, and employ

---

　　① ［美］森舸澜译：《论语：附以部分传统注疏》（Edward Slingerland, trans., *Confucius Analects: With Selections from Traditional Commentaries*, Indianapolis: Hackett, 2003, p.2 ）。
　　按：括号里的汉字为笔者所加。
　　② 按：括号里的字为［英］理雅各《中国经典》第一卷"现代本"（p.118）中的"异文"。

his people at the proper seasons.

W. J. V. The Master once observed that to rule well one of the larger States meant strict attention to its affairs and conscientiousness on the part of the ruler; careful husbanding of its resources, with at the same time a tender care for the interests of all classes; and the employing of the masses in the public service at suitable seasons.

W. S. V. The Master said:[①] "To conduct the government of a State of a thousand chariots there must be religious attention to business and good faith, economy in expenditure and love of the people, and their employment on public works at the proper seasons."

朱注：道、乘，皆去声。道，治也。马氏云："八百家出车一乘。"千乘，诸侯之国，其地可出兵车千乘者也。敬者，主一无适之谓。敬事而信者，敬其事而信于民也。时，谓农隙之时。言治国之要，在此五者，亦务本之意也。

程子曰："此言至浅，然当时诸侯果能此，亦足以治其国矣。圣人言虽至近，上下皆通。此三言者，若推其极，尧舜之治亦不过此。若常人之言近，则浅近而已矣。"杨氏曰："上不敬则下慢，不信则下疑，下慢而疑，事不立矣。敬事而信，以身先之也。易曰：'节以制度，不伤财，不害民。'盖侈用则伤财，伤财必至于害民，故爱民必先于节用。然使之不以其时，则力本者不获自尽，虽有爱人之心，而人不被其泽矣。然此特论其所存而已，未及为政也。苟无是心，则虽有政，不行焉。"胡氏曰："凡此数者，又皆以敬为主。"愚谓五者反复相因，各有次第，读者宜细推之。（第 49 页）

---

① 按：此处的"冒号"在［英］苏慧廉《论语》"初版本"（p.125）中为"分号"，据"世经本"（p.2）改正。

17. 释"敬"

在对本章的"敬"字进行翻译时，只有马士曼使用了"diligently regard"，其在"评注"中将朱熹之"敬者，主一无适之谓"译作"*Kung, means a supreme desire to discharge incumbent duties*"（J. M.: 23）。而在"汉字附注"中则将"敬"（*Kung*）解释为"attention, respect towards a superior, fidelity"（J. M.: 24）。其余四位译者的翻译中都包含了名词"attention"，因此，问题的关键就落在不同译者所使用的"修饰词"上，理雅各使用的是"reverent"，其余三位译者依次为"serious"、"strict"和"religious"。而在"名词解释"中，苏慧廉也对"敬"字的意义进行了解释：

> 敬，从苟（careful），[= 亟 urgent]；从攵（to tap），[= 执事 attend to]。即"Attention, respect, reverence"。第一篇第五章（《论语·学而》）[①]注曰：敬者，主一无适之谓。（Ching means bending the undeviating attentien to one thing）又曰：恭主容，敬主事。[②]又曰：恭见于外，敬主乎中。[③]参见：敬，谨恪也；[④]敬、警也，恒自肃警也；[⑤]敬者、肃……苟者、亟也，自急敕也，攵者、执事也。[⑥]（W. S.: 111）

相较马士曼与苏慧廉对"敬者，主一无适之谓"的翻译，后者明显更接近于"直译"。而从上述苏慧廉对"敬"的释义来看，前述五个不同的"修饰词"（包括"diligently"）都能从某个方面体现出"敬"的内涵，只是苏

---

① 按：此处括号里的汉字为笔者所加。
② 参见（宋）朱熹《四书章句集注》，北京：中华书局，1983 年，第 146 页。
③ 同上。
④ 同上书，第 79 页。
⑤ 参见（汉）刘熙《释名》卷第四《释言语》，见于《四部丛刊初编·经部》，上海：商务印书馆影印江南图书馆藏明嘉靖翻宋本，1929 年，第 25 页 b。
⑥ 参见（南唐）徐锴《说文解字系传》，北京：中华书局影印道光十九年重雕宋钞本，1987 年，第 316 页。

慧廉的"religious"不免又使儒家之"敬"染上了某种宗教色彩。

校释者按

此章中的"道"字，陆德明《经典释文》曰："道，音导，本或作导。"①朱熹则依包咸训"道"为"治"，所以译者们大都将其译为"rule"。然而，理雅各在此章注释中指出，"道"不同于"治"，"治"所涉及的是实际的政治事务，而"导"则是其中的责任与目的，这是君主应该掌握的，这些原则的立足点也是从君主的内心出发的（J. L.: 140）。这一观点似乎与朱熹不同，然而考之王步青（1672—1751）《四书朱子本义汇参》一书，其说仍源于朱子。该书在此章引朱子《四书或问》曰："'道之为治何也？'曰：'道者，治之理也，以为政者之心而言也。'曰：'然则曷为不言治？'曰：'治者，政教号令之为，治之事也。夫子之所言者，心也，非事也。'"②在此，我们之所以引用《四书朱子本义汇参》而不直接引用《四书或问》，主要是因为前者在理雅各的参考书目之中（J. L.: 128），而后者则并未被列入。

18. 释"人""民"

对于此章的"人"和"民"，高大卫与苏慧廉均未做区别而同译为"people"。马士曼则用"mankind"和"people"两个不同的词来翻译"人"和"民"，但这种不同很可能不是有意为之，而只是其"直译"原则使然。因为在"汉字附注"中马士曼仅将"民"（*Mun*）解释为"the people, the common people"（J. M.: 25），而并未在与"人"相区别的意义上来加以说明。理雅各使用的是"men"（人）和"people"（民），但是在"现代本"中却取消了这一区别，以"people"译"人"，而"民"则以"them"来替代。其取消的原因或许与"现代本"的读者定位有关，对于普通的英语读者而言这一区别似乎没有那么必要。詹宁斯亦坚持二者的

---

① （唐）陆德明：《经典释文》（下册），上海：上海古籍出版社影印北京图书馆藏宋刻本，1985年，第1350页。

② （清）王步青：《四书朱子本义汇参·论语》卷一，清乾隆十年敦复堂刻本，第19页a。

区别，其以"all classes"来译"人"，而以"masses"来译"民"。

校释者按

在中国传统注疏中，对此章中的"人""民"是否有别及有何分别一直存在分歧。何晏《论语集解》引包咸曰："为国者，举事必敬慎，与民必诚信"，"国以民为本，故爱养之"，"作使民，必以其时，不妨夺农务"。① 从其注释可知，包咸在此并未分别"人""民"。刘宝楠《论语正义》亦持此论，其曰：

> "国以民为本"者，《注》以"爱人"，人指民言。避下句"民"字，故言"人"耳。《穀梁》桓（十）②四年《传》："民者，君之本也。"君主乎国，故国以民为本。"爱养"者，养谓制民之产，有以养民，乃为爱也。《说苑·政理篇》："武王问于太公曰：'治国之道若何？'太公对曰：'治国之道，爱民而已。'曰：'爱民若何？'曰：'利之而勿害，成之勿败，生之勿杀，与之勿夺，乐之勿苦，喜之勿怒。此治国之道，使民之谊也。民失其所务，则害之也。农失其时，则败之也。有罪重其罚，则杀之也。重赋敛者，则夺之也。多徭役以罢民力，则苦之也。劳而扰之，则怒之也。'"是皆言治国者当爱民也。③

刘宝楠首先将"人""民"的分别归于文法上的避免重复，进而多方引证"爱人"即"爱民"之义。那么，高大卫与苏慧廉对二者未做区别，似乎亦不可谓"无据可循"。

皇侃《论语义疏》则可谓开此章"人""民"有别之先，其曰："然人

---

① （魏）何晏等注，（宋）邢昺疏：《论语注疏》，见于《十三经注疏》（下册），北京：中华书局影印世界书局阮元校刻本，1980年，第2457页中栏。

② 按："桓四年"应为"桓十四年"，参见（清）刘宝楠《论语正义》（上），北京：中华书局，2011年，第17页。

③ （清）刘宝楠：《论语正义》一，清光绪十四年南菁书院刻《皇清经解续编》本，第11页a—b。

是有识之目，爱人则兼朝廷也。'民'是瞑闇之称，使之则唯指黔黎。"①前述詹宁斯将"人"译为"all classes"，而"民"则为"masses"，这很可能是本于皇侃之说。《四书朱子本义汇参》亦谓"人兼臣与民"，②那么"all classes"正可与之相应。而"masses"在英语中则通常用于指称"被领导的、未受过良好教育的群众"，即所谓"瞑闇之民"。刘宝楠在前书中亦曰："刘氏逢禄《论语述何篇》解此文云：'人谓大臣、群臣。《易·讼》二爻"邑人三百户"，举大数，谓天子上大夫受地视侯也。'此以下文言民，则人非民。故解为大臣、群臣。于义亦通。"③而杨伯峻在《论语译注》中则将上述两种观点加以折中，其认为："古代'人'字有广狭两义。广义的'人'指一切人群；狭义的人只指士大夫以上各阶层的人。这里和'民'（使'民'以时）对言，用的是狭义。"④

在与选本同一时期的其他译本中，也有与刘逢禄（1776—1829）、杨伯峻相似的看法，如威妥玛对"节用而爱人，使民以时"的翻译为"sparing in his expenses and a regardful lover of [his best] men; and should employ his people [only] at the proper season"。在注释中，译者依其助手"K."之所言，认为"人"指的是"士大夫"（scholars, the learned）。⑤在较为晚近的译本中，亦可举安乐哲与罗思文为例，其译文为"be frugal in your expenditures and love your peers, and put the common people to work only at the proper time of year"。⑥在注释中，两位译者也特别指出："此处的'peers'（*ren* 人）与'the common people'（*min* 民）相对立，指的是某

---

① （南朝梁）皇侃撰，高尚榘校点：《论语义疏》，北京：中华书局，2013 年，第 11 页。

② （清）王步青：《四书朱子本义汇参·论语》卷一，清乾隆十年敦复堂刻本，第 20 页 a。

③ （清）刘宝楠：《论语正义》一，清光绪十四年南菁书院刻《皇清经解续编》本，第 11 页 b。

④ 杨伯峻译注：《论语译注》，北京：中华书局，2005 年，第 4 页。

⑤ ［英］威妥玛译：《论语：被西方世界作为 Confucius 而知晓的孔子的言论》（Thomas Francis Wade, trans., *The Lun Yü: Being Utterances of Kung Tzŭ, Known to the Western World as Confucius*, Hertford: Stephen Austin, 1869, p.2）。

⑥ ［美］安乐哲、罗思文译：《论语：一种哲学化的翻译》（Roger T. Ames and Henry Rosemont, Jr., trans., *The Analects of Confucius: A Philosophical Translation*, New York: Ballantine Books, 1999, p.72）。

一特殊的阶层。"①那么，这一"特殊的阶层"的具体所指亦应为"士大夫"。

近年来，杨逢彬（1956—）在《也谈〈论语〉中的"人"与"民"》中又重新谈及这一问题。作者首先指出其叔父杨伯峻有关"人""民"的观点是受赵纪彬《释人民》一文的影响。②赵文将"人"和"民"阐释为"剥削"和"被剥削"的关系，并以"爱（人）"和"使（民）"以及"诲"和"教"相对来进一步加以证明。③杨逢彬则明确反对赵纪彬的观点，并通过穷尽性地统计、分析《论语》中的"人""民"二字得出结论：前者指个体的人，后者表示"人"的群体。④然而，《论语》的内容与成书都极为复杂，仅以"个体""群体"来区分"人""民"，不免过于简陋也多有不通之处。如刘宝楠所述，本章中的"人"与"民"很可能只是一种"文法"上的考虑。而且，"爱人"就是爱个体之人，"使民"则是使群体之人，这种"微言"究竟有何"大义"存焉？难道"节用"与"爱个体之人"之间有什么内在的关联吗？

朱熹将"使民以时"解作"农隙之时"，"以时"也大都被选本译者译为"at the proper (suitable) seasons"，这都明显透露出农业国家的根底。"使民以时"也就是说，役使人民要选在"农隙之时"，使其不误农事，从而丰衣足食。若以此句反观"节用而爱人"，那么"节用"就是"爱人"，"爱人"就是"爱民"，"爱民"的一种表现就是"爱惜人民之所出产"（亦可包括"臣僚之事功"），所以才会"节用"。当然，我们在此也绝不是要完全否定其他的意见，只是将"爱人"解作"爱个体之人"于本章义理实在无益，解作"爱大臣、群臣"或"爱士大夫"亦略显突兀，唯"人兼臣与民"使本章涵盖更为周全，其义较长。

---

① ［美］安乐哲、罗思文译：《论语：一种哲学化的翻译》（Roger T. Ames and Henry Rosemont, Jr., trans., *The Analects of Confucius: A Philosophical Translation*, New York: Ballantine Books, 1999, p.230）。

② 参见杨逢彬《也谈〈论语〉中的"人"与"民"》，见于杨逢彬著，陈云豪校《论语新注新译》，北京：北京大学出版社，2016年，第433页。

③ 参见赵纪彬《释人民》，见于赵纪彬著《论语新探》（上），北京：人民出版社，1976年，第1—10页。

④ 参见杨逢彬《也谈〈论语〉中的"人"与"民"》，见于杨逢彬著，陈云豪校《论语新注新译》，北京：北京大学出版社，2016年，第443—449页。

第六章·子曰："弟子，入则孝，出则弟，谨而信，泛爱众，而亲仁。行有余力，则以学文。"

J. L. VI.　　**The Master said, "A youth, when at home, should be filial, and, abroad, respectful to his elders. He should be earnest and truthful. He should overflow in love to all, and cultivate the friendship of the good. When he has time and opportunity, after the performance of these things, he should employ them in polite studies."**

J. M. VI.　　Chee says, the disciple within (the house) should exercise filial piety; without, fraternal respect; should be prudent and faithful; highly affectionate to all, and intimate with the good; so when he has leisure, he should apply to learning.

D. C. VI.　　Confucius says, let a son, when at home, practice filial piety, and when abroad, perform the duties of a younger brother; be diligent and sincere, shew universal benevolence, and make friends of the virtuous, and if he have leisure, let him spend it in study.

W. J. VI.　　'Let young people,' said he, 'show filial piety at home, respectfulness towards their elders when away from home; let them be circumspect, be truthful; their love going out freely towards all, cultivating goodwill to men. And if, in such a walk, there be time or energy left for other things, let them employ it in the acquisition of literary or artistic accomplishments.' ①

W. S. VI.　　The Master said: "When a youth is at home let him be filial, when abroad respectful to his elders; let him be circumspect

---

①　按："goodwill" 在 [英] 詹宁斯《论语》"东方文学本"（p.8）和 "流行经典本"（p.9）中作 "good-will"。

　　　　　　and truthful, ① and while exhibiting a comprehensive love for

　　　　　　all men, let him ally himself with the good. Having so acted, if

　　　　　　he have energy to spare, let him employ it in polite studies."

朱注：弟子之弟，上声。则弟之弟，去声。谨者，行之有常也。信
　　　者，言之有实也。泛，广也。众，谓众人。亲，近也。仁，谓
　　　仁者。余力，犹言暇日。以，用也。文，谓诗书六艺之文。
　　　程子曰："为弟子之职，力有余则学文，不修其职而先文，非
　　　为己之学也。"尹氏曰："德行，本也。文艺，末也。穷其本
　　　末，知所先后，可以入德矣。"洪氏曰："未有余力而学文，则
　　　文灭其质；有余力而不学文，则质胜而野。"愚谓力行而不学
　　　文，则无以考圣贤之成法，识事理之当然，而所行或出于私
　　　意，非但失之于野而已。（第 49 页）

19. 释"文"

　　理雅各将此处的"文"译为"polite studies"，然而"polite studies"
似乎不能被理解为"礼仪或礼貌的学习"。因为理雅各在该章的注释中曾
特别强调："学文，并不仅仅是文学方面的学习，而是君子所应具备的一
切：礼（ceremonies）、乐（music）、射（archery）、御（horsemanship）、
书（writing）、数（numbers）。"②（J. L.: 140）《牛津英语大词典》中有两条
对"polite"的解释也值得我们注意：第一，是指有关于艺术（art）或对
任何知识的追求，尤其是文学；第二，是指与某些艺术及学问相关的人或
者与通常意义上的文化相关的人。③ 这一意义上的"polite"确实与此章中
的"文"较为接近，而苏慧廉在此处也袭用了理雅各的译法。此外，他还
对"文"的意义进行了详细的解释：

---

　　① 按：[英]苏慧廉《论语》"世经本"（p.3）将"初版本"中"truthful"后的逗号移至
"and"之后。
　　② 按：加着重号的字在原文中为斜体。
　　③ 参见[英]约翰·辛普森、埃德蒙·韦纳编《牛津英语大词典》（J. A. Simpson and E.
S. C. Weiner, eds., *The Oxford English Dictionary*, vol.XII, Oxford: Clarendon Press, 1989, p.31）。

文，被用作"adornment""polish""culture""refinement"。第六篇第十二章①（《论语·雍也》）②将"文"的价值与道德品质进行对比；即"质"（substance，character）与"文"（decoration，culture）的对比。文被认为是"诗书六艺之文"，也就是对诗歌、历史和六种技艺（礼、乐、射、御、书、数）的培养。"斯文"指的是文化、文明。参见：文者，顺理而成章之谓，谥法亦有所谓锡民爵位曰文者；③文者，会集众采以成锦绣，会集众字以成辞义，如文绣然也；④古者，圣人……仰晞于天……俯察于地……中则于人……故于文，人义为文。⑤（W. S.：107–108）

从这一解释来看，苏慧廉也绝不会将"文"理解为"礼貌"或"礼仪"。

马士曼和高大卫分别将"文"译为"learning"和"study"，这很难体现出"文"在此处的特殊内涵，也无法与前面的"孝""弟"真正区别开来。詹宁斯则将"文"译为"literary or artistic accomplishments"，这明显是受到朱注的影响，其曰："文，谓诗书六艺之文。"《论语注疏》对"文"的解释为："马（融）曰：文者，古之遗文。"⑥邢昺疏曰："《注》言古之遗文者，则《诗》《书》《礼》《乐》《易》《春秋》，六经是也。"⑦而《经典释文》

---

① 　按：此处《论语》原文应为："子曰：'质胜文则野，文胜质则史。文质彬彬，然后君子。'"

　　又按：从此处的内容来看，若按苏慧廉的篇章顺序，似乎应为"第六篇第十六章"。

② 　按：此处括号里的汉字为笔者所加。

③ 　参见（宋）朱熹《四书章句集注》，北京：中华书局，1983 年，第 154 页。

④ 　参见（汉）刘熙《释名》卷第四《释言语》，见于《四部丛刊初编·经部》，上海：商务印书馆影印江南图书馆藏明嘉靖翻刻宋本，1929 年，第 25 页 a。

⑤ 　参见（南唐）徐锴《说文解字系传》，北京：中华书局影印道光十九年重雕宋钞本，1987 年，第 306 页。

　　按：苏慧廉原文中"乂"上多一"丶"，似误。

⑥ 　（魏）何晏等注，（宋）邢昺疏：《论语注疏》，见于《十三经注疏》（下册），北京：中华书局影印世界书局阮元校刻本，1980 年，第 2458 页上栏。

　　按：括号里的字为笔者所加。

⑦ 　（魏）何晏等注，（宋）邢昺疏：《论语注疏》，见于《十三经注疏》（下册），北京：中华书局影印世界书局阮元校刻本，1980 年，第 2458 页上栏。

引郑玄（127—200）注曰："文，道艺也。"①可见，在中国传统注释中，对此处之"文"亦有不同的解释，但总不离儒家"六经""六艺"之"文"。

校释者按

此章中的"仁"被朱熹解释为"仁者"，所以译者大都将其译为"the good"或"the virtuous"，杨伯峻在《论语译注》中亦指出："'仁'即'仁人'，和《雍也篇》第六的'井有仁焉'的'仁'一样。古代的词汇经常运用这样一种规律：用某一具体人和事物的性质、特征甚至原料来代表那一具体的人和事物。"②而在五位译者中只有詹宁斯未遵循朱注，其将"仁"作为一种行为而译成了"goodwill to men"。

就译文而言，各位译者对于"行有余力"之"行"似乎并未给予太多关注，皇侃对"行"的解释为："行者，所以行事已毕之迹也。"③然而，这一解释似乎将"所行孝弟之事"与"学文"截为两段，成为一种"先后"关系。而宋张栻（1133—1180）在《癸巳论语解》中则认为二者应是"本末"关系："非谓俟行此数事有余力而后学文也，言当以是数者为本，以其余力学文也，若先以学文为心，则非笃实为己者矣。"④实际上，此处之"行"亦可以"学而时习"之"习"为训。宋黄震（1213—1280/1281）《黄氏日钞》曰：

> 此章教人为学以躬行为本，躬行以孝弟为先……孝也者，其体源于造化流行之粹，其用达为天下国家之仁，本末一贯，皆此物也。故《论语》一书，首章先言学，次章即言孝弟，至于性与天道则未尝轻发其秘，岂非孝弟实行正从性与天道中来？圣门之学惟欲约之使归于实行哉！⑤

---

① （唐）陆德明：《经典释文》（下册），上海：上海古籍出版社影印北京图书馆藏宋刻本，1985 年，第 1350 页。

② 杨伯峻译注：《论语译注》，北京：中华书局，2005 年，第 5 页。

③ （南朝梁）皇侃撰，高尚榘校点：《论语义疏》，北京：中华书局，2013 年，第 12 页。

④ （宋）张栻：《癸巳论语解》（第一册），见于王云五主编《丛书集成初编》，上海：商务印书馆据学津讨原本排印，1937 年，第 2 页。

⑤ （宋）黄震：《黄氏日钞》卷八十二《讲义》，元至元三年刻本，第 1 页 b—2 页 a。

此处之"躬行""实行"亦是"践习""践履"之义。

最后，再来谈谈三位译者所使用的"let"一词。在这段译文中，高大卫使用了两个"let"，詹宁斯使用了三个，而苏慧廉则一连使用了四个"let him"。这不禁让我们想起了《旧约·创世记》中上帝口中反复出现的"let"，二者都体现出某种具有权威性的修辞。如前所述，《论语》中反复出现的"子曰"亦是如此。同样，《旧约·利未记》第 18—19 章也反复交替出现了"我是耶和华你们的　神"和"我是耶和华"。①

---

① 参见［瑞］韦宁、［爱］巴登《权威的修辞:〈利未记〉与〈论语〉之比较》(Ralph Weber and Garrett Barden, "Rhetorics of Authority: Leviticus and the *Analects* Compared," *Asiatische Studien* / Études Asiatiques, vol.64, no.1, 2010, p.184)。

第 五 章

《论语·学而》第七至十一章汇校集释

第一节 《论语·学而》第七章

第七章·子夏曰："贤贤易色；事父母，能竭其力；事君，能致其身；与朋友交，言而有信。虽曰未学，吾必谓之学矣。"

J. L. VII. Tsze-hsiâ① said, 'If a man withdraws his mind from the love of beauty, and applies it as sincerely to the love of the virtuous; if, in serving his parents, he can exert his utmost strength; if, in serving his prince, he can devote his life; if, in his intercourse with his friends, his words are sincere: —although men say that he has not learned, I will certainly say that he has.'

J. M. VII. Chee-ha says, he who, with an affectionate mind, and a countenance formed to please; serves his father and mother with his utmost ability and diligence; in serving the emperor spends even himself; is constant to his friends, and true to his word; although he say, "I am not learned," I will call him learned.

---

① 按："Tsze-hsiâ" 在［英］理雅各《中国经典》第一卷 "初版本"（p.4）和 "现代本"（p.118）中均作 "Tsze-hea"。

D. C. VII.　Tsze Hea said, he who esteems the virtue of others, and turns his mind from the love of lust; who, with his whole might serves his parents, —devotes his person to the service of his Prince, and is sincere in his intercourse with friends, although he may be deemed unlearned, I must esteem him truly learned.

W. J. VII.　(The disciple) Tsz-hiá said, 'The appreciation of worth in men of worth, thus diverting the mind from lascivious desires,—ministering to parents while one is the most capable of so doing,—serving one's ruler when one is able to devote himself entirely to that object,—being sincere in one's language in intercourse with friends: this I certainly must call (evidence of) learning, though others may say there has been "no learning."' ①

W. S. VII.　Tzǔ Hsia said: "He who transfers his mind from feminine allurement to excelling in moral excellence; who in serving his parents is ready to do so to the utmost of his ability; who in the service of his Prince② is prepared to lay down his life; and who in intercourse with his friends is sincere in what he says,—though others may speak of him as uneducated, I should certainly call him educated."

朱注：子夏，孔子弟子，姓卜，名商。贤人之贤，而易其好色之心，好善有诚也。致，犹委也。委致其身，谓不有其身也。四者皆人伦之大者，而行之必尽其诚，学求如是而已。故子夏言有能如是之人，苟非生质之美，必其务学之至。虽或以为未尝为学，我必谓之已学也。

游氏曰："三代之学，皆所以明人伦也。能是四者，则于人伦

---

① 按：文中的两处 "括号" 在 [英] 詹宁斯《论语》"东方文学本"（p.8）和 "流行经典本"（p.9）中均被删除。

② 按："Prince" 在 [英] 苏慧廉《论语》"世经本"（p.3）中作 "prince"。

厚矣。学之为道，何以加此。子夏以文学名，而其言如此，则
古人之所谓学者可知矣。故《学而》一篇，大抵皆在于务本。"
吴氏曰："子夏之言，其意善矣。然辞气之间，抑扬太过，其
流之弊，将或至于废学。必若上章夫子之言，然后为无弊也。"
（第 50 页）

20. 释"贤贤易色"

"贤贤易色"在《论语》的诠释史上历来是一个较有争议的话题，不
过由于朱熹将其解释为"贤人之贤，而易其好色之心"；所以，除马士曼
稍有不同之外，其余四部选本的译者均按朱注来进行翻译。那么，首先
还是让我们来检视一下马士曼的译文，其为 "he who, with an affectionate
mind, and a countenance formed to please"。平心而论，这一翻译初看有
些令人不解。在"评注"中，其将朱注"贤人之贤"一句，译为 "*Hin*
（贤），is goodness of disposition. *Uk*（易），is the desire to please by
repressing evil tempers, & c"（J. M.: 31）。[①]很显然，这并非"直译"，且
将"易"理解为 "the desire to please"。同样，在"汉字附注"中，马士
曼也将"易"（*Uk*）解释为 "pleasant"，即"和悦"之义（J. M.: 32）。如
前所述，这一释义很可能来自《康熙字典》，其在"易"字下有一条注曰：
"又《易·系辞》'辞有险易'，《注》'之泰则其辞易，之否则其辞险'，
《疏》'易，说易也'。"[②]"说"即"不亦说乎"之"说"，而"易"当为"平
和之貌"。清郝懿行（1755—1823）《尔雅义疏》曰："《诗·何人斯》传：
'易，说也。'《郊特牲》注：'易，和说也。'《论语》包咸注：'易，和易
也。'"[③]因此，马士曼的译文似乎可以被理解为：某人之心（mind）有感于
（affectionate）"贤"，抑或因此而面容"和悦"（please），若究其根本则

---

① 按：括号里的汉字为笔者所加。
② （清）张玉书、陈廷敬等编撰：《康熙字典·辰集上·日部》，康熙五十五年武英殿刻本，
第 8 页 a。
③ （清）郝懿行：《尔雅义疏》，上海：上海古籍出版社影印上海图书馆藏同治四年郝氏家
刻本，1983 年，第 226—227 页。

为"抑制了邪恶的性情"（repressing evil tempers）。可见，其与朱注的出入主要体现在对"易"字的理解上。且上文郝懿行所言"包咸注"也并非指"贤贤易色"，而是《论语·八佾》："林放问礼之本。子曰：'大哉问！礼，与其奢也，宁俭；丧，与其易也，宁戚。'"其中的"易"字与"戚"相对，明显为形容词，包咸释为"和易也"。①

下面，我们看高大卫与理雅各的译文，二人与其说是在翻译原文，还不如说是在翻译朱注。尤其是高大卫，其译文在语序上也与原文和朱注基本一致，即"he who esteems the virtue of others, and turns his mind from the love of lust"。若将其回译，则恰好是"贤人之贤，而易其好色之心"。显然，此处的"易"被理解为动词"改易"，而不是形容词"和易"。理雅各在注释中也以"changing"一词翻译"易"字，并对"贤贤易色"给出了较为详尽的解释：

> 第二个"贤"是一个具体名词。……其具体内涵为才干（*talents*）与价值（*worth*），但在其他语言中很难以某一词语统一地进行翻译。第一个"贤"是动词，即"视之为贤"（to treat as a *hsien*）。"色"字的意义与第三章（即"巧言令色"）不同，此处指的是"感官上的愉悦"（sensual pleasure）。第一句可以被直译为"esteeming properly the virtuous, and changing the love of woman"，且在我遵从的朱注中有些重大的错误被发现，如《四书改错》（XIII.i）所指出的。然而，朱熹的支持者们的言论也很有力，此段不应被理解为好像是被谈及的个人所获得的愉悦，而是直指对贤者的衷爱。②（J. L.: 141）

---

① （魏）何晏等注，（宋）邢昺疏：《论语注疏》，见于《十三经注疏》（下册），北京：中华书局影印世界书局阮元校刻本，1980年，第2466页上栏。

② 按：加着重号的字在原文中为斜体，括号里的汉字为笔者所加。

又按：理雅各在《四书改错》旁标注"XIII.i"，即"卷十三第一条"，此为"修订本"和"港大本"之误。在"初版本"中，此处正确地标为"XVII.1."，即"卷十七第一条"。参见[英]理雅各《中国经典》第一卷"初版本"（p.5）；（清）毛奇龄《四书改错》卷十七，清嘉庆十六年金孝柏学圃刻本，第1页a。

在正文中，理雅各将"贤贤易色"译为"a man withdraws his mind from the love of beauty, and applies it as sincerely to the love of the virtuous"。值得我们注意的是，他并未使用"change"而是使用了"withdraw"来翻译"易"字。① 不过，"withdraws his mind"虽无法和"易"直接对应，但也可引申为"回心转意"，亦有"改易""转移"的内涵。郝懿行《尔雅义疏》曰："'易'亦'移'之叚借也。……又知《尔雅》之'施易'即'施移'，注'相延易'亦即'延移'矣。"②

相比之下，詹宁斯和苏慧廉在"贤贤易色"的翻译上更为着意于前两个字的经营。詹宁斯的译文为"The appreciation of worth in men of worth, thus diverting the mind from lascivious desires"，苏慧廉则译作"He who transfers his mind from feminine allurement to excelling in moral excellence"。而后者在注释中又将此句更为简短地译为"he who worths worth and turns from beauty"（ W. S.: 128 ），这倒是更接近于对"贤贤易色"的直译。只是苏慧廉的"worths worth"（贤贤）不知是否受到詹宁斯"appreciation of worth in men of worth"的影响，而英语中的"worth"也确实与古汉语中的"贤"相似，二者都可以兼名词和动词于一身。对于古汉语将不同词性的同一个汉字连用的现象，英译者们也常常使用同源词来进行翻译，如苏慧廉在正文中将"贤贤"译为"excelling in moral excellence"。其实，理雅各在处理《大学》中的"明明德"时亦是如此，其译文为"illustrate illustrious virtue"（ J. L.: 356 ）。

校释者按

如前所述，理雅各在该节的注疏中曾提到毛奇龄在《四书改错》中对朱熹的质疑。毛氏主要从"添字解经"及字义训释上对朱注提出了批评：

---

① 按：有关理雅各以"change"（注疏中）和"withdraw"（正文中）翻译"易"字的问题，可参见李丽琴《理雅各英译〈论语〉"贤贤易色"辨》，《中国文化研究》2014 年夏之卷，第 136—144 页。

② （清）郝懿行：《尔雅义疏》，上海：上海古籍出版社影印上海图书馆藏同治四年郝氏家刻本，1983 年，第 229—230 页。

只一"色"字必添"好"字，已过矣。况"好色"安可易，又必添"好色之心"，然此是谁之心，又必添"其"好色之心，则以一字而添如许字，天下必无此文理。……不知"易色"有二义，一作改易之易，音翼，则"色"是颜色，谓改容而礼之，旧注云变易颜色是也。一作轻易之易，音异，则"色"是女色，谓尊贤则轻女色。李寻论天象有云：少微在前，女宫在后。"贤贤易色"取法于此。颜师古所谓尊上贤人，轻略于色是也。①

不过，从前引注疏可知，理雅各在这一问题上并不完全赞同毛奇龄。而《朱子语类》中也记载了朱熹的有关看法：

问："'贤贤易色'有两说。"曰："只变易颜色亦得，但觉说得太浅。斯须之间，人谁不能，未知他果有诚敬之心否。须从好色之说，便见得贤贤之诚处。"明作。

问："变易颜色，莫是待临时易色未善？"曰："亦不必如此说。只是下面'致其身、竭其力'太重，变易颜色太轻耳。"可学。

敬之问："'贤贤易色'有二说。"曰："变易颜色，有伪为之者。不若从上蔡说，易其好色之心，方见其诚也。"德明。②

可见，朱熹实际上并未执著于此句的"原初意义"，其自身的前后说法也略有出入；那么，他所真正关心的是，在现有的语境之下，"易其好色之心"相较于"变易颜色"而言，"其义较长"而已。③

---

① （清）毛奇龄：《四书改错》卷十七，清嘉庆十六年金孝柏学圃刻本，第 1 页 a—b。
　按：毛奇龄所引颜师古之语出自《汉书·眭两夏侯京翼李传》，颜师古注"贤贤易色"曰："贤贤，尊上贤人。易色，轻略于色，不贵之也。"参见（汉）班固撰，（唐）颜师古注《汉书》（第十册），北京：中华书局，1964 年，第 3180 页。
② （宋）黎靖德编，王星贤点校：《朱子语类》（第二册），北京：中华书局，1986 年，第 500 页。
③ 按：钱穆（1895—1990）曾提出朱熹"以义理定训诂，不以训诂定义理"的论断，参见钱穆《朱子新学案》（第四册），台北：三民书局，1989 年，第 298 页。关于朱熹的诠释学问题，亦可参见张汝伦《朱子的释义学》，见于洪汉鼎、傅永军主编《中国诠释学》（第三辑），济南：山东人民出版社，2006 年，第 226—236 页。

至于毛奇龄指责朱熹"添字解经",将"色"过度诠释为"好色之心",亦可追溯至《论语集解》。何晏引"孔安国"(生卒不详)注曰:"言以好色之心好贤则善。"①我们也注意到,在五位译者的译文中都出现了"mind"一词,想必亦与朱注"添字"有关,尽管马士曼的似乎是"贤贤之心"(an affectionate mind)。此外,在毛奇龄所谓的"易色"之二义方面,阿瑟·韦利的译本就很倾向于"改容而礼之"之义,他的译文为"Treats his betters as betters, Wears an air of respect"。②而埃兹拉·庞德(Ezra Pound,1885—1972)则更接近于"尊上贤人,轻略于色",其译文为"Gives weight to real worth and takes beauty lightly"。③

就笔者所知,毛奇龄的"改易颜色"之论,似乎出自皇侃。在《论语义疏》中,皇侃对"贤贤易色"给出了两种解释:

> 凡人之情,莫不好色而不好贤。今若有人能改易好色之心以好于贤,则此人便是贤于贤者,故云"贤贤易色"也。然云"贤于贤者",亦是奖劝之辞也。又一通云:"上'贤'字,犹尊重也;下'贤'字,谓贤人也。言若欲尊重此贤人,则当改易其平常之色,更起庄敬之容也。"④

可见,毛氏之第一说正与皇侃第二说相同,而朱熹则近于皇侃之第一说,且皇侃之第一说又应源于何晏所引之"孔注"。那么,无论如何,朱熹之说实有渊源,而毛奇龄"天下必无此文理"之言亦不免有"抑扬太过"之嫌。

---

① (魏)何晏等注,(宋)邢昺疏:《论语注疏》,见于《十三经注疏》(下册),北京:中华书局影印世界书局阮元校刻本,1980年,第2458页上栏。
② [英]阿瑟·韦利译:《论语》(Arthur Waley, trans., *The Analects of Confucius*, New York: Vintage Books, 1989, p.84)。
③ [美]埃兹拉·庞德译:《孔子:〈大学〉〈中庸〉和〈论语〉》(Ezra Pound, trans., *Confucius: The Great Digest, The Unwobbling Pivot, and The Analects*, New York: New Directions Publishing Corporation, 1969, p.196)。
④ (南朝梁)皇侃撰,高尚榘校点:《论语义疏》,北京:中华书局,2013年,第12页。

当然，除毛氏"易色"之二义外，亦有"第三义"存焉。清王念孙（1744—1832）《广雅疏证》曰："《论语》'贤贤易色'，易者，如也，犹言好德如好色也。"① 其一方面训"易"为"如"，另一方面亦取《论语·子罕》"吾未见好德如好色者也"而"以本经解本经"。② 辜鸿铭在其《论语》英译本中即以此义来翻译"贤贤易色"，其译文为"A man who can love worthiness in man as he loves beauty in woman"。③ 然而，诚如黔容在《"贤贤易色"再析疑》一文中所言，"易"固然可以被理解为"如"，但"色"如何一定是"好色"则缺乏合理的解释，④ 这一质疑确有道理。朱熹之说虽自成其理，且渊源有自，但其好将儒家思想套以"天理人欲"之别，也的确是其释经之一大弊病。

此外，清人陈祖范（1676—1754）在《经咫》中对"贤贤易色"又有一解，其曰：

> 窃谓此主夫妇一伦言。"贤贤"，如《关雎》之"窈窕淑女，君子好逑"，《车舝》之"辰彼硕女，令德来教"。"易色"，如所谓情欲之感，无介乎容仪，宴私之意，不形乎动静。在妇为嫁德不嫁容，在夫为好德非好色。造端夫妇，道理甚大。⑤

清宋翔凤在《论语说义》中亦主此说，其曰："三代之学，皆明人伦，'贤贤易色'，明夫妇之伦也。"⑥ 刘宝楠《论语正义》释"贤贤易色"亦曰：

---

① （清）王念孙：《广雅疏证》卷第五上，清嘉庆元年刻本，第 9 页 b。
② （魏）何晏等注，（宋）邢昺疏：《论语注疏》，见于《十三经注疏》（下册），北京：中华书局影印世界书局阮元校刻本，1980 年，第 2491 页上栏。
③ 辜鸿铭译：《论语：新颖而别致的译本，以引用歌德和其他作家来进行阐释》（Ku Hung-ming, trans., *The Discourses and Sayings of Confucius: A New Special Translation, Illustrated with Quotations from Goethe and Other Writers*, Shanghai: Kelly and Walsh, 1898, p.3）。
④ 黔容：《"贤贤易色"再析疑》，《孔子研究》1992 年第 1 期，第 115 页。
⑤ （清）陈祖范：《陈司业遗书·经咫》，清光绪十七年广雅书局校刊本，第 35 页 a。
⑥ （清）宋翔凤：《论语说义》一，清光绪十四年南菁书院刻《皇清经解续编》本，第 4 页 b。

"夫妇为人伦之始，故此文叙于事父母、事君之前。"①黄继忠在其《论语》英译本的正文中将"贤贤易色"译为"He who loves worthy men instead of beautiful women"，但在注释中又将其译为"He who, in choosing a wife, values her virtue more than her beauty"。②这后一译文即是源于陈祖范等人之说，此说亦被杨伯峻在《论语译注》中所承袭，杨氏之书又为西蒙·莱斯《论语》英译本的主要参考书目。③因此，西蒙·莱斯在其译本中指出，如果杨伯峻的解释正确，那么"贤贤易色"应该被译为"a man who values the virtue (of his wife) rather than her bearty"。④不过，其在正文中的译文则与庞德类似，更接近于"轻略于色"之义，即"A man who values virtue more than good looks"。⑤总之，中国传统注疏对"贤贤易色"的诸种解释，在《论语》英译本中几乎都得到了不同程度的体现，这是颇值一提的现象。

那么，让我们再次回到《论语》的传统注疏中来，若依陈祖范等人之说，此章为"人伦"者四：即"夫妇"、"父子"、"君臣"和"朋友"。其实，朱熹也认为"四者皆人伦之大"，但他并未明确将"贤贤易色"归于"夫妇"一伦，且"贤人之贤"的"人"似乎是泛指"他人"而不是"妻子"。但朱熹却引游酢之语曰："三代之学，皆所以明人伦也。能是四者，则于人伦厚矣。"其后，又引吴棫（1100—1154）"废学"之论则更显支离难通，⑥此"四者"就是"为学之本"（the substance of learning）（J.L.:140），是儒家之学的基础和重要组成部分。上章中孔子言"行有余力，则以学文"，即是表明"学"以"孝弟"文本，"文"只是其"末"，

---

①　（清）刘宝楠：《论语正义》一，清光绪十四年南菁书院刻《皇清经解续编》本，第13页a。

②　[美] 黄继忠译：《论语》（Chichung Huang, trans., *The Analects of Confucius: A Literal Translation with an Introduction and Notes*, Oxford: Oxford University Press, 1997, p.48）。

③　[澳] 西蒙·莱斯著：《前言》，见于 [澳] 西蒙·莱斯译《论语》（Simon Leys, "Foreword," in Simon Leys, trans., *The Analects of Confucius*, New York: W.W. Norton, 1997, p.xiii）。

④　[澳] 西蒙·莱斯译：《论语》（Simon Leys, trans., *The Analects of Confucius*, New York: W.W. Norton, 1997, pp.109–110）。

⑤　同上书，第4页。

⑥　按：当然，朱熹集注《论语》，恐并非一定要贯通为一，其亦有荟聚众说之义。

"子夏"之语正与之相呼应，何来"废学"之义？此章亦是表明儒家之学重在"实行"，"客观见闻"必以"厚人伦"为"本"。张栻在《癸巳论语解》中即曰："子夏之意，非谓能如是则不待夫学也。盖以所贵乎学者，在此而不在彼，欲使学者务其本也。"① 程朱一派之宋儒好臧否孔门弟子，此其治学之又一弊也。

第二节 《论语·学而》第八章

第八章 / 一节·子曰："君子不重则不威，学则不固。

J. L. VIII.1. The Master said, 'If the scholar be not grave, he will not call forth any veneration, and his learning will not be solid.

J. M. VIII.1. Chee says, an honorable man, without dignity of conduct, can obtain no respect. His learning cannot remain stable.

D. C. VIII.1. Confucius says, if the superior man be not grave in his conduct, he will not be respected, nor will his learning be solid.

W. J. VIII.1. Sayings of the Master: —②

（1）'If the great man be not grave, he will not be revered, neither can his learning be solid.③

W. S. VIII.1. The Master said:④ "A Scholar⑤ who is not grave will not inspire respect, and his learning will therefore lack stability.

朱注：重，厚重。威，威严。固，坚固也。轻乎外者，必不能坚乎

---

① （宋）张栻:《癸巳论语解》（第一册），见于王云五主编《丛书集成初编》，上海：商务印书馆据学津讨原本排印，1937年，第3页。

② 按：此句为詹宁斯所增。

③ 按：文中的序号"（I）"在［英］詹宁斯《论语》"东方文学本"（p.8）和"流行经典本"（p.9）中均被删除，本章其他各节的序号也同样被删除。

④ 按：此处的"冒号"在［英］苏慧廉《论语》"初版本"（p.129）中为"分号"，据"世经本"改正。

⑤ 按："Scholar"在［英］苏慧廉《论语》"世经本"（p.4）作"scholar"。

内，故不厚重则无威严，而所学亦不坚固也。（第 50 页）

21. 释"固"

从译文可知，高大卫、理雅各和詹宁斯都将"固"译为"solid"，而马士曼与苏慧廉则分别译作"stable"和"stability"。可见，五位译者在"固"的翻译上亦全部依从朱注。马士曼在注释中指出："固（*Koo*），即'firm'；有时可以表示'因此'（therefore），也有'邪恶'（evil）、'愚蠢'（silly）的意思。"（J. M.: 34）理雅各在该章注释中提到："汉（公元前 2 世纪）孔安国认为'固'为'蔽'（obscured, dulled）之义，（'学则不固'）① 可解作——'Let him learn, and he will not fall into error'。而如译文中所示，这一普遍接受的解释（即朱注）② 则更为合适。"（J. L.: 141）

由此亦可推知，理雅各所据之"孔安国"注应出于《论语注疏》，其原文为："孔曰：固，蔽也。一曰：言人不能敦重，既无威严，学又不能坚固识其义理。"③ 焦循《论语补疏》曰：

> 此注"固"有二义：一为"蔽"；一为"坚"。"蔽"之义为"闇"，《曲礼》："辍朝而顾，君子谓之固。"郑氏注曰："固，谓不达于礼。"不达于礼是为蔽塞不通，此"固"所以为"蔽"也。不学故不达于礼，学则达于礼。不固者，达于礼也。"一曰"者，别为一说。不固，为学不坚固。④

因此，马士曼认为"固"还有"evil""silly"的意义，可能与"孔注"训"固"为"蔽"有关。

苏慧廉在注释中亦将"固"解释为"坚固"，即"Firm, stable"。另

---

① 按：括号里的字为笔者所加。
② 按：括号里的字为笔者所加。
③ （魏）何晏等注，（宋）邢昺疏：《论语注疏》，见于《十三经注疏》（下册），北京：中华书局影印世界书局阮元校刻本，1980 年，第 2458 页上栏。
④ （清）焦循：《论语补疏》，清咸丰十一年《皇清经解》（卷一千一百六十四）补刊本，第 3 页 a。

外，他还翻译了朱熹"轻乎外者，必不能坚乎内"一语："A man with a light exterior cannot be stable within"。然而，令人不解的是，他随后似乎认为这一观念只有"一半的真理"（a half truth），并要为"两千年来学者们的弓背（round-shouldered）、固执（stolid）、古板（stodgy）负大部分责任"（W. S.: 128）。其实，这一"固执"而"古板"的观念本不值一驳，苏慧廉最多只见识过一些清代学者，其怎可能望见两千年来历代中国学者之项背？

校释者按

威妥玛在其译本中对"学则不固"的翻译为"though he be learned (or studious), he will be unstable, (his learning will not remain with, or profit, him)"。但在注释中，他也指出："孔安国（Kung An-kuo）将'固'解释为'蔽'（obscured）。这使得我们要将此段译为'If he be learned, or, by learning, he will enlighten himself'。这不如另一位注者朱熹（Chu Hi）的解释好。"①

西蒙·莱斯在其译本的正文中将"学则不固"译为"his learning will remain shallow"，②而在注释中他又给出了进一步的解释：

> "学则不固"的字面义为"his learning will not be solid"。其可能有两种不同的解释："if he studies, he will not remain inflexible"，或者"if he studies, he will not remain uncouth"。这完全取决于我们接受"固"的哪一种意义：其三个义项（solid、inflexible、uncouth）都可以在《论语》的不同段落中被找到。③

---

① ［英］威妥玛译：《论语：被西方世界作为 Confucius 而知晓的孔子的言论》（Thomas Francis Wade, trans., *The Lun Yü: Being Utterances of Kung Tzǔ, Known to the Western World as Confucius*, Hertford: Stephen Austin, 1869, p.3）。

② ［澳］西蒙·莱斯译：《论语》（Simon Leys, trans., *The Analects of Confucius*, New York: W.W. Norton, 1997, p.4）。

③ 同上书，第 110 页。

其将"固"译为"uncouth",即"无礼的",似应间接源于郑玄"不达于礼"的注释。而"inflexible"(固陋)则很可能出自钱穆(1895—1990)的《论语新解》,此书也是西蒙·莱斯译本的主要参考书目。① 钱穆在该书中指出:"学则不固:此句有两解。一,固者坚固义,人不厚重,则所学不能固守勿失,承上文言。一,固者固陋义,人能向学,斯不固陋,四字自成一句。今按:本章五句分指五事,似当从后解。若依前解,当云学而不固,或虽学不固,始是。"②

美国汉学家、中日文学翻译家华兹生(Burton Watson,1925—2017),在其译本中则直接按照"孔注"来翻译"学则不固",其译文为"If he studies he will avoid narrow-minded"。③ 可见,若依朱注,则"学"为"所学之物",所以大都被译为"learning";而若依"孔注",则"学"为动词,有似于"学而时习"之"学",因此华兹生将其译为"studies"。同样,我们也可以看到,黄继忠在正文中以"孔注"为是,"学"被译为"learns",全句为"If he learns, he will not be benighted";而在注释中他又提到"另一种读法"(A variant reading),其实即是"朱注",因此"学"被译为"what he learns",全句则为"and what he learns will not be solid"。④ 而两种训释所衍生的"句法关系"也值得我们注意:"固"若训为"蔽",则"学则不固"与前面的"不重则不威"是一种"并列关系"(即钱穆所言"五句分指五事");若训为"坚",则两句之间遂变为"递进关系"或"因果关系"(即钱穆所言"承上文言")。

此外,本节还涉及"君子"的翻译,理雅各和苏慧廉都将其译为"scholar"。苏慧廉认为此处的"君子"为"学德行的人"(W. S.:

---

① 参见[澳]西蒙·莱斯《前言》,见于[澳]西蒙·莱斯译《论语》(Simon Leys, "Foreword," in Simon Leys, trans., *The Analects of Confucius*, New York: W.W. Norton, 1997, p.xiii)。

② 钱穆:《论语新解》,见于《钱宾四先生全集》(第三册),台北:联经出版事业公司,1998年,第14—15页。

③ [美]华兹生译:《论语》(Burton Watson, trans., *The Analects of Confucius*, New York: Columbia University Press, 2007, p.17)。

④ [美]黄继忠译:《论语》(Chichung Huang, trans., *The Analects of Confucius: A Literal Translation with an Introduction and Notes*, Oxford: Oxford University Press, 1997, pp.48–49)。

128），而理雅各亦认为："此处之君子，其意义最轻，可相当于'学生'（student），一个希望成为君子之人。"（J. L.: 141）二人此处对"君子"的理解，很可能源于《四书朱子本义汇参》，其引《朱子语类》曰："既曰君子，何以不重不威？此是大概说君子之道如此。"① 然而，清宦懋庸（1842—1892）在《论语稽》中则认为此处的"君子"应为"在位之人"：

> 如训成德之君子，则其德已成，于下文各节戒勉语气不合。如谓君子之自修当如此，则君子下宜加"之道"二字。如谓指一君子于此以示学者，则君子下宜加"者"字。今日讲章家解之以为指初学者，则孔子于初学者即称之曰君子，恐无此理。……春秋之时，世禄世官，或轻浮，或鄙陋，或诈伪，或狎暗小人，或怙恶饰非，皆列国卿大夫之通病。孔子以此戒勉之，较为合理。②

宦氏于此处之"君子"的分析有些过于繁琐，但其认为这一"君子"为"在位者"之论可备一说。

而更为重要的是，将此处的"君子"理解为"在位之人"或"希望成为君子之人"及"学德行的人"，这实际上构成了理解本章的"先入之见"，其所影响的不仅是"君子"一词本身的含义，而且还会涉及对整个章旨及其他小节的理解与解释。如理雅各将本章概括为"自修的原则"（Principles of self-cultivation），（J. L.: 141）苏慧廉亦为"君子之道"（Fundamental principles for the scholar）（W. S.: 128），这均与二人对此处"君子"内涵的理解有关。颇为有趣的是，前引宦懋庸反驳此处"君子"为"有德之人"或"学德之人"的话语，恰好可以用来解释理雅各、苏慧廉对此章主旨的理解。

---

① （清）王步青：《四书朱子本义汇参·论语》卷一，清乾隆十年敦复堂刻本，第26页 b。
② （清）宦懋庸：《论语稽》卷一，民国二年维新印书馆刊印，第6页 b。

第八章 / 二节·主忠信。

J. L. VIII.2.	'Hold faithfulness and sincerity as first principles.
J. M. VIII.2.	Set the highest value on faithfulness and sincerity.
D. C. VIII.2.	Be ruled by fidelity and sincerity.
W. J. VIII.2.	（2）'Give prominent place to loyalty and sincerity.
W. S. VIII.2.	His chief principles should be conscientiousness and sincerity.

朱注：人不忠信，则事皆无实，为恶则易，为善则难，故学者必以是
为主焉。程子曰："人道惟在忠信，不诚则无物，且出入无时，
莫知其乡者，人心也。若无忠信，岂复有物乎？"（第 50 页）

22. 释"主"

在注释中，理雅各将"主"解释为"to hold to be chief"，并认为
这是其通常的用法（J. M.: 141）。在其之前的马士曼将"主"解释为
"principal"、"chief"、"lord"以及"to value as chief"等意义（J. M.:
35），而其后的苏慧廉则解释为"His ruling principles"（W. S.: 130）。

在中国传统注疏中，此节之"主"字通常有两解：其一，何晏引郑玄
曰："主，亲也。"① 其二，皇侃疏曰："言君子既须威重，又忠信为心，百行
之主也。"② 刘宝楠《论语正义》主要从语义是否重复的角度遵皇疏而不取
郑注，其曰："'主'训'亲'者，引申之义。注：意谓人当亲近有德，所
谓胜己者也。然下文复言'无友不如己'，于意似重，或未必然。皇疏云
以忠信为百行所主，是言忠信在己不在人，其义较长。"③ 然而，焦循却认
为："亲忠信之人，无友不如己之人，两相呼应。皇侃解作'忠信为心，

---

① （魏）何晏等注，（宋）邢昺疏：《论语注疏》，见于《十三经注疏》（下册），北京：中
华书局影印世界书局阮元校刻本，1980 年，第 2458 页上栏。
② （南朝梁）皇侃撰，高尚榘校点：《论语义疏》，北京：中华书局，2013 年，第 13 页。
③ （清）刘宝楠：《论语正义》一，清光绪十四年南菁书院刻《皇清经解续编》本，第
15 页 a。

百行之主'，殊失郑义。"① 可见，焦循亦从"两相呼应"的角度遵郑注而舍皇疏。不过，有一点是很清楚的，朱熹"以是为主"之义实从皇疏，而五位译者之译文虽略有出入，亦悉以朱注为是。

校释者按

除以上二义之外，清俞樾（1821—1907）在《群经平议》中又将"主"与"友"相对，指的是"寄住在忠信之人的家中"。其曰：

> 《大戴记·曾子制言篇》曰："曾子门弟子或将之晋，曰：'吾无知焉。'曾子曰：'何必然，往矣。有知焉，谓之友；无知焉，谓之主。'"此文"主"字义与彼同，言所主者必忠信之人，所友者无不若己之人。孔子主颜雠由、主司城贞子，即是"主忠信"之谓。②

俞樾所言"所主者必忠信之人"在《孟子·万章上》中确有明辨：

> 万章问曰："或谓'孔子于卫主痈疽，于齐主侍人瘠环'，有诸乎？"孟子曰："否，不然也，好事者为之也。于卫，主颜雠由。弥子之妻与子路之妻，兄弟也。弥子谓子路曰：'孔子主我，卫卿可得也。'子路以告，孔子曰：'有命。'孔子进以礼，退以义，得之不得曰：'有命'。而主痈疽与侍人瘠环，是无义无命也。孔子不悦于鲁卫，遭宋桓司马，将要而杀之，微服而过宋。是时孔子当厄，主司城贞子，为陈侯周臣。吾闻观近臣，以其所为主；观远臣，以其所主。若孔子主痈疽与侍人瘠环，何以为孔子？"③

---

① （清）焦循：《论语补疏》，清咸丰十一年《皇清经解》（卷一千一百六十四）补刊本，第3页b。

② （清）俞樾：《群经平议》三十《论语》一，清光绪十四年南菁书院刻《皇清经解续编》本，第2页a。

③ （汉）赵岐注，（宋）孙奭疏：《孟子注疏》，见于《十三经注疏》（下册），北京：中华书局影印世界书局阮元校刻本，1980年，第2739页上栏。

如俞樾所言，"主"确实有上述内涵，但是若将"主忠信"较为具体地解释为"寄住在忠信之人的家中"，则似乎与"不威不重""过，则勿惮改"等格言性、劝勉性的表述不相一致。此外，从俞樾对"主忠信"的解释来看，他似乎不会同意宦懋庸在上节中对"君子"为"在位之人"的解释。从其所引《大戴记·曾子制言篇》可知，俞樾大概更倾向于将"君子"理解为一般的"学者"或以"君子"为目标的"学者"。

第八章 / 三节·无友不如己者。

J. L. VIII.3. 　　**'Have no friends not equal to yourself.**

J. M. VIII.3.　　Have no friend unlilk yourself.

D. C. VIII.3.　　Have not a friend inferior to yourself.

W. J. VIII.3.　　（3）'Have no associates (in study) who are not (advanced) somewhat like yourself.[①]

W. S. VIII.3.　　Let him have no friends unequal to himself.

朱注：无、毋通，禁止辞也。友所以辅仁，不如己，则无益而有损。

　　（第 50 页）

23. 释"不如己"

以上五位译者在翻译"如"或"不如"时，主要使用了"(un)equal""(un)like""inferior"等词。理雅各对此节的解释为："对于中国的道德家而言，友谊的对象可以增进一个人的知识和德性——因此，这似乎是但实际上并不是一个自私的箴言。"（J. M.: 141）苏慧廉将"如"理解为"相像"，并认为"无友不如己者"即"No friends not as self, i.e. not as good as oneself"（W. S.: 130）。

实际上，朱熹在注释中并未对"不如己"的具体内涵做出解释，但在"总注"中所引游酢之语似乎亦认为"无友不如己者"即是以"胜己者"

---

① 　按：文中的两处"括号"在［英］詹宁斯《论语》"东方文学本"（p.8）和"流行经典本"（p.9）中均被删除。

为友。然而，清人黄式三（1789—1862）在《论语后案》中却对此提出了异议：

> 不如己者，不类乎己，所谓"道不同，不相为谋"也。陆子静曰："人之技能有优劣，德器有大小，不必齐也。至于趋向之大端，则不可以有二，同此则是，异此则非。"陆说是也。依旧注，承"主忠信"反言之，不如己谓不忠不信而违于道者也，义亦通。"总注"游氏说以不如己为不及己。信如是计较优劣，既无问寡问不能之虚衷，复乏善与人同之大度，且己劣视人，人亦劣视己，安得优于己者而友之乎？朱子弥缝游说甚费辞。①

若依黄氏之说，以"类"释"如"，"不如"即"不类"，那么马士曼所用的"unlike"和詹宁斯所用的"like"则与之较为接近。而高大卫以"inferior"译"不如"，明显与朱注或游氏之说相符。从两人的注释来看，理雅各的"equal"更倾向于朱注，苏慧廉的"unequal"则较近于黄式三。

校释者按

其实，在《论语义疏》中皇侃已经对"无友不如己者"的意义进行了多种解释，其曰：

> 又明凡结交取友，必令胜己，胜己，则己有日所益之义；不得友不如己，友不如己，则己有日损，故云"无友不如己者"。或问曰："若人皆慕胜己为友，则胜己者岂友我耶？"或通云："择友必以忠信者为主，不取忠信不如己者耳，不论余才也。"或通云："敌则为友，不取不敌者也。"蔡谟云："本言同志为友。此章所言，谓慕其志而思与之同，不谓自然同也。"……然则求友之道，固当见贤思齐，同志

---

① （清）黄式三：《论语后案·学而》一，见于《儆居遗书》，光绪九年浙江书局刻本，第19页 b—20页 a。

于胜己，所以进德修业，成天下之亹亹也。今言敌则为友，此直自论才同德等而相亲友耳，非夫子劝教之本旨也。若如所云，则直谅多闻之益，便辟善柔之诫，奚所施也？①

皇侃首先将"无友不如己者"解释为只结交"胜己者"，然而他也看到了此说之难以实现。因此，又引入两说：一为承前所述，即无友"忠信"不如己者，此说盖黄式三所言之"旧注"；二为可以相"匹敌者"才能为友，即"才同德等而相亲友"。最后，复引蔡谟（281—356）之语以便取舍调和诸说，实即摒弃"敌则为友"之狭论，而阐之以"志同道合""见贤思齐"之义，黄氏训"如"为"类"或于此有所取焉。

《说文解字》曰："如，从随也。从女、从口。（徐锴曰：女子从父之教，从夫之命，故从口。会意。）"② 段注曰："从随即随从也。随从必以口。从女者，女子从人者也，幼从父兄，嫁从夫，夫死从子。故《白虎通》曰：'女者，如也。'引伸之，凡相似曰如，凡有所往曰如，皆从随之引伸也。"③ 值得注意的是，马士曼在"汉字附注"中对"如"（Gnee）的解释已经注意到了其构字的特点，他首先认为"如"即"as""with"，是一个多义字（variable character），但原则上作为连词来使用。进而指出"如"的右边是"口"字，左边是"女"字，"女"是其主干（J. M.: 36-37）。可惜的是，马士曼并未将"如"字的构成与其在文中的意义进行合理的阐释。不过，从《说文解字》及段注可知，黄式三训"如"为"类"确有其根据；而无论从本义还是引申义，以"胜己"释"不如己"，其义确实较为"狭隘"。

---

① （南朝梁）皇侃撰，高尚榘校点：《论语义疏》，北京：中华书局，2013年，第13—14页。

② （汉）许慎：《说文解字》，北京：中华书局影印清同治十二年陈昌治刻本，1978年，第262页。

③ （汉）许慎撰，（清）段玉裁注：《说文解字注》，上海：上海古籍出版社影印经韵楼藏版，1981年，第620页。

第八章 / 四节·过，则勿惮改。"

J. L. VIII.4. **'When you have faults, do not fear to abandon them.'**

J. M. VIII.4.　Transgressing, you should not fear to return.

D. C. VIII.4.　If you err, fear not to reform.

W. J. VIII.4.　（4）'When you have erred, be not afraid to correct yourself.'

W. S. VIII.4.　And when in the wrong let him not hesitate to amend."

朱注：勿，亦禁止之辞。惮，畏难也。自治不勇，则恶日长，故有过则当速改，不可畏难而苟安也。程子曰："学问之道无他也，知其不善，则速改以从善而已。"

程子曰："君子自修之道当如是也。"游氏曰："君子之道，以威重为质，而学以成之。学之道，必以忠信为主，而以胜己者辅之。然或吝于改过，则终无以入德，而贤者亦未必乐告以善道，故以过勿惮改终焉。"（第50页）

24. 释 "惮"

朱熹将 "惮" 解释为 "畏难也"，其与《说文解字》之 "忌难也" 基本一致。①马士曼、高大卫和理雅各均以 "fear" 来译 "惮" 字，但三人并未做出进一步的解释。詹宁斯采用了 "afraid"，其与上述三人亦无太大差别。只有苏慧廉以 "hesitate" 译 "惮" 字稍显特别，其在注释中指出 "惮" 为 "怕烦难"，并将朱注的 "畏难" 译为 "Dread the difficulty"。进而，苏慧廉还翻译了程子之语，其将 "学问之道无他也，知其不善，则速改以从善而已"，译为 "The course of learning has no other object whatever（而已）than to recognise one's faults and straightway reform, in order to follow what is good"（W. S.: 130）。其中 "速改" 之 "速"，似

———————

①　参见（汉）许慎《说文解字》，北京：中华书局影印清同治十二年陈昌治刻本，1978年，第223页。

乎正与"hesitate"相对，《牛津英语大词典》中，"hesitate"亦有"to find difficulty in deciding"（难以决定）的义项。①此外，朱注"自治不勇"的"不勇"也有"踌躇""犹豫"之义，这也可能会影响到苏慧廉对"hesitate"的使用。

校释者按

如前所述，苏慧廉的译本中择要列举了之前一些《论语》译本的译文。其中辜鸿铭的相关译文中也是以"hesitate"来翻译"惮"字，其将"过，则勿惮改"译为"When you have bad habits do not hesitate to change them"。②在其后的译本中，亦不乏以"hesitate"译"惮"之例，如庞德的译文为"Don't hesitate to correct errors"，③安乐哲、罗思文的译文为"do not hesitate to mend your ways"。④此外，在此句的翻译上，牛津大学汉学教授杜胜（Raymond Dawson，1923—2002）的译文也值得一提，其为"he should not shrink from correcting it"。⑤"shrink from"有"退避""畏缩"之义，其与"hesitate"亦较为接近。

---

① [英]约翰·辛普森、埃德蒙·韦纳编:《牛津英语大词典》(J. A. Simpson and E. S. C. Weiner, eds., *The Oxford English Dictionary*, vol.VII, Oxford: Clarendon Press, 1989, p.178)。

② 辜鸿铭译:《论语：新颖而别致的译本，以引用歌德和其他作家来进行阐释》(Ku Hung-ming, trans., *The Discourses and Sayings of Confucius: A New Special Translation, Illustrated with Quotations from Goethe and Other Writers*, Shanghai: Kelly and Walsh, 1898, p.3)。

③ [美]埃兹拉·庞德译:《孔子:〈大学〉〈中庸〉和〈论语〉》(Ezra Pound, trans., *Confucius: The Great Digest, The Unwobbling Pivot, and The Analects*, New York: New Directions Publishing Corporation, 1969, p.196)。

④ [美]安乐哲、罗思文译:《论语：一种哲学化的翻译》(Roger T. Ames and Henry Rosemont, Jr., trans., *The Analects of Confucius: A Philosophical Translation*, New York: Ballantine Books, 1999, p.73)。

⑤ [英]杜胜译:《论语》(Raymond Dawson, trans., *The Analects*, Oxford: Oxford University Press, 2008, p.4)。

第三节 《论语·学而》第九至十一章

第九章·曾子曰："慎终追远，民德归厚矣。"

J. L. IX.　**The philosopher Tsăng said, 'Let there be a careful attention *to perform the funeral rites*① to parents (*to perform the funeral rites to parents* when dead),② and let them be followed when long gone *with the ceremonies of sacrifice*; —then the virtue of the people will resume its proper excellence.'**

J. M. IX.　Chung-chee says, carefully honor the deceased; imitate the ancients; the virtuous attachment of the people will then be great.

D. C. IX.　Tsăng Tsze said, be careful to perform aright the funeral rites of parents (or deceased relatives,) and offer sacrifice to distant ancestors, then the people will return to substantial virtue.

W. J. IX.　A saying of the Scholar Tsăng: —

'The virtue of the people is renewed and enriched when attention is (seen to be) paid to the departed, and the remembrance of distant ancestors kept and cherished.' ③

W. S. IX.　The philosopher Tsêng said:④ "Solicitude on the decease of parents, and the pursuit of them (this)⑤ for long after, would

---

① 按：如前所述，理雅各译文中的"斜体"表示原文中阙如但有必要补充的文字，其与《圣经》翻译的原则相同。

② 按：括号里的字为[英]理雅各《中国经典》第一卷"现代本"（p.119）中的"异文"。

③ 按：文中的"括号"在[英]詹宁斯《论语》"东方文学本"（p.8）和"流行经典本"（p.9）中被删除。

④ 按：此处的"冒号"在[英]苏慧廉《论语》"初版本"（p.131）中为"分号"，据"世经本"（p.4）改正。

⑤ 按：括号里的字为[英]苏慧廉《论语》"世经本"（p.4）中的"异文"。

cause an abundant restoration of the people's morals."

朱注：慎终者，丧尽其礼。追远者，祭尽其诚。民德归厚，谓下民化
　　　之，其德亦归于厚。盖终者，人之所易忽也，而能谨之；远
　　　者，人之所易忘也，而能追之：厚之道也。故以此自为，则己
　　　之德厚，下民化之，则其德亦归于厚也。（第 50 页）

25. 释"慎终追远"

在《论语集注》中，朱熹并未给出"慎终追远"的具体所指，而刘宝
楠《论语正义》则有详注，其曰：

> 《尔雅·释诂》："慎，诚也。"《说文》："慎，谨也。"诚、谨义
> 同。《周官·疾医》"死终则各书其所以"，郑《注》："老死曰终。"
> 《礼记·檀弓》云："君子曰终，小人曰死。"此对文异称。《檀弓》又
> 云："曾子曰：'丧三日而殡，凡附于身者，必诚必信，勿之有悔焉
> 耳矣；三月而葬，凡附于棺者，必诚必信，勿之有悔焉耳矣。'"皆
> 是言"慎终"之事。"追远"者，《说文》："追，逐也。"《诗·鸳
> 鸯·笺》："远，犹久也。"并常训。言凡父祖已殁，虽久远，当时追
> 祭之也。《荀子·礼论》云："故有天下者事十世，有一国者事五世，
> 有五乘之地者事三世，有三乘之地者事二世。"又《周官·司尊彝》
> 言"四时间祀"有"追享"，郑康成《注》以为"祭迁庙之主"。则此
> 文"追远"不止以父母言矣。①

由此可见，"慎终"主要指的是对父母的丧礼要谨慎从事，而"追远"则
为追祭父母及先祖。

就上述意义而言，高大卫的翻译较为准确，他的译文为"be careful
to perform aright the funeral rites of parents (or deceased relatives,) and

---

① （清）刘宝楠：《论语正义》一，清光绪十四年南菁书院刻《皇清经解续编》本，第
15 页 a—b。

offer sacrifice to distant ancestors"。而马士曼在解释"终"时也指出，"终"泛指"已逝者"（deceased），但在此处特指"父母"（J. M.:39-40）。由于其秉承"直译"的原则，所以在译文中仍然使用"the deceased"。另外，马士曼将"远"译为"the ancients"，可见他对"慎终追远"的理解与高大卫略有不同。詹宁斯将"终"译为"the departed"，因为没有注释，所以具体所指我们无从得知。从译文而言，理雅各与苏慧廉都将"慎终"与"追远"的对象定为"父母"；就注释而论，理雅各将"终"和"远"都理解为普通意义上的"已逝者"（J. L.: 141），而苏慧廉则将"远"解释为"远代的祖宗"（W. S.: 132），不过他在译文中也并未做出这种区分。

校释者按

"世经本"中对苏慧廉译文的改动明显是一个错误，他将"the pursuit of them for long after"中的"them"改成了"this"。但是，"them"在原文中指代的是"parents"，若改作"this"则只能指代"the decease"，这样其"追思"的对象就成了"父母的去世"（the decease of parents）而不是"父母"，于义实在难通。而且，苏慧廉在注释中对朱注"追远者，祭尽其诚"的翻译为"Pursuing after them afar means sacrificing to them in all sincerity"（W. S.: 132），两个"them"明显指代的是"远代的祖宗"或"父母"。

威妥玛在其译本中将"慎终追远"译为"[If the ruler] be duly attentive to the obsequies [of his parents], and retrospectively [careful to perform the proper sacrifices] to remote [generations of ancestry]"。可见，威妥玛的翻译和理解与高大卫基本一致。而在"If the ruler"下的注释中，他又指出："我遵循注释者，但是 K. 并不将这一情况的实施限制在统治者。"① 如前所述，威妥玛的中国助手"K."以"汉学"见长，其见解多不同于以朱熹为

① ［英］威妥玛译：《论语：被西方世界作为 Confucius 而知晓的孔子的言论》（Thomas Francis Wade, trans., *The Lun Yü: Being Utterances of Kung Tzŭ, Known to the Western World as Confucius*, Hertford: Stephen Austin, 1869, p.3）。

代表的"宋学"一派。然而，特别有趣的是，K. 在此处并不同意汉"孔安国"的注释，因为正是"孔注"将"慎终追远"的实施者理解为"君主"，即"统治者"。①而苏慧廉在本章的注释中也曾提到，"慎终"的实施者通常被解释为"君主"（ the ruler ）（ W. S.: 132 ）。

不过，与威妥玛形成鲜明对比的是辜鸿铭的译文和注释，他将"慎终追远"译作"By cultivating respect for the dead, and carrying the memory back to the distant past"。②在"the distant past"后面，辜鸿铭也加了一个注释，只是其为拉丁语《旧约·诗篇》中的一句："cogitavi dies antiquos et annos æternos in mente habui（ 我追想古时之日，上古之年 ）。"③其实，这是一个很耐人寻味的现象，前述五位译者都怀有笃定的宗教信仰，但他们在翻译中国经典时，还是对中国传统注疏给予了相当的重视。威妥玛不是传教士身份，他的翻译与解释似乎也会更加自由。不过，由于其中国助手的原因，除了朱注之外，他也常常倚重汉魏古注。至于辜鸿铭的文化身份则较为复杂，其中中西文化因素的"纠缠不定"亦显而易见。至少于《论语》的翻译之中，辜鸿铭在很大程度上放弃了其所从出的传统诠释语境，而刻意与目的语的宗教、文学、哲学等文化元素相牵合。

下面，我们再来谈谈朱熹的注释，元胡炳文（1250—1333）《四书通·论语通》曰："古注云：'慎终者，丧尽其哀。追远者，祭尽其敬。'《集注》依伊川说以'礼'与'诚'易之，盖丧罕有不'哀'者，而未必皆尽'礼'，祭罕有不'敬'者，而未必皆尽'诚'，薄俗往往多如此

---

① 按："孔注"为"慎终者，丧尽其哀；追远者，祭尽其敬。君能行此二者，民化其德，皆归于厚也"。参见（魏）何晏等注、（宋）邢昺疏《论语注疏》，见于《十三经注疏》（下册），北京：中华书局影印世界书局阮元校刻本，1980年，第2458页中栏。

② 辜鸿铭译：《论语：新颖而别致的译本，以引用歌德和其他作家来进行阐释》（ Ku Hung-ming, trans., *The Discourses and Sayings of Confucius: A New Special Translation, Illustrated with Quotations from Goethe and Other Writers*, Shanghai: Kelly and Walsh, 1898, p.3 ）。

③ 同上。

按：从辜鸿铭所引拉丁语译文来看，此应为"武加大"（ Vulgate ）译本，但按照此译本辜氏所引之句的章节通常为"lxxvi.6."，而不是其所标注的"lxxvii.5."，后者实为英文《圣经》对此段的章节编号，如"新修订标准版"（ NRSV ）。当然，辜鸿铭使用的或许是"英拉对照版"，亦未可知。

也。"① 胡氏所说的"古注"即何晏所引"孔安国"之注，而依其所言，朱熹所换之字绝非只为"出新"以别古人，而是多方采撷、反复斟酌以达"移风易俗"之目的。

第十章／一节·子禽问于子贡曰："夫子至于是邦也，必闻其政，求之与？抑与之与？"

J. L. X.1.   Tsze-ch'in[②] asked Tsze-kung, saying, 'When our master[③] comes to any country, he does not fail to learn all about its government. Does he ask his information? or is it given to him?'

J. M. X.1.   Chee-khum enquiring of Chee-koong, says, The Master, arriving in this country, will hear of its affairs: Will he enquire (of the ruler) or the reverse?

D. C. X.1.   Tsze Kin asked Tsze Chung, saying, when our master comes to the province, he must hear what are its politics: will he himself ask the Prince, or will it be told him?

W. J. X.1.   Tsz-k'in put this query to (his fellow disciple) Tsz-kung: said he, 'When our Master comes to this or that State, he learns without fail how it is being governed. Does he investigate matters? or are the facts given him?' [④]

W. S. X.1.   Tzǔ Ch'in enquired (inquired) of Tzǔ Kung saying: "When the Master arrives at any State he always hears about its administration. Does he ask for his (this) information, or, is it

---

① （元）胡炳文：《四书通·论语通》卷一，清康熙十九年刻《通志堂经解》本，第12页a—b。

② 按："Tsze-ch'in"在［英］理雅各《中国经典》第一卷"初版本"（p.6）和"现代本"（p.119）中均作"Tsze-k'in"。

③ 按："master"在［英］理雅各《中国经典》第一卷"现代本"（p.119）中作"Master"。

④ 按：在［英］詹宁斯《论语》"东方文学本"（p.8）和"流行经典本"（p.10）中，"Tsz-k'in"作"Tsz-k'in"，且文中的"括号"被删除。

tendered to him?"①

朱注：之与之与，平声，下同。子禽，姓陈，名亢。子贡，姓端木，

　　　名赐。皆孔子弟子。或曰："亢，子贡弟子。"未知孰是。抑，

　　　反语辞。（第 51 页）

第十章 / 二节·子贡曰："夫子温、良、恭、俭、让以得之。夫子之求
　　　之也，其诸异乎人之求之与？"

J. L. X.2.　　**Tsze-kung said, 'Our master is benign, upright, courteous, temperate, and complaisant, and thus he gets his information. The master's mode of asking information!—is it not different from that of other men?'**

J. M. X.2.　　Chee-koong replied, the Master possesses meekness, wisdom, affability, equity and condescension; the Master's mode of enquiring is different from that of men.

D. C. X.2.　　Tsze Chung replied, our master is benign, upright, respectful, polite, and condecending;② by these he obtains information. His mode of enquiring differs from that of other men.

W. J. X.2.　　Tsz-kung answered, 'Our Master is a man of pleasant manners, and of probity, courteous, moderate, and unassuming: it is by his being such that he arrives at the facts. Is not his way of arriving at things different from that of others?'

W. S. X.2.　　"The Master," said Tzŭ Kung, "is benign, frank, courteous, temperate, deferential and thus obtains it. The Master's way of asking,—how different it is from that of others!"

朱注：温，和厚也。良，易直也。恭，庄敬也。俭，节制也。让，谦

---

① 按：括号里的字为 [英] 苏慧廉《论语》"世经本"（p.4–5）中的"异文"，"后引号"
据"世经本"补正。

② 按："condecending" 似为 "condescending" 之误。

逊也。五者，夫子之盛德光辉接于人者也。其诸，语辞也。人，他人也。言夫子未尝求之，但其德容如是，故时君敬信，自以其政就而问之耳，非若他人必求之而后得也。圣人过化存神之妙，未易窥测，然即此而观，则其德盛礼恭而不愿乎外，亦可见矣。学者所当潜心而勉学也。

谢氏曰："学者观于圣人威仪之间，亦可以进德矣。若子贡亦可谓善观圣人矣，亦可谓善言德行矣。今去圣人千五百年，以此五者想见其形容，尚能使人兴起，而况于亲炙之者乎？"张敬夫曰："夫子至是邦必闻其政，而未有能委国而授之以政者。盖见圣人之仪刑而乐告之者，秉彝好德之良心也，而私欲害之，是以终不能用耳。"（第51页）

26. 释"温""良""恭""俭""让"

本节涉及对五种德行的翻译与理解，为了便于对照和说明，现将《说文解字》、皇疏、[1]朱注[2]与五位译者的译文列表如下：

	温（媪）	良	恭	俭	让（攘）
许慎	仁	善	肃	约	推
皇疏	敦美润泽	行不犯物	和从不逆	去奢从约	推人后己
朱注	和厚	易直	庄敬	节制	谦逊
J. M.	meekness	wisdom	affability	equity	condescension
D. C.	benign	upright	respectful	polite	condecending
J. L.	benign	upright	courteous	temperate	complaisant
W. J.	pleasant	probity	courteous	moderate	unassuming
W. S.	benign	frank	courteous	temperate	deferential

---

① 参见（南朝梁）皇侃撰、高尚榘校点《论语义疏》，北京：中华书局，2013年，第15页。

② 按：朱熹对此"五德"的解释实出于程子，参见（宋）程颢、程颐《河南程氏经说》卷第六《论语解》，同治十年六安求我斋刊板，第2页a。

我们首先来看"温"字，在《说文解字》中"温"为"水名"，①而其对"昷"的解释则为："昷，仁也。从皿，以食囚也。"②段注曰："凡云温和、温柔、温暖者，皆当作此字。'温'行而'昷'废矣。"③《论语正义》曰："经典悉叚'温'为'昷'。《尔雅·释训》'温温，柔也'，《诗·燕燕·笺》'温，谓颜色和也'。下篇'子温而厉'，是'温'指貌言。"④不过，从"昷"的字形来看，许慎以"仁"训"昷"，应非其"本义"。然而，汉时"温""仁"连言可能较为常见，王筠《说文句读》在该字下曰："颜延年诗'温渥浃舆隶'，李《注》引《说文》'温，仁也'即此。《易林·坤之讼》'温仁受福'，《屯之家人》'温仁正直'，是知'温仁'者，汉之恒言。"⑤

《荀子·法行篇》载子贡问"玉"于孔子，孔子答曰："夫玉者，君子比德焉，温润而泽仁也。"⑥不知皇侃以"敦美润泽"释"温"是否有取于此，而朱熹以"和厚"释"温"则取其"温和""温厚"之义。因此，我们可以看到马士曼以"meekness"译"温"即有"温顺""柔和"之义，他在注释中又进一步将"温"（*Wun*）解释为"peaceful, meek, pleasant, humble"（J. M.: 45）。而高大卫、理雅各和苏慧廉均将"温"译为"benign"，这也是要体现其"温和""宽厚"的意义内涵。

《说文解字》训"良"为"善"，⑦而皇侃以"行不犯物"解之。毛奇龄《四书改错》曰："旧注'行不犯物谓之良'即'善'也，不知何据。又改作'易

　　① （汉）许慎：《说文解字》，北京：中华书局影印清同治十二年陈昌治刻本，1978年，第225页。

　　② 同上书，第104页。

　　③ （汉）许慎撰，（清）段玉裁注：《说文解字注》，上海：上海古籍出版社影印经韵楼藏版，1981年，第213页。

　　④ （清）刘宝楠：《论语正义》一，清光绪十四年南菁书院刻《皇清经解续编》本，第16页b。

　　⑤ （清）王筠撰集：《说文句读》卷九（第二册），北京：中国书店影印1882年尊经书局刊本，1983年，第34页b。

　　⑥ （周）荀况撰，（唐）杨倞注，（清）卢文弨、谢墉校：《荀子》，见于《二十二子》，上海：上海古籍出版社缩印浙江书局光绪初年汇刻本，1986年，第359页下栏—360页上栏。

　　⑦ （汉）许慎：《说文解字》，北京：中华书局影印清同治十二年陈昌治刻本，1978年，第225页。

直'之解，考《说文》诸书有'贤良''精良''安良'诸释，而总是'善'义。"①可见，毛氏对皇疏和朱注都提出了异议。不过，清桂馥（1736—1805）在《札朴》中指出："皇侃疏'行不犯物谓之良'，馥案：《释名》'良，量也。量力而动，不敢越限也。'"②若按《释名》之解，"良"与"行不犯物"确有某种关联。

清常增（生卒不详）在《四书纬》中亦对朱注"良，易直也"有所批评，其曰：

> 《集注》："良，易直也。"案《乐记》"易直子谅之心"，朱子曰："'易直子谅之心'一句从来说得无理会，却因见《韩诗外传》'子谅'作'慈良'字，则无可疑矣。"故陈澔《集说》亦从朱子说读为"慈良"。《集注》训"良"为"易直"，当即本此。然"易直"与"慈良"似有别，析之则四：易自易、直自直、慈自慈、良自良；平易、正直、慈爱、良善也。对举亦二：易直自易直，慈良自慈良。如易直即良，《礼》岂重叠言之？案《汲冢周书·谥法解》云："温良好乐曰良。"孔晁《注》言："人行可好可乐也。"亦非取"易直"之训。③

然而，无论如何，选本的译者们对"良"的翻译却大都依从朱注。高大卫和理雅各都使用了"upright"，詹宁斯和苏慧廉则分别使用了"probity"和"frank"，而这三个词虽有一定差别，但都可以表达"正直"之义。只有马士曼将"良"（*Lyong*）译作"wisdom"，他在注释中又将其解释为"humble"、"prudent"和"wise"（J. M.: 46）。而最为有趣的是，马士曼对"良"的楷书进行了说解，认为"良"是在"艮"上加了一个"一"，而"艮"则表示"界限"（boundary）、"限制"（limit）（J. M.: 46）。不过，这一解释虽无视汉字演变的历史，却与《释名》中"良，量也。量力而动，不敢越限也"相近。而《康熙字典》中也确实引《释名》此语以释

---

① （清）毛奇龄：《四书改错》卷十五，清嘉庆十六年金孝柏学圃刻本，第21页a。
② （清）桂馥：《札朴》卷二《温经》，清嘉庆十八年李宏信小李山房刻本，第23页a—b。
③ （清）常增：《四书纬》卷三，清道光十六年刻本，第11页a—b。

"艮"字,① 且《释名》释"艮"字亦云:"艮,限也。"②

"恭"常与"敬"连用,朱熹亦以"庄敬"释"恭"。而皇侃则将"恭"解释为"和从不逆",这可能是为了强调其"恭顺"的内涵。《说文解字》则以"肃"释"恭",③ 段注则特别指出:"《论语》每'恭''敬'析言。如'居处恭,执事敬','貌思恭……事思敬'皆是。"④ 盖《论语》中的"恭"更强调平日出入应对的心态及面貌,而"敬"似乎更多的与处理"政事"相关。因此,子贡所言"五德"中并没有"敬",因为孔子当时并未"执事"而只能"闻政"。

理雅各、詹宁斯和苏慧廉均以"courteous"来释"恭","courteous"确有"谦恭"之义,而其首要的含义则为"拥有适合宫廷的礼仪"(Having such manners as befit the court of a prince)。⑤《论语》中亦有"恭近于礼,远耻辱也"⑥之语,是《论语》中的"恭"尚需"礼"来节之。马士曼采用了"affability"一词,该词主要为"和蔼"之义,其基本含义为"易于与之交谈"(readiness to converse or be addressed)。⑦ 因此,马士曼的翻译似乎更接近于皇疏"和从不逆"之训。高大卫对"恭"的翻译则明显遵于朱注,他使用的是"respectful",其所含"敬"义自不必多言。

下面,我们再来看"俭"字,《说文解字》曰:"俭,约也。"⑧ 段玉裁

---

① 参见(清)张玉书、陈廷敬等编撰《康熙字典》未集下《艮部》,康熙五十五年武英殿刻本,第 95 页 a。

② (汉)刘熙:《释名》卷第一《释天》,见于《四部丛刊初编·经部》,上海:商务印书馆影印江南图书馆藏明嘉靖翻宋本,1929 年,第 2 页 b。

③ 参见(汉)许慎《说文解字》,北京:中华书局影印清同治十二年陈昌治刻本,1978年,第 218 页。

④ (汉)许慎撰,(清)段玉裁注:《说文解字注》,上海:上海古籍出版社影印经韵楼藏版,1981 年,第 503 页。

⑤ [英]约翰·辛普森、埃德蒙·韦纳编:《牛津英语大词典》(J. A. Simpson and E. S. C. Weiner, eds., *The Oxford English Dictionary*, vol.III, Oxford: Clarendon Press, 1989, p.1060)。

⑥ (魏)何晏等注,(宋)邢昺疏:《论语注疏》,见于《十三经注疏》(下册),北京:中华书局影印世界书局阮元校刻本,1980 年,第 2458 页中栏至下栏。

⑦ [英]约翰·辛普森、埃德蒙·韦纳编:《牛津英语大词典》(J. A. Simpson and E. S. C. Weiner, eds., *The Oxford English Dictionary*, vol.I, Oxford: Clarendon Press, 1989, p.209)。

⑧ (汉)许慎:《说文解字》,北京:中华书局影印清同治十二年陈昌治刻本,1978 年,第 165 页。

注曰："约者，缠束也。俭者，不敢放侈之意。"① 皇侃将 "俭" 释为 "去奢从约"，也是从 "约" 取义，朱熹训为 "节制" 者亦然。理雅各与苏慧廉将 "俭" 译为 "temperate"，詹宁斯则译为 "moderate"，二者都有 "节制" 的含义。让人不大理解的是马士曼和高大卫的翻译，他们分别使用了 "equity"（公平、公正）和 "polite"（有礼貌的、文雅的）来译 "俭" 字。在注释中，马士曼已经将 "俭"（Kim）解释为 "self-restraint"（自我克制）和 "moderation"（节制），但在二者中间还是插入了 "equity" 并将其使用在译文之中（J. M.: 46）。高大卫的译文同样令人不解，由于他此处没有注释，我们无从得知他对 "俭" 的意义是如何理解的。

五种德行的最后一种为 "让"，《说文解字》曰："让，相责让。"② 然而，"责让" 是 "责备" 的意思，如汉刘歆（前 50?–23）的《移书让太常博士》，③ 其中的 "让" 即为 "责让"。不过，段玉裁注曰："让，相责让。经传多以为谦攘字。"④ 所以，若依段注，我们所说的 "谦让" 之 "让" 原应为 "攘" 字。《论语正义》亦曰："凡谦让、揖让字当作'攘'。今经典亦假'让'为'攘'。"⑤《说文解字》训 "攘" 为 "推"，⑥ 所以皇侃将 "让" 解释为 "推人后己"，朱子释为 "谦逊" 亦是从 "推让" 引申而来。

马士曼和高大卫将 "让" 译为 "condescension" 和 "condecending"，而后者似应为 "condescending" 之误，若如此则二词同源于 "condescend"，其为 "屈尊" "俯就" 之义。因此，"condescend" 似乎并不是一种发自内心的 "德行"，而只是出于礼貌的刻意行为。理雅各使用的是 "complaisant"，

① （汉）许慎撰，（清）段玉裁注：《说文解字注》，上海：上海古籍出版社影印经韵楼藏版，1981 年，第 376 页。

② （汉）许慎：《说文解字》，北京：中华书局影印清同治十二年陈昌治刻本，1978 年，第 56 页。

③ （汉）刘歆：《移书让太常博士》，见于（清）严可均校辑《全上古三代秦汉三国六朝文》（第一册），北京：中华书局影印清光绪年间王毓藻等校刻本，1958 年，第 348 页上栏。

④ （汉）许慎撰，（清）段玉裁注：《说文解字注》，上海：上海古籍出版社影印经韵楼藏版，1981 年，第 100 页。

⑤ （清）刘宝楠：《论语正义》一，清光绪十四年南菁书院刻《皇清经解续编》本，第 16 页 b。

⑥ （汉）许慎：《说文解字》，北京：中华书局影印清同治十二年陈昌治刻本，1978 年，第 251 页。

该词较为强调的是"恭敬""谦恭"之义，只是有时或略微带上一点儿贬义。詹宁斯以"unassuming"来译"让"字，该词较为合乎朱注"谦逊"之义。苏慧廉在注释中将"让"解释为"retiring"和"modest"（W. S.: 134），而在正文中使用的则是"deferential"，其主要意义为"恭敬的"。但是，我们不知道苏慧廉是不是想通过"deferential"中的"defer"（拖延、推迟）来传达"让"所含有的"推让"之义。《论语·雍也》载："子曰：'孟之反不伐，奔而殿，将入门，策其马，曰："非敢后也，马不进也。"'"此处的"不伐"即是"有军功而不夸伐"，"马不进"则是以行动相"推让"之举。[1]

校释者按

朱子以"过化存神"解此章，又复引谢良佐（1050—1103）"观仪进德"之说，似乎有过于"神化"孔子之嫌。刘宝楠《论语正义》中的解释则较为平易，其曰："《论衡·知实篇》引此文解之云：'温、良、恭、俭、让，尊行也。有尊行于人，人亲附之，则人告语之矣。'但其迹有似于求而得之，故子贡就其求之之言，以明其得闻之故。明夫子得闻政，是人君与之，非夫子求之矣。"[2]由于孔子是臣，所以无论是孔子求之于君，还是君与于孔子，他都必须去觐见人君。因此，就行迹而言，子禽无法分辨是"求"是"与"，故有此问。而子贡告之以夫子之"五德"，明其得以闻政之根源，此亦以夫子"务本"示子禽也。

此外，理雅各《中国经典》"现代本"中还辑录了子禽的一段轶事。从理雅各所列的参考书目来看，其很可能出自前文中已经提到的《四书备旨》，该书载曰：

> 亢，齐人，子车弟。陈子车死于卫，其妻与其家大夫谋以殉葬，定而后陈子亢至。以告曰："夫子疾，莫养于下，请以殉葬。"子亢

---

① 参见（魏）何晏等注，（宋）邢昺疏《论语注疏》，见于《十三经注疏》（下册），北京：中华书局影印世界书局阮元校刻本，1980年，第 2478 页下栏。

② （清）刘宝楠：《论语正义》一，清光绪十四年南菁书院刻《皇清经解续编》本，第16 页 b。

曰："以殉葬，非礼也。虽然，则彼疾当养者，孰若妻与宰？得已，则吾欲已；不得已，则吾欲以二子者之为之也。"于是弗果用。①

当然，此段记载实出于《礼记·檀弓下》。②

第十一章·子曰："父在，观其志；父没，观其行；三年无改于父之道，可谓孝矣。"

J. L. XI. **The Master said, 'While a man's father is alive, look at the bent of his will; when his father is dead, look at his conduct. If for three years he does not alter from the way of his father, he may be called filial.'**

J. M. XI.   Chee says, the father being alive, observe the desire of the son; the father being dead, observe his conduct: if in three years there be no deviation from his father's way, he may be termed a dutiful son.

D. C. XI.   Confucius says, while his father lives, observe the bent of his mind; when his father dies, look at his conduct. If for three years (after his father's death), he change not from the principles of his father, he may be called a filial son.

W. J. XI.   A saying of the Master: —

'He who, after three years' observation of the will of his father when alive, or of his past conduct if dead, does not deviate from that father's ways, is entitled to be called "a dutiful son."'

---

① （明）邓林，（清）邓煜编次，（清）祁文友重校，（清）杜定基增订：《四书备旨·上论》卷一，民国十年宝庆澹雅局刊本，第4页b—5页a。
② 参见（汉）郑玄注，（唐）孔颖达等正义《礼记正义》，见于《十三经注疏》（下册），北京：中华书局影印世界书局阮元校刻本，1980年，第1310页上栏。

W. S. XI.　　The Master said: "While a man's father lives mark his tendencies; when his father is dead mark his conduct. If for three years he does not change from his father's ways he may be called filial."①

朱注：行，去声。父在，子不得自专，而志则可知。父没，然后其行可见。故观此足以知其人之善恶，然又必能三年无改于父之道，乃见其孝，不然，则所行虽善，亦不得为孝矣。

尹氏曰："如其道，虽终身无改可也。如其非道，何待三年。然则三年无改者，孝子之心有所不忍故也。"游氏曰："三年无改，亦谓在所当改而可以未改者耳。"（第51页）

27. 释"观"

在"观"字的翻译上，马士曼、高大卫都使用了动词"observe"。理雅各和苏慧廉则分别以动词"look at"和"mark"来翻译。四位译者的"观"字均没有确定的主语，这一点与中国传统注疏也比较一致。《论语注疏》引"孔安国"曰："父在，子不得自专，故观其志而已。"②马士曼亦将"父在，观其志"译作"the father being alive, observe the desire of the son"。不过，在脚注中马士曼指出该句也可译作"while the father was alive he observed the desires of his son"（J. M.: 48）。这一译法实为"其父观儿之志"，"父"为"观"之主语。但不知其所据为何，也不知该如何处理"父没，观其行"中"观"的主语。当然，马士曼本人也意识到了这一译法的前后矛盾之处（J. M.: 48）。

朱熹《论语精义》所辑宋范祖禹（1041—1098）之《论语说》中有对此句的另一种解释，其曰："父在，观其志；则能先意承志，谕之以道。

---

　　①　按：［英］苏慧廉《论语》"世经本"（p.5）在"lives"和"dead"以及"ways"后均有"逗号"。

　　②　（魏）何晏等注，（宋）邢昺疏：《论语注疏》，见于《十三经注疏》（下册），北京：中华书局影印世界书局阮元校刻本，1980年，第2458页中栏。

父没，观其行；则能继志述事，显扬其美。"①《礼记·祭义》载曰："君子之所为孝者，先意承志，谕父母于道。"②孔颖达等正义曰："'先意'，谓父母将欲发意，孝子则预前逆知父母之意而为之，是先意也。'承志'，谓父母已有志，己当承奉而行之。'谕父母于道'者，或在父母意前，或在父母意后，皆晓谕父母，将归于正道也。"③这一解释实际上是"子观其父之志与行"，而马士曼在脚注中的"父观子之志"则与其正好相反。

由此，詹宁斯的翻译引起了我们的关注，他将"观其志"译为"observation of the will of his father"，"观其行"为省略形式，若补充完整应为"(observation) of his (father's) past conduct"。从表面上看，詹宁斯的翻译正与范祖禹之论相同。但细而察之，詹宁斯似乎巧妙地利用了"observation"的两个主要义项，即"观察"与"遵守"。所以，就整段的译文而言，其更为强调的应该是"遵其父之志与行"。尤其是詹宁斯在"observation of the will of his father when alive"之前加以"three years'"，其很难被理解为"父在，三年观父之志"。而范祖禹所谓"先意承志""继志述事"之中亦隐约含有"遵循"之义。只是，在笔者所见有关《论语》的注疏中，还未有将"三年"附于"观其志"的释例。

不过，将"观志观行"理解为"观父之志、观父之行"的英译本亦不乏其例。现将威妥玛、辜鸿铭、赖发洛、庞德和黄继忠的译文列举于下：

> While your father is alive, consider his intention (his aims, his policy); when he is no more, consider his actions.④
>
> When a man's father is living the son should have regard to

---

① （宋）朱熹：《论语精义》卷一上，见于《朱子遗书》（十三），清康熙中御儿吕氏宝诰堂重刊白鹿洞原本，第 23 页 b。

② （汉）郑玄注，（唐）孔颖达等正义：《礼记正义》，见于《十三经注疏》（下册），北京：中华书局影印世界书局阮元校刻本，1980 年，第 1598 页中栏。

③ 同上书，第 1599 页上栏。

④ ［英］威妥玛译：《论语：被西方世界作为 Confucius 而知晓的孔子的言论》（Thomas Francis Wade, trans., *The Lun Yü: Being Utterances of Kung Tzǔ, Known to the Western World as Confucius*, Hertford: Stephen Austin, 1869, p.4.）。

what his father would have him do; when the father is dead, to what his father has done.①

As long as his father lives, a son should study his wishes; after he is dead, he should study his life.②

During a father's life time, do what he wants; after his death, do as he did.③

When his father was alive, he observed his aspirations; when his father died, he observed his deeds.④

上述五位译者虽然对"观"字的翻译不尽相同，但均将"观"的对象理解为"父志父行"。

然而，在传统注疏中范祖禹"观父之志行"之说则并非主流，朱熹在《论语或问》中虽对其有所赞许，但在总体上却持反对意见。其载：

> 或问十一章之说。曰：观志观行，范氏以为子观父之志行者，善矣。然以文势观之，恐不得如其说也。盖观志而能承之，观行而能述之，乃可为孝。此特曰观而已，恐未应遽以孝许之也。且以下文三年无改者推之，则父之志行，亦容或有未尽善者，正使实能承述，亦岂遽得以孝称也哉？⑤

---

① 辜鸿铭译：《论语：新颖而别致的译本，以引用歌德和其他作家来进行阐释》（Ku Hung-ming, trans., *The Discourses and Sayings of Confucius: A New Special Translation, Illustrated with Quotations from Goethe and Other Writers*, Shanghai: Kelly and Walsh, 1898, p.4）。

② ［英］赖发洛译：《论语》（Leonard A. Lyall, trans., *The Sayings of Confucius*, London: Longmans, Green and Co., 1909, p.3）。

③ ［美］埃兹拉·庞德译：《孔子：〈大学〉〈中庸〉和〈论语〉》（Ezra Pound, trans., *Confucius: The Great Digest, The Unwobbling Pivot, and The Analects*, New York: New Directions Publishing Corporation, 1969, p.196）。

④ ［美］黄继忠译：《论语》（Chichung Huang, trans., *The Analects of Confucius: A Literal Translation with an Introduction and Notes*, Oxford: Oxford University Press, 1997, p.49）。

⑤ （宋）朱熹：《论语或问》卷一，见于《朱子遗书》（五），清康熙中御儿吕氏宝诰堂重刊白鹿洞原本，第 20 页 a。

可见，朱熹在《论语或问》中仍以"孔注"为是，而依从这一理解的相关英译我们亦将不再列举。

校释者按

除了"观"之对象的问题，"三年无改于父之道"也存在诸多分歧，即便是朱熹的集注中亦有不同的观点。理雅各在注疏中指出："父之道应被解作不是很坏的道。"（J. L.: 142）而这一解释应源于朱熹所引游酢之语，即"在所当改而可以未改者耳"。高大卫对本章的注释为"If a man before three years, after the death of his father, deviate from his principles, although his conduct may be virtuous, he cannot be considered a dutiful son"（D. C.: 64），而这基本上是对朱注"然又必能三年无改于父之道，乃见其孝，不然，则所行虽善，亦不得为孝矣"的翻译。高大卫仅仅翻译此句，恐怕亦与"所行虽善，亦不得为孝"有关，如其在"其为人也孝弟"章的注释中即认为儒家学说是"不完善的"（D. C.: 63）。游酢将"三年无改之道"解作"在所当改而可以未改者"，其明显有回护"孔子"之意。而清汪中（1745—1794）《述学·内篇一·释三九》则云："三年者，言其久也。何以不改也？为其为道也。若其非道，虽朝没而夕改可也。"①可见，"父之道"的内涵也是解释本章的关键之一。

宋翔凤在《论语说义》中以"治"训"道"，曰："道，治也。三年无改于父之道，谓继体为政者也。若泛言父之教子，其道当没身不改，难以三年为限。惟人君治道宽猛缓急，随俗化为转移，三年之后不能无所变易。"②黄继忠将"三年无改于父之道，可谓孝矣"译为"If, for three years, he does not change his father's Way, he may be said to be filial"。其对"Way"的注释为"His father's humane way of government"，即"其父之仁政"；而对全章的注释则为"This is said in regard to a filial son, a

---

① （清）汪中：《述学》内篇一，见于《四部丛刊初编·集部》，上海：商务印书馆影印无锡孙氏藏本，1929年，第3页a—b。
② （清）宋翔凤：《论语说义》一，清光绪十四年南菁书院刻《皇清经解续编》本，第5页b。

prospective ruler"，即"述及孝子、贤君也"。① 其与宋氏之说的关系，亦无需多言。

那么，即便是对本章中"三年"的理解，也存在不同的看法。理雅各在注疏中曾提到："旧注将'三年'理解为父亲的三年丧期，这一解释被合理地拒绝。三年的意思不应被限制在丧期。"（J. L.: 142–143）其所言之旧注，仍为《论语注疏》："孔曰：'孝子在丧，哀慕犹若父存，无所改于父之道。'"② 然而，苏慧廉在注释中却力主"旧注"，他认为"三年"就是丧期，是儿子守孝的时候（W. S.: 134）。

除了上述分歧，在句读上亦有不同。程树德《论语集释》引宋人叶适（1150—1223）《习学记言》之语曰："此当以'三年无改'为句。终三年之间而不改其在丧之意，则于事父之道可谓之孝。"③ 在"征引书目表"中，程树德标明其使用《习学记言》的版本为"《四库》传抄本"和"温州新刻本"，④ 但是笔者查阅"《四库全书》本"、"《民国敬乡楼丛书》本"及"中华书局1977年点校本"均未发现此语。然而，此语似乎首见于金人王若虚（1174—1243）《滹南遗老集》，只是"不改"作"不变"而已，不过王氏所言其为"叶少蕴"之语。⑤ "叶少蕴"应该就是宋代词人"叶梦得"（1077—1148），笔者亦查阅了叶梦得存世的大部分著作，同样没有发现对《论语》的这段解释。而清翟灏（?—1788）《四书考异》中又现此语，其引为叶适《习学记言》，⑥ 且程树德之引文与翟氏所引一字不差。现不知是程氏未加检视而承袭翟灏之说，还是其所用之版本中果有此语。然而，无论此语出自何人之口，其本身之存在并无可疑。此一解释的特别之处在

---

① ［美］黄继忠译：《论语》（Chichung Huang, trans., *The Analects of Confucius: A Literal Translation with an Introduction and Notes*, Oxford: Oxford University Press, 1997, p.49）。
② （魏）何晏等注，（宋）邢昺疏：《论语注疏》，见于《十三经注疏》（下册），北京：中华书局影印世界书局阮元校刻本，1980年，第2458页中栏。
③ 程树德撰，程俊英、蒋见元点校：《论语集释》（第一册），北京：中华书局，1990年，第42页。
④ 同上书，第四册，第1415页。
⑤ （金）王若虚：《滹南遗老集》卷四《论语辨惑一》，见于《四部丛刊初编·集部》，上海：商务印书馆影印上海涵芬楼藏旧钞本，1929年，第3页a。
⑥ 参见（清）翟灏：《四书考异》下编《条考三》，清乾隆三十四年刻本，第5页a。

于，其将"父之道"理解为"子事父之道"，而不是"其父之道"。即便父亲去世，对于事父之道，三年不改，这种行为可以被认为是"孝"。这一解释的优点在于省去许多迁曲回护之语，而始终以子之"孝心""孝行"为中心。

第 六 章

《论语·学而》第十二至十六章汇校集释

第一节 《论语·学而》第十二章

第十二章 / 一节·有子曰："礼之用，和为贵。先王之道，斯为美；小
　　　　　大由之。

J. L. XII.1.　The philosopher Yû① said, 'In practising the rules of propriety, a natural ease is to be prized. In the ways prescribed by the ancient kings, this is the excellent quality, and in things small and great we follow them (we should *thus* follow those *rules*).②

J. M. XII.1.　Yaou-chee says, of the exercise of reason benignity is a rich fruit: this formed the glory of the first emperor's government. Let small and great imitate this.

D. C. XII.1.　Tsze Yew says, in the practice of politeness a mild deportment is of the greatest moment. This adorned the conduct of the former kings.③

W. J. XII.1.　Sayings of the Scholar Yu: —

'For the practice of the Rules of Propriety, one excellent way

---

　　① 按："The philosopher Yû" 在 [英] 理雅各《中国经典》第一卷 "初版本"（p.7）和 "现代本"（p.120）中分别作 "The philosopher Yew" 和 "Yew the philosopher"。
　　② 按：括号里的字为 [英] 理雅各《中国经典》第一卷 "现代本"（p.120）中的 "异文"。
　　③ 按：高大卫在此节中似乎漏译了 "小大由之" 一句。

is to be *natural*. This naturalness became a great grace in the practice of kings of former times; let every one, small or great, follow their example.①

W. S. XII.1. The philosopher Yu said: "In the usages of Decorum② it is naturalness that is of value. In the regulations of the ancient kings this was the admirable feature, both small and great arising (deriving)③ therefrom.

朱注：礼者，天理之节文，人事之仪则也。和者，从容不迫之意。盖礼之为体虽严，而皆出于自然之理，故其为用，必从容而不迫，乃为可贵。先王之道，此其所以为美，而小事大事无不由之也。（第 51 页）

28. 释"礼"

理雅各在正文中以"propriety"来译"礼"字，在注疏中他又给出了进一步的解释："'礼'是一个不容易翻译的词语，在此处其强调的是'合宜'（*what is propor*）的观念。它指的是'事之宜'（the fitness of things），即向更高的存在者（superior beings）和人与人之间履行义务所需要的理性。我们的'ceremonies'一词较为接近这一意义。"④（J. L.: 143）《说文解字》曰："礼，履也。所以事神致福也。"⑤其实，"ceremonies"确实与《说文解字》中的解释比较一致，但理雅各在正文中却并未选用。其原因可能是该词较为偏重具体的"仪则"和"规定"，而"propriety"一词则更为符合此处所强调的"合宜"之义，其形容词"proper"最常见的意义即为"合适的"和"恰当的"。但是，"proper"更为根本的意义则

———————————

① 按："*natural*"在［英］詹宁斯《论语》"东方文学本"（p.9）和"流行经典本"（p.10）中为"正体"；"every one"作"everyone"。

② 按："Decorum"在［英］苏慧廉《论语》"世经本"（p.5）中作"decorum"。

③ 按：括号里的字为［英］苏慧廉《论语》"世经本"（p.5）中的"异文"。

④ 按：加着重号的字在原文中为斜体。

⑤ （汉）许慎：《说文解字》，北京：中华书局影印清同治十二年陈昌治刻本，1978 年，第 7 页。

是"属于某人某物的"或"某人某物所固有的"。①因此，由"属于某人的"意义而引申为另一名词"财产"（property）。那么，"属于某人某物的"或"某人某物所固有的"东西，又必然是对其"合适的"或"合宜的"，"propriety"即是由此义而来并进一步引申为"礼仪""行为规范"等意义。

马士曼将"礼"译作"reason"，这可能是受到朱熹将"礼"释为"天理之节文"的影响。除了"reason"之外，马士曼在注释中还将"礼"（*Ly*）解作"equity""to rule according to law"（J. M.: 51）。如前所述，他也将"温、良、恭、俭、让"中的"俭"译作"equity"（J. M.: 45）。而此处的"equity"则似乎是为了强调"礼"之"公正"与"合理"的内涵。此外，马士曼还指出："在日常生活中，礼是朋友之间礼貌和关怀的表达，在中国人那里它是一种重要的德性。"（J. M.: 51）高大卫将"礼"译为"politeness"，但未做任何解释。

詹宁斯在此处以"the Rules of Propriety"来翻译"礼"字，"Rules"略显多余，不过也可能是为了与理雅各相区别。他在注释中还指出："（礼）仍然是中国人教育的重要部分。《礼记》（*The Li Ki*）包括了一个人从生到死的全部行为和礼仪的规定（参见《东方圣书》，克拉伦登出版社，第27—28卷）。"②（W. J.: 43）在译本的《导论》中，詹宁斯直接使用"Propriety"来表示"礼"，并做出了进一步的解释：

> "礼（禮）"由"示"和"豊"组成："示"即"show""manifest""admonish"，凡以其作为部首的字均与"事神"（*worship*）相关；而"豊"则是用于祭祀的器皿。它的原初观念似乎是在"事神"过程中的正确祭仪，后来扩展为所有事物的得体（decorum）。（W. J.: 37）

---

① 参见［英］约翰·辛普森、埃德蒙·韦纳编《牛津英语大词典》（J. A. Simpson and E. S. C. Weiner, eds., *The Oxford English Dictionary*, vol.XII, Oxford: Clarendon Press, 1989, p.637）。

② 按：括号里的汉字为笔者所加。

除了"礼"所体现出的人们之间的等级关系、正确的行为方式等，詹宁斯还特别指出了"礼"在儒家文化中与"乐"的内在关系（W. J.: 31）。而在中国的传统注疏中，也常常将此节中的"和"与"乐"相关联。

苏慧廉将"礼"译为"Decorum"，在"名词解释"中他也首先对"礼"的字形结构进行了解释，其与詹宁斯大体相同。另外，他还引用了《说文解字系传》中对"示"和"豊"的解释："示者，明示之也。豊者，礼器也。礼之秘难睹，故陈笾豆设簠簋以示之。"① （ W. S.: 105 ）苏慧廉认为"礼"可以被译为"religion"、"ceremony"、"deportment"、"decorum"、"propriety"、"formality"、"politeness"、"courtesy"、"etiquette"和"good form or behaviour or manners"（ W. S.: 106 ）。同样，在该条的结尾处，苏慧廉又引用了《四书章句集注》和《说文解字系传》来对"礼"的内涵做详细的说明："礼以恭敬辞逊为本，而有节文度数之详；② 敬而将之以玉帛，则为礼；③ 事得其序之谓礼；④ 礼、履也，道明示人则履行之；⑤ 礼者、示也，故两君相见，陈礼乐以相示，明则易见也。⑥"（ W. S.: 106 ）

校释者按

辜鸿铭在其译本中将"礼"译为"art"，而且还少有地给出了大段的解释，其中似乎也暗含着对理雅各的纠正：

> 理雅各博士述及的汉字"礼"，我们在此将其译为"art"，该词

---

① 参见（南唐）徐锴《说文解字系传》，北京：中华书局影印道光十九年重雕宋钞本，1987 年，第 307 页。

按：引文与原文有出入。

② 参见（宋）朱熹：《四书章句集注》，北京：中华书局，1983 年，第 105 页。

③ 同上书，第 178 页。

④ 同上书，第 142 页。

⑤ 参见（南唐）徐锴《说文解字系传》，北京：中华书局影印道光十九年重雕宋钞本，1987 年，第 307 页。

按：引文与原文有出入。

⑥ 同上。

按：引文与原文有出入。

很难被译成另一种语言。……

　　如果我们没有弄错的话，英文 "art" 的诸种意义为：第一、艺术作品；第二、艺术实践（the practice of art）；第三、与自然相对的人为；第四、与自然原则相对的艺术原则；第五、艺术准则（the strict principle of art）。英文 "art" 的最后一种意义就在于事物的全部关系（*relations*），其有似于理雅各博士在谈及此字时所谓的 "合宜的观念"（the idea of what is proper）与合适（fit, *τό πρέπον*）。①

辜鸿铭所言 "art" 之最后一义的原文为 "the strict principle of art"，即便我们将其译为 "艺术准则" 有些不当，但就原文而言也很难让人联想到中国文化中的 "礼"。而在本节的正文中，辜鸿铭还将 "礼之用" 译为 "the practice of art"，② 这又与其注释中所言 "art" 的第二义完全相同，这同一词组所涉及的中西方文化的两个内涵实在令人有无所适从之感。

　　平心而论，理雅各以 "propriety" 译此节之 "礼" 较为妥帖，也不容易引起太多误解。不过，在解释 "礼" 的内涵时，我们还注意到理雅各使用了 "superior beings" 这一表达。很容易让我们联想到基督教文化中的 "Superior Being" 这一指称 "上帝" 的专名。当然，二者之间的区别还是很明显且富有意味的，除了后者首字母经常大写之外，在西方哲学和神学中，"Being"（存在）对 "beings"（存在者）有着极强的统摄力量。如果我们在此做一点 "过度" 阐释，是否在理雅各的心目中，中国人所崇拜和祭祀的 "天" 以及 "（《尚书》等古代经典中的）上帝" 只是更高的 "存在者" 而已，他们远低于基督教的 "God"，那个 "绝对的存在"。然而，问题又并非如此简单，在《中国经典》的第三卷《尚书》中，理雅各却直接

---

　　① 辜鸿铭译：《论语：新颖而别致的译本，以引用歌德和其他作家来进行阐释》（Ku Hung-ming, trans., *The Discourses and Sayings of Confucius: A New Special Translation, Illustrated with Quotations from Goethe and Other Writers*, Shanghai: Kelly and Walsh, 1898, p.4）。

　　② 同上。

使用了首字母大写的"God"来翻译其中的"上帝"一词。①在本书的"附录"部分，我们将在跨文化、跨信仰的层面上对"God"与"上帝"之间的意义"补替"问题展开详细的讨论。

29. 释"和"

可能是受到朱熹"和者，从容不迫之意"以及"礼之……出于自然之理"的影响，理雅各将本节中的"和"译为"natural ease"。同样，詹宁斯与苏慧廉也将"和"译为"natural"和"naturalness"。《说文解字》曰："和，相应也。"②又曰："龢，调也。从龠，禾声。读与和同。"③《说文解字系传》曰：

> 不刚不柔曰龢，言若宫商之龢声，五味之龢羹，以相济也。禾者，五谷之龢气也。二月而生，八月而孰，得时之中和也。……二月阳气虽盛，犹有阴气存焉，微阴辅阳，生长万物。阴阳适和，犹臣辅君。以德政仁行施，以养育天下。天曰：柔克之义，君道之美，莫尚于斯。④

如前所述，苏慧廉曾多次引用《说文解字系传》中对汉字的解释，但在"和"字上却未能从中取义。杨树达《论语疏证》曰："事之中节者皆谓之和，不独喜怒哀乐之发一事也。《说文》云：龢，调也。盉，调味也。乐调谓之龢，味调谓之盉，事之调适者谓之和，其义一也。和今言适合，言

---

① 参见［英］理雅各译《中国经典：附有译文、注疏、绪论及详细索引》港大本／第三卷（James Legge, trans., *The Chinese Classics: With a Translation, Critical and Exegetical Notes, Prolegomena, and Copious Indexes*, vol. III, *Containing* the first parts of *The Shoo-King, or The Book of Historical Documents*, Hong Kong: Hong Kong University Press, 1960, pp.33–34）。

② （汉）许慎：《说文解字》，北京：中华书局影印清同治十二年陈昌治刻本，1978年，第32页。

③ 同上书，第48页。

④ （南唐）徐锴：《说文解字系传》，北京：中华书局影印道光十九年重雕宋钞本，1987年，第313页。

恰当，言恰到好处。"① 可见，"龢""盉""和"三字，字形虽有差别，但意义相通。朱子以"从容不迫"释"和"，虽不能说完全错误，但失其本义太远。马士曼和高大卫则将"和"分别译为"benignity"和"a mild deportment"，二者均侧重于行为举止上的"温和"，或许也与"从容不迫"之训有关。

与朱熹不同，皇侃《论语义疏》以"乐"释"和"，在"礼之用，和为贵"下云："此以下明人君行化，必礼乐相须。用乐和民心，以礼检民迹。迹检心和，故风化乃美。故云'礼之用，和为贵'。和即乐也。变乐言和，见乐功也。"②《论语注疏》亦云："此章言礼乐为用相须乃美。'礼之用，和为贵'者，和，谓乐也。乐主和同，故谓乐为和。夫礼胜则离，谓所居不和也，故礼贵用和，使不至于离也。"③

校释者按

较为令人不解的是，一向对理雅各之翻译颇有微词的辜鸿铭，在此处也用"natural spontaneity"（自然的自发性）来翻译"和"。由此看来，他以"art"译"礼"应该有与"nature"相对待的考量。④ 而苏慧廉的译文，则很可能同时受到理雅各与辜鸿铭的影响。而威妥玛在其译本中虽然首先使用了音译，即"'huo"，但在后面的括号中还是加注了"unconstrainedness"（不受限制）一词，⑤ 仍然可能与朱注之"从容不迫"

---

① 杨树达：《论语疏证》，见于《杨树达文集之十六》，上海：上海古籍出版社，1986年，第28页。

② （南朝梁）皇侃撰，高尚榘校点：《论语义疏》，北京：中华书局，2013年，第17页。

③ （魏）何晏等注，（宋）邢昺疏：《论语注疏》，见于《十三经注疏》（下册），北京：中华书局影印世界书局阮元校刻本，1980年，第2458页中栏。

④ 辜鸿铭译：《论语：新颖而别致的译本，以引用歌德和其他作家来进行阐释》（Ku Hung-ming, trans., *The Discourses and Sayings of Confucius: A New Special Translation, Illustrated with Quotations from Goethe and Other Writers*, Shanghai: Kelly and Walsh, 1898, pp.4–5）。

⑤ ［英］威妥玛译：《论语：被西方世界作为 Confucius 而知晓的孔子的言论》（Thomas Francis Wade, trans., *The Lun Yü: Being Utterances of Kung Tzŭ, Known to the Western World as Confucius*, Hertford: Stephen Austin, 1869, p.4）。

有关，而赖发洛也与理雅各相似将"和"译作"ease"。①在翟林奈的译本中，似乎没有此章的译文。因此，我们可以说，清代中晚期《论语》英译中对此节之"和"的翻译几乎都与朱注有关，可见朱注对其影响之深。直到阿瑟·韦利的译本出现，对"和"的理解与翻译才有所转变。阿瑟·韦利使用"harmony"来翻译"和"，并在注释中进一步给出了"和"的内涵："人与自然的和谐，音乐的调式与季节相协调，穿合时宜的衣服，吃合时宜的食物之类。"②其实，英语中的"harmony"在内涵上确实与中国古代经典中的"和"较为接近。"harmony"源于拉丁语"*harmonia*"，而该词又源于希腊语"*ἁρμονία*"，其主要意义为"接合"（joining）、"接合点"（joint）、"一致"（agreement）以及"声音、音乐的和谐"（concord of sounds, music）。③因此，以"harmony"来翻译"和"，无论其内涵与外延都是比较贴切的。

第十二章 / 二节·有所不行，知和而和，不以礼节之，亦不可行也。"

J. L. XII.2. **'Yet it is not to be observed in all cases. If one, knowing *how such ease should be prized*, manifests it, without regulating it by the rules of propriety, this likewise is not to be done.'**

J. M. XII.2. He who walks not thus, let him learn duly to value and to practise benignity: without practising reason and equity, a man can by no means thus walk.

D. C. XII.2. But there is a mild pliability which ought not to be indulged. When one knows only how to be pliable, and does not regulate his pliability by propriety, this is what ought not to be done.

---

① ［英］赖发洛译:《论语》(Leonard A. Lyall, trans., *The Sayings of Confucius*, London: Longmans, Green and Co., 1909, p.3)。

② ［英］阿瑟·韦利译:《论语》(Arthur Waley, trans., *The Analects of Confucius*, New York: Vintage Books, 1989, p.86)。

③ 参见［英］约翰·辛普森、埃德蒙·韦纳编《牛津英语大词典》(J. A. Simpson and E. S. C. Weiner, eds., *The Oxford English Dictionary*, vol.Ⅵ, Oxford: Clarendon Press, 1989, p.1125)。

W. J. XII.2. 'It is not, however, always practicable; and it is not so in the case of a person who does things naturally, knowing that he should act so, and yet who neglects to regulate his acts according to the Rules.

W. S. XII.2. But there is a naturalness that is not permissible; for to know to be natural, and yet to be so beyond the restraints of Decorum,[①] is also not permissible."

朱注：承上文而言，如此而复有所不行者，以其徒知和之为贵而一于和，不复以礼节之，则亦非复理之本然矣，所以流荡忘反，而亦不可行也。

程子曰："礼胜则离，故礼之用和为贵。先王之道以斯为美，而小大由之。乐胜则流，故有所不行者，知和而和，不以礼节之，亦不可行。"范氏曰："凡礼之体主于敬，而其用则以和为贵。敬者，礼之所以立也；和者，乐之所由生也。若有子可谓达礼乐之本矣。"愚谓严而泰，和而节，此理之自然，礼之全体也。毫厘有差，则失其中正，而各倚于一偏，其不可行均矣。（第 51—52 页 ）

30. 释 "有所不行"

在此章中，朱子对前人的注疏做出了较大的变革，此前"有所不行"大都属上文"小大由之"，而朱子将其属下文。我们首先来看何晏的《论语集解》，该书并未像《论语集注》在"小大由之"之后插有"夹注"，只是在章末引马融曰："人知礼贵和，而每事从和，不以礼为节，亦不可行。"[②]由此，并不能看出马融与何晏究竟将"有所不行"属上还是属下。然而，《论语义疏》则明显将"小大由之，有所不行"连读，其前后亦均

---

① 按："Decorum" 在［英］苏慧廉《论语》"世经本"（p.6）中作 "decorum"，其后面的 "逗号" 也被去掉。

② （魏）何晏等注，（宋）邢昺疏：《论语注疏》，见于《十三经注疏》（下册），北京：中华书局影印世界书局阮元校刻本，1980 年，第 2458 页中栏。

有"夹疏"。后面的夹疏即是解释这两小句的意义内涵,曰:"由,用也。若小大之事皆用礼而不用和,则于事有所不行也。"① 其后,总括章旨之语亦可表明二句连读,曰:"上明行礼须乐,此明行乐须礼也。人若知礼用和,而每事从和,不复用礼为节者,则于事亦不得行也。所以言'亦'者,沈居士云:'上纯用礼不行,今皆用和,亦不可行也。'"② 邢疏与皇疏大体相同,曰:"'小大由之,有所不行'者,由,用也。言每事小大皆用礼,而不以乐和之,则其政有所不行也。"③

由此可见,上述两种疏文着重强调"礼"与"和"相反相成的制约关系,本章的主旨也是围绕这一对概念所展开的。而以"乐"释"和"("同"),以"离"("异")释"礼"亦可在《礼记·乐记》中找到根据:"乐者为同,礼者为异。同则相亲,异则相敬。乐胜则流,礼胜则离。……礼义立,则贵贱等矣;乐文同,则上下和矣。"④ 此外,就文势而言,"先王之道,斯为美"的后一小句明显是一种感叹,意义已经完足,若再加上"小大由之"一句,语气上实在有些不大顺畅。⑤ 而且,若

---

① 按:皇侃《论语义疏》至南宋已在我国亡佚,清乾隆间流回,其本为日本学者根本逊志于宽延三年(1750)所刊。大陆流传的《知不足斋丛书》本"《四库全书》本"均以"根本逊志本"为底本。然而,此本将皇疏原有的"经—疏、注—疏"体式改为"经—注—疏"体式(参见(南朝梁)皇侃撰,高尚榘校点《论语义疏》前言,北京:中华书局,2013 年,第 1—5 页)。因此,在《知不足斋丛书》本"的《论语集解义疏》中,我们无从知晓"小大由之,有所不行"是否连读[参见(魏)何晏集解、(南朝梁)皇侃义疏《论语集解义疏》卷一,见于《知不足斋丛书》(第七集),民国十年古书流通处景行,第 13 页 b]。但是,大正十二年(1923)由日本学者武内义雄及怀德堂纪念会同仁所刊"怀德堂本",却保留了皇疏原有的体式。在此本中,由于有"夹疏"的存在,上述两句连读则一目了然。笔者使用的是 2013 年中华书局以"怀德堂本"为底本的点校本。此外,"怀德堂本"在台湾有 1966 年艺文印书馆《无求备斋论语集成》的影印本,在大陆则有 2007 年北京大学出版社《儒藏》(精华编)的点校本。本书未用《儒藏》本"的原因,可参见[日]影山辉国《评〈儒藏〉本〈论语义疏〉》,见于北京大学《儒藏》编纂与研究中心编《儒家典籍与思想研究》(第二辑),北京:北京大学出版社,2010 年,第 230—240 页。
② (南朝梁)皇侃撰,高尚榘校点:《论语义疏》,北京:中华书局,2013 年,第 17 页。
③ (魏)何晏等注,(宋)邢昺疏:《论语注疏》,见于《十三经注疏》(下册),北京:中华书局影印世界书局阮元校刻本,1980 年,第 2458 页中栏。
④ (汉)郑玄注,(唐)孔颖达等正义:《礼记正义》,见于《十三经注疏》(下册),北京:中华书局影印世界书局阮元校刻本,1980 年,第 1529 页中栏。
⑤ 按:"先王之道,斯为美"一句在很多标点本中均有断句,但在中华书局本《四书章句集注》中却没有,其仅与之后的"小大由之"断开(第 51 页)。这很明显是编辑者为了弥合朱注,使语势更为顺畅,而在句读上所做的调整。

将"有所不行"属下，似又与末句"亦不可行也"相重复。因此，程树德在《论语集释》中对朱熹的做法提出了批评："此章《集注》之失在未细玩'亦'字，将两层说成一层。且师心自用，将历来注疏家分段方法一概抹杀，至于文理不通。后来亦无人加以指摘，是可异也。"①

　　然而，正是因为有了朱熹的读法，所以五部选本中有四部将"有所不行"属下。只是如前所述，高大卫漏译了"小大由之"一句，因此我们无从判断其具体所属。其实，不同的读法又必然会影响到对相关字句的具体理解。理雅各在注疏中就曾指出："'小大由之'的'之'所指代的不是前面的'和'，而是'礼'或'道'。"（J. M.: 143）然而，若就朱熹的读法而言，"小大由之"的"之"就应该是"和"或"礼之用，和为贵"。因此，理雅各似乎已经体察到了朱注存在"文理不通"之处。而苏慧廉却认为"之"指代"和"似乎更为合适（W. S.: 136），这亦应与其在此节的解释上更青睐朱注有关。

校释者按

　　就《论语》的主要英译本而言，其大部分均遵从朱熹的读法，包括辜鸿铭和阿瑟·韦利。而以皇疏或邢疏为准的则大致有三个译本，其中较早的是黄继忠，其译文为：

　　Master You said: "In the application of the rituals, harmony is most valuable. Of the Way of the former kings, this is the most beautiful part. However, if matters small and great all follow them, sometimes it will not work. But if you keep pursuing harmony just because you know harmony, and do not use the rituals to regulate it, it will not work either."②

---

① 程树德撰，程俊英、蒋见元点校：《论语集释》（第一册），北京：中华书局，1990年，第49页。

② ［美］黄继忠译：《论语》（Chichung Huang, trans., *The Analects of Confucius: A Literal Translation with an Introduction and Notes*, Oxford: Oxford University Press, 1997, p.49）。

在这段译文中，"小大由之"与"有所不行"被译成一句话。而且，在该句的注释中，黄继忠又特别指出："没有音乐的和合作用，人们会认为礼过于僵化。'Them'在此代表的是'礼'。"① 如前所述，黄继忠的《论语》译本常常关注具体经文在传统解释上的多义性。但是，在本章的翻译上，黄继忠却直接采用皇疏或邢疏，而对朱注未加理会。

森舸澜在其《论语》译本中也将上述两小句连读，其译文为：

> Master You said, "When it comes to the practice of ritual, it is harmonious ease (*he* 和) that is to be valued. It is precisely such harmony that makes the Way of the Former Kings so beautiful. If you merely stick rigidly to ritual in all matters, great and small, there will remain that which you cannot accomplish. Yet if you know enough to value harmonious ease but try to attain it without being regulated by the rites, this will not work either."②

"有所不行"的原因是由于固执于"礼"，这一点在译文中已被清楚地表达。不过，黄继忠的译本被森舸澜列在参考书目之中，因此，我们有理由认为他的句读选择与翻译阐释可能会受到黄氏的影响。

最后，我们再来看华兹生的相关译文：

> Master You said, What ritual values most is harmony. The Way of the former kings was truly admirable in this respect. But if in matters great and small one proceeds in this manner, the results may not always be satisfactory. You may understand the ideal of harmony and work for it, but if you do not emply ritual to regulate

---

① ［美］黄继忠译：《论语》（Chichung Huang, trans., *The Analects of Confucius: A Literal Translation with an Introduction and Notes*, Oxford: Oxford University Press, 1997, p.50）。

② ［美］森舸澜译：《论语：附以部分传统注疏》（Edward Slingerland, trans., *Confucius Analects: With Selections from Traditional Commentaries*, Indianapolis: Hackett, 2003, p.5）。

the proceedings, things will not go well.①

从译文可知，华兹生也将"有所不行"与"小大由之"连读；但是，由于
没有注释，仅从译文来看我们很难窥测其对本章意义的真正理解。尤其是
他将"小大由之"的"之"译为"this manner"，我们实在无法判定其具
体所指。

第二节　《论语·学而》第十三至十四章

第十三章·有子曰："信近于义，言可复也。恭近于礼，远耻辱也。
因不失其亲，亦可宗也。"

J. L. XIII.　　The philosopher Yû② said, 'When agreements are made accord-
ing to what is right, what is spoken can be made good. When
respect is shown according to what is proper, one keeps far from
shame and disgrace. When the parties upon whom a man leans
are proper persons to be intimate with, he can make them his
guides and masters.'

J. M. XIII.　　Yaou-chee says, your sincerity being tempered with
gentleness, your advice can be even repeated; your veneration
being regulated by reason far distant will be shame. If a man
be not negligent towards his parents and friends, he may
attain (this degree of perfection.)

D. C. XIII.　　Yew Tsze says, he who makes just agreements can fulfil his
promises. He who behaves with reverence and propriety, puts
shame and disgrace to a distance. He who loses not those

---

① ［美］华兹生译：《论语》（ Burton Watson, trans., *The Analects of Confucius*, New York:
Columbia University Press, 2007, p.17 ）。

② 按："The philosopher Yû"在［英］理雅各《中国经典》第一卷"初版本"（p.7）和
"现代本"（p.120）中分别作"The philosopher Yew"和"Yew the philosopher"。

whom he ought to treat with kindness and respect, may be a master.

W. J. XIII.　'When truth and right are hand in hand, a statement will bear repetition. When respectfulness and propriety go hand in hand, disgrace and shame are kept afar off. Remove all occasion for alienating those to whom you are bound by close ties, and you have them still to resort to.' ①

W. S. XIII.　The philosopher Yu said: "When you make a promise consistent with what is right, you can keep your word. When you shew (show) respect consistent with good taste, you keep shame and disgrace at a distance. When he in whom you confide is not one who fails (one who does not fail) his friends, you may trust him fully."②

朱注：近、远，皆去声。信，约信也。义者，事之宜也。复，践言也。恭，致敬也。礼，节文也。因，犹依也。宗，犹主也。言约信而合其宜，则言必可践矣。致恭而中其节，则能远耻辱矣。所依者不失其可亲之人，则亦可以宗而主之矣。此言人之言行交际，皆当谨之于始而虑其所终，不然，则因仍苟且之间，将有不胜其自失之悔者矣。（第52页）

31. 释"复"

对"信近于义，言可复也"的翻译，五部选本可以分为两类，而分类的关键则主要集中在"复"字之上。前者以马士曼和詹宁斯为代表，其译文分别为"your sincerity being tempered with gentleness, your advice can

---

① 按：由于此章与上一章均为"有子"之言，所以詹宁斯并未像其他译者那样重复"有子曰"，而是直接翻译其言论，并在上一章结尾处有意未加"后引号"，以示此二章同出一人之口。

又按："afar off"在［英］詹宁斯《论语》"东方文学本"（p.9）和"流行经典本"（p.10）中作"afar-off"。

② 按：括号里的字为［英］苏慧廉《论语》"世经本"（p.6）中的"异文"。

be even repeated" 和 "When truth and right are hand in hand, a statement will bear repetition"。显然，二人都将"复"理解为"重复"，而这一翻译选择若非望文生义，则似应出自何晏。其《论语集解》曰："复，犹覆也。义不必信，信非义也。以其言可反覆，故曰近义。"①此处的"反覆"即为"反复"，但"反复/覆"一词在古汉语中却有多种意义内涵。韩愈（768—824）等人在《论语笔解》中就曾直言，此处的"反覆"非"反覆不定之谓"，②这一判断应该没有什么问题。但是，其将"复"理解为"反本要终"，则似有过度阐释之嫌。③如若将"反复/覆"简捷地理解为"重复"，那么两位译者"repeated"和"repetition"的译文则正好与之一致。

对"复"的第二种翻译与理解，以理雅各、高大卫和苏慧廉为代表。他们将"信近于义，言可复也"分别译为"When agreements are made according to what is right, what is spoken can be made good"、"he who makes just agreements can fulfil his promises" 和 "When you make a promise consistent with what is right, you can keep your word"。尽管三处译文在翻译"复"的具体措辞上有所不同，但在意义的理解方面却基本一致，无论是"made good""fulfil his promises"，还是"keep your word"，都是将"复"理解为"践行诺言"。而这一理解则明显源于朱注，其曰："复，践言也。"

校释者按

就《论语》英译而言，我们可以说在刘殿爵之前将此章之"复"理解为"践言"的译本明显居多。威妥玛和辜鸿铭亦是如此，前者将"信近于义，言可复也"译为"If your engagement (lit. your good faith) be near

---

① （魏）何晏等注，（宋）邢昺疏：《论语注疏》，见于《十三经注疏》（下册），北京：中华书局影印世界书局阮元校刻本，1980年，第2458页中栏。
② （唐）韩愈等：《论语笔解》，民国十年上海博古斋景行《墨海金壶》本，第1页a。
③ 同上。

to what is right (or just), your word may be kept", ① 后者的译文是 "If you make promises within the bounds of what is right, you will be able to keep your word". ② 这一意义选择在后来比较流行的阿瑟·韦利译本中也得到了延续，其相关译文为 "In your promises cleave to what is right, And you will be able to fulfil your word". ③

然而，刘殿爵在"复"的取义上却与马士曼和詹宁斯相同，其在译本中将此句译为 "To be trustworthy in word is close to being moral in that it enables one's words to be repeated". ④ 他的学生安乐哲及其合译者罗思文也将该句译为 "That making good on one's word (*xin* 信) gets one close to being appropriate (*yi* 义) is because then what one says will bear repeating". ⑤ 可见，无论是在对"复"的理解上，还是在句法结构的处理上，安乐哲与其老师都保持了高度的一致性。然而，相比于马士曼和詹宁斯，刘殿爵将"复"理解为"重复"可能颇费了一翻周折。

其实，在其《论语》英译本出版之前，刘殿爵曾专门撰文并通过与其他古典文献的对比来讨论"言可复也"的确切含义。该篇文章的题名为《论"复言"一词》（"On the Expression *Fu Yen* 复言"），但其中并未提及《论语》的翻译，因此，其表面上似乎是在经学内部解决《论语》经文注释的问题。然而，颇为有趣的是，这篇文章是以英文发表于 1973 年《东方与非洲研究院通报》（*Bulletin of the School of Oriental and African*

---

① ［英］威妥玛译：《论语：被西方世界作为 Confucius 而知晓的孔子的言论》（Thomas Francis Wade, trans., *The Lun Yü: Being Utterances of Kung Tzŭ, Known to the Western World as Confucius*, Hertford: Stephen Austin, 1869, p.5）。

② 辜鸿铭译：《论语：新颖而别致的译本，以引用歌德和其他作家来进行阐释》（Ku Hung-ming, trans., *The Discourses and Sayings of Confucius: A New Special Translation, Illustrated with Quotations from Goethe and Other Writers*, Shanghai: Kelly and Walsh, 1898, p.5）。

③ ［英］阿瑟·韦利译：《论语》（Arthur Waley, trans., *The Analects of Confucius*, New York: Vintage Books, 1989, p.86）。

④ 刘殿爵译：《论语》（D. C. Lau, trans., *The Analects*, Hong Kong: The Chinese University Press, 2010, p.7）。

⑤ ［美］安乐哲、罗思文译：《论语：一种哲学化的翻译》（Roger T. Ames and Henry Rosemont, Jr., trans., *The Analects of Confucius: A Philosophical Translation*, New York: Ballantine Books, 1999, p.74）。

Studies）第 36 卷第 2 期上，那么刘殿爵撰写此文的受众又必然是以西方汉学家为主，并一定会引起他们关注《论语》翻译及解释中的相关问题。我们甚至有理由认为，该文的写作与其日后的《论语》英译存在着某种内在的关联；或者可以更大胆地推测，这篇论文就是其《论语》英译过程中所关涉的一个具体的经文释义问题。因此，在很大程度上，这一问题也是暗自针对西方汉学家以往的《论语》翻译而提出的。

　　具体而言，刘殿爵在其文章中首先认为，何晏以"覆"及"反覆"来解释"复"并未使其意义明确。① 如前所述，"反覆"本身就有多种意义内涵。其次，刘殿爵也同样反对朱熹将"复"训为"践言"的主张，并引程树德在《论语集释》中的观点为佐证。② 程树德在该书中指出："'复'训反覆，汉唐以来旧说如是，从无'践言'之训，《集注》失之。"③ 然而，就在这段按语的开始处，程树德引桂馥《札朴》曰："据《左》哀十六年《传》'复言，非信也'，杜《注》'言之所许，必欲复行之，不顾道理。'谓不顾道理，则信不近义，故曰非信。"④ 在此，杜预（222—285）将"复"训为"复行"，而"复言"即是"复行所许之言"，其与朱熹之"践言"并无太大分别，而此亦可见朱注并非毫无根据。

　　其实，朱熹在《论语或问》中解释"践言"之训时用到的也是《左传》中的这个例子：

　　　　或问："所谓约信而合宜，则言必可践，何也？"曰："人之约信，
　　　固欲其言之必践也。然其始也，或不度其宜焉，则所言将有不可践者
　　　矣。以为义有不可而遂不践，则失其信。以为信之所在而必践焉，则

---

　　① 刘殿爵：《论"复言"一词》（D. C. Lau, "On the Expression *Fu Yen* 復言," *Bulletin of the School of Oriental and African Studies*, vol.36, no.2, 1973, p.324）。

　　② 同上书，第 326 页。

　　③ 程树德撰，程俊英、蒋见元点校：《论语集释》（第一册），北京：中华书局，1990 年，第 51 页。

　　④ 同上书，第 50 页。

　　按：此段引文与笔者所据"清嘉庆十八年李宏信小李山房刻本"《札朴》卷二《温经》（第 23 页 b）略有出入。

害于义。二者无一可也。若约信之始而又求其近于义焉，则其言无不可践，而无二者之失矣。"或曰："然则，叶公所云复言非信者，何耶？"曰："此特为人之不顾义理，轻言而必复者发，以开其自新之路耳。若信之名，则正以复其言而得之也。"①

然而，特别令我们不解的是，刘殿爵在《论"复言"一词》中也征引了《左传》中的相关文字，②但其对杜预的注释却只字未提。而在对朱注进行质疑时，他还提到了《朱子语类》中对"践言"与"信"的解释，③但对《论语或问》中这一更为切题的材料却同样未予理会。

由于朱熹"践言"之训依据西晋杜预《左传》之注，所以程树德"汉唐以来旧注如是"之说也似乎难以成立。再者，南朝梁皇侃对"信近于义，言可复也"的疏文为："信，不欺也；义，合宜也；复，犹验也。夫信不必合宜，合宜不必信。若为信近于合宜，此信之言，乃可复验也。若为信不合宜，此虽是不欺，而其言不足复验也。"④皇侃训"复"为"验"虽不知何据，但"汉唐以来旧注"并非总是训"复"为"反覆"则可明矣。

刘殿爵对于朱注的第二个质疑集中在"句法关系"上，他认为"信近于义，言可复也"的逻辑关系必须以何晏为是。何晏对于该句的理解为，"信"之所以能近于"义"，是因为"其言可反复"。然而，这一问题刘宝楠在《论语正义》中已经提及，其曰："《注》以'近义'是由'复言'后观之，盖知其人言可反复，晓其近于义也。下《注》以其能'远耻辱'，故曰'近礼'，义同。"⑤不过，刘宝楠自己的解释却采取了与朱熹相近的句

① （宋）朱熹：《论语或问》卷一，见于《朱子遗书》（五），清康熙中御儿吕氏宝诰堂重刊白鹿洞原本，第 22 页 b。
② 参见刘殿爵《论"复言"一词》（D. C. Lau, "On the Expression *Fu Yen* 復言," *Bulletin of the School of Oriental and African Studies*, vol.36, no.2, 1973, p.327）。
③ 同上书，第 326 页。
④ （南朝梁）皇侃撰，高尚榘校点：《论语义疏》，北京：中华书局，2013 年，第 18 页。
⑤ （清）刘宝楠：《论语正义》一，清光绪十四年南菁书院刻《皇清经解续编》本，第 20 页 a。

法（尽管其对"复"的理解仍依从何晏），其曰："人初言之，其信能近于义，故其后可反覆言之。"① 这一解释是说，只有能近于"义"的"信"，或因为此"信"近于"义"，其"言"才可"反覆"（在朱熹而言则为"践行"）。这两种解释的因果关系正好相反，但是，在缺乏前后语境的情况下，我们似乎并没有充分的证据来表明朱熹或刘宝楠的句法关系选择一定是错误的。

刘殿爵将"复"训为"再"或"反复"的证据来自《管子》，《管子·形势》载曰："言而不可复者，君不言也；行而不可再者，君不行也。凡言而不可复，行而不可再者，有国者之大禁也。"② 而《管子·形势解》对前两句的解释亦为：

> 人主出言，不逆于民心，不悖于理义，其所言足以安天下者也，人唯恐其不复言也。出言而离父子之亲，疏君臣之道，害天下之众，此言之不可复者也，故明主不言也。故曰："言而不可复者，君不言也。"人主身行方正，使人有理，遇人有礼，行发于身而为天下法式者，人唯恐其不复行也。身行不正，使人暴虐，遇人不信，行发于身而为天下笑者，此不可复之行，故明主不行也。故曰："行而不可再者，君不行也。"③

在上述两段文字中，"复"与"再"可以互训是较为清楚的。刘殿爵也正是以此为据，认为《论语》中"言可复也"的"复"也是"再"的意思。因此，其将"言可复也"的具体内涵解释为"Unless one is truthful in, and faithful to, one's word, one can never say the same thing again"，④ 即

---

① （清）刘宝楠：《论语正义》一，清光绪十四年南菁书院刻《皇清经解续编》本，第19页b。

② （周）管仲撰，（唐）房玄龄注，（明）刘绩增注：《管子》，见于《二十二子》，上海：上海古籍出版社缩印浙江书局汇刻本，1986年，第93页中栏至下栏。

③ 同上书，第170页中栏至下栏。

④ 刘殿爵：《论"复言"一词》（D. C. Lau, "On the Expression *Fu Yen* 復言," *Bulletin of the School of Oriental and African Studies*, vol.36, no.2, 1973, p.331）。

"除非某人诚于并忠于其言，他绝不能再说出同样的事情"。在此，刘殿爵确实比何晏更加明确了"言可复也"的内涵，即某一言说之所以能被重复是因为其所言说之物是信实的。然而，宋邢昺对前引何晏注之疏文即为："人言不欺为信，于事合宜为义。……言虽非义，以其言可反复不欺，故曰近义。"① 由是可知，刘殿爵的解释似乎也并未真正超越邢疏。

　　在论文中，刘殿爵将"信近于义，言可复也"译为"Truthfulness is close to being moral in that [true] words are capable of being repeated"，② 可见这一翻译与其之后译本中的译文差别不大。然而，刘殿爵以《管子》释《论语》的方法并非无懈可击。《管子》中"言""行"对举，进而"复""再"互训似无可争议。但是，《论语》之文所强调的是"言"与"信"及"义"的相关性，两个文本的整体语境是不尽相同的。而朱熹依杜预"复行"之训，以"践言"来解释"信"与"义"的关系其实是可以成立的，而且《左传》与《论语》的相关语境也更为接近。杨伯峻在《论语译注》中亦以《左传》为例来解释"复"字：

　　　　《左传》僖公九年荀息说："吾与先君言矣，不可以贰，能欲复言而爱身乎？"又哀公十六年叶公说："吾闻胜也好复言，……复言非信也。"这"复言"都是实践诺言之义。《论语》此义当同于此。朱熹《集注》云："复，践言也。"但未举论证，因之后代训诂家多有疑之者。童第德先生为我举出《左传》为证，足补古今字书之所未及。③

但实际上朱熹只是未在《论语集注》中举证罢了，前引其《论语或问》中所举之证恰与杨伯峻第二例"叶公"之言相同。而杨逢彬在《论语新注新译》中除《左传》之外又举出《国语》中的一例："这（《左传》）两处

　　① （魏）何晏等注，（宋）邢昺疏：《论语注疏》，见于《十三经注疏》（下册），北京：中华书局影印世界书局阮元校刻本，1980年，第2458页中栏。
　　② 刘殿爵：《论"复言"一词》（D. C. Lau, "On the Expression *Fu Yen* 復言," *Bulletin of the School of Oriental and African Studies*, vol.36, no.2, 1973, p.331 ）。
　　③ 杨伯峻译注：《论语译注》，北京：中华书局，2005年，第8—9页。

三例'复言'与《国语·楚语下》子高（即叶公）所说'复言而不谋身，展也'一样，都是实践诺言之义。"① 其实，杨伯峻所举《左传》中的两例，分属于刘殿爵文章中的第 [9] 例与第 [7] 例，而杨逢彬《国语》的例子则为其第 [8] 例。② 但刘殿爵却认为 [7][8] 两例语义不明，第 [9] 例也只是表面上支持朱熹的注释，因此都不能作为决定性的证据。③ 那么，即便上述几例均不足以确立以"践言"释"复"的正当性，但刘殿爵似乎也没有给出《论语》和《管子》中两个如此不同的文献可以互释的充分理由。

当然，必须再次申明的是，我们在此绝不是要完全否定刘殿爵的解释，只是其论证过程中的问题必须予以阐明。而如前所述，就前文所举对"复"字的英译而言，选择"实践诺言"之义的译者明显居多，且理雅各、苏慧廉和阿瑟·韦利的译本在西方的影响又至为深广。那么，刘殿爵是否有急于"覆"其"践言"之义而"反"之于"重复"之义的嫌疑呢？其实，平心而论，对于"信近于义，言可复也"在"复"字的训释上，我们不妨兼存"重复"与"践言"两义。况且，"重复"这一相对原初的意义难道不能进一步引申出"践言"的内涵吗？而在句法关系上，我们也同样不必唯何晏是从。

此外，上述对"信近于义，言可复也"之翻译与解释的探讨，其实充分体现了西方汉学与中国经学的双向互动。正是由于汉学的存在，经学才得以借助"他者"的眼光重新审视自身的注疏与诠释中的问题。因为当《论语》的经文需要被转换成另一种语言之时，译者就必须在不同的理解与解释中有所取舍，从而使某些本不太受重视的诠释问题变得亟待解决。所以，西方汉学与中国经学的互动，使得某些多少为自身语言的同质性所缓解的经学诠释问题，以一种极为"醒目"的方式重新引起本土学者的关注，并促使其对相关问题进行更加深入地思考与阐释。扩而言之，这种互

---

① 杨逢彬著，陈云豪校：《论语新注新译》，北京：北京大学出版社，2016 年，第 13 页。按：引文中第一个括号里的字为笔者所加。

② 刘殿爵：《论"复言"一词》（D. C. Lau, "On the Expression *Fu Yen* 復言," *Bulletin of the School of Oriental and African Studies*, vol.36, no.2, 1973, pp.327–328）。

③ 同上书，第 329—330 页。

动甚至可以进一步促进中西方在道德、伦理、哲学及宗教等领域的相互敞开与融通互释。因此，西方汉学与中国经学的相遇必然会催生出某种"间性文化"（interculture），而当人类在面对当代社会的种种危机之时，这种"间性文化"也许会起到至关重要的作用。

第十四章·子曰："君子食无求饱，居无求安，敏于事而慎于言，就有道而正焉，可谓好学也已。"

J. L. XIV. **The Master said, 'He who aims to be a man of complete virtue**[①] **in his food does not seek to gratify his appetite, nor in his dwelling-place does he seek the appliances of ease; he is earnest in what he is doing, and careful in his speech; he frequents the company of men of principle that he may be rectified: —such a person may be said indeed to love to learn.'**

J. M. XIV. Chee says, the honorable man, eating, seeks not fulness; resting, seeks not enjoyment: he is diligent in business, and attentive to his word, that he may duly regulate his course. This may be termed true learning.

D. C. XIV. Confucius says, that the superior man seeks not to pamper his appetite, nor to live at ease: he is diligent in the practice of his duty, cautious in his words, and comes to men of right principles that he may be corrected. Such a man may be said to be a lover of learning.

W. J. XIV. A saying of the Master: —

The man of greater mind who, when he is eating, craves not to eat to the full; who has a home, but craves not for comforts in it; who is active and earnest in his work and careful in

---

① 按：［英］理雅各《中国经典》第一卷"初版本"（p.7）与"现代本"（p.120）在"virtue"后有"逗号"。

his words; who makes towards men of high principle, and so maintains his own rectitude;　—that man may be styled a devoted student.[1]

W. S. XIV.　The Master said: "The Scholar[2] who in his food does not seek the gratification of his appetite, nor in his dwelling is solicitous of comfort, who is diligent in his work, and guarded in his speech, who associates with the high-principled and thereby rectifies himself (derects himself aright),[3] —such a one may really be said to love learning."

朱注：好，去声。不求安饱者，志有在而不暇及也。敏于事者，勉其所不足。慎于言者，不敢尽其所有余也。然犹不敢自是，而必就有道之人，以正其是非，则可谓好学矣。凡言道者，皆谓事物当然之理，人之所共由者也。

尹氏曰："君子之学，能是四者，可谓笃志力行者矣。然不取正于有道，未免有差，如杨墨学仁义而差者也，其流至于无父无君，谓之好学可乎？"（第52页）

32. 释"敏"

在对此章"敏"字的翻译上，马士曼、高大卫和苏慧廉都使用了"diligent"一词。马士曼在"汉字附注"中将"敏"（Munn）解释为"diligent, thorough, quick, attentive"（J. M.: 59），苏慧廉亦以"快速"（W. S.: 139）释"敏"。朱注仅言"敏于事者，勉其所不足"，实际上并未解释"敏"字的具体内涵。而《论语注疏》引"孔注"曰："敏，疾也。"邢疏则云："言当敏疾于所学事业，则有成功。《说命》曰：'敬逊务

---

① 按："rectitude"之后的"分号"在［英］詹宁斯《论语》"东方文学本"（p.9）和"流行经典本"（p.11）中被删除。

② 按："Scholar"在［英］苏慧廉《论语》"世经本"（p.6）中作"scholar"。

③ 按：括号里的字为［英］苏慧廉《论语》"世经本"（p.6）中的"异文"。

时敏，厥修乃来'是也。"① 不过，以"敏疾"释"敏"仍不能使其意义明确的显现。《说文解字》亦训"敏"为"疾也"，但同样没有给出进一步的解释。② 尽管如此，马士曼的"quick"与苏慧廉的"快速"，恐怕均与"敏，疾也"之训有关。而马士曼的解释则很可能出自《康熙字典》，其于"敏"字下曰："《说文》：'疾也。'《释名》：'敏，闵也。进叙无否滞之言也，故汝颍言敏曰闵。'《书·大禹谟》：'黎民敏德。'"③ 那么，理雅各和詹宁斯分别以"earnest"和"active and earnest"来译"敏"字，应该也都有考虑到"疾"的内涵。

校释者按

在《论语》英译本中，较早地使用"quick"来翻译此章之"敏"字的是刘殿爵，他将"敏于事而慎于言"译为"He is quick in action but cautious in speech"。④ 而大卫·欣顿亦将此句译为"They're quick in action but cautious in word"，而且在其书后还列有刘殿爵的译本。⑤ 然而，问题是"孔注"之"敏，疾也"一定要理解为"迅疾""快速"之义吗？若仅以"迅疾"之义释"敏"，则难怪乎焦循会在《论语补疏》中对此提出异议。其引《公羊传》唐徐彦（生卒不详）疏及《左传》杜预注将"敏"训为"审也"，又曰："圣人教人，固不专以疾速为重耳。"⑥ 而刘宝楠《论语正义》则云："《说文》：'敏，疾也。'敏于事谓疾勤于事，不懈倦也。下

---

① （魏）何晏等注，（宋）邢昺疏：《论语注疏》，见于《十三经注疏》（下册），北京：中华书局影印世界书局阮元校刻本，1980 年，第 2458 页下栏。

② 参见（汉）许慎《说文解字》，北京：中华书局影印清同治十二年陈昌治刻本，1978年，第 67 页。

③ （清）张玉书、陈廷敬等编撰：《康熙字典》卯集下《攴部》，康熙五十五年武英殿刻本，第 10 页 b。

④ 刘殿爵译：《论语》（ D. C. Lau, trans., *The Analects*, Hong Kong: The Chinese University Press, 2010, p.7）。

⑤ ［美］大卫·欣顿译：《论语》（ David Hinton, trans., *The Analects*, Berkeley: Counterpoint, 1998, pp.6–7, 251）。

⑥ （清）焦循：《论语补疏》，清咸丰十一年《皇清经解》（卷一千一百六十五）补刊本，第 15 页 a—16 页 b。

篇'讷于言而敏于行',训同。"① 随后,其曰又引焦循之说并案曰:"焦说与孔注义相辅。闻斯行之,夫子以教冉有,是亦贵疾速可知。"② 其实,刘宝楠以"疾勤""不懈倦"之义释"敏"字之内涵,即已表明此处之"疾"并非"疾速"之义,而是由之引申为"勤勉而不懈怠"。但刘氏欲弥合"焦说与孔注",又归之于"疾速"之义,似有所失焉。且从"语势"而言,以"审"训"敏"与"慎于言"之"慎"意有重叠。同样,《论语·里仁》中"敏于行"与"讷于言"也是相对而言,"讷"有"迟钝"之义,而"敏"则相反,然其"疾速"非"为疾速而疾速",实为"勤勉不倦"之义。

因此,很多译本均以"diligent"译"敏"还是比较恰当的,只是其恐怕很难深入中国传统注疏以从中取义。黄继忠则将"敏于事而慎于言"译为"He is brisk in action and discreet in speech",③ "brisk"一词有"轻快""敏捷""忙碌""干练"等内涵,其也不失为对"敏"字的一个较为传神的翻译。此外,还有一个问题值得我们注意,即对"字义"的理解有时会影响到对"句法关系"的判断,反之亦然,或曰"字义"与"句法"的"诠释循环"。如刘殿爵、欣顿直接以"quick"译"敏",即是将"敏"与"慎"相对,因此二人均将连接"敏于事"和"慎于言"的"而"译为"but",而不像大部分选本译者那样译为"and"。但是,究竟是"字义"决定了"句法",还是"句法"决定了"字义",我们无从知晓,因而名之为"循环"。而黄继忠的"brisk"远较"quick"含混,其以"and"译"而"亦不足为怪。

至于此章中的"君子"一词,马士曼和高大卫都分别使用了他们常用的译法,即"the honorable man"和"the superior man"。理雅各在此实际上是采用了解释性的翻译,其为"He who aims to be a man of complete

---

① (清)刘宝楠:《论语正义》一,清光绪十四年南菁书院刻《皇清经解续编》本,第20页b。

② 同上。

③ [美]黄继忠译:《论语》(Chichung Huang, trans., *The Analects of Confucius: A Literal Translation with an Introduction and Notes*, Oxford: Oxford University Press, 1997, p.50)。

virtue"。对于"君子食无求饱，居无求安"一句，郑玄注曰："学者之志，有所不暇。"①但他并没有明言"学者所志为何"，理雅各的翻译等于是引申了郑注，"学者志于道德之完善"。苏慧廉在此使用的是"Scholar"，这亦可能有上述郑注之影响。而苏慧廉在列举理雅各译文时则出现了一个错误，他将"a man of complete virtue"写成了"a man of complete wisdom"（W. S.: 139）。尤其是在汉语的意义上，"智"与"德"是不容被混淆的。

《论语笔解》释此章曰："凡人事、政事皆谓之事迹，若道则圣贤德行，非记诵文辞之学而已。孔子曰：'有颜回者好学，不迁怒，不贰过。'此称为好学。孔云问事是非，盖得其近者、小者，失其大端。"②明王恕（1415—1508）《石渠意见》亦曰："盖言君子饮食不暇求饱，居处不暇求安者，志于'敏于事而慎于言'也……就有道之人而正所言所行之是非。……盖古之学者，其要在乎谨言慎行以修身，非徒记诵辞章而已。"③其又曰："今之学者，惟务记诵辞章，以取科第而已。其于言行也，多不致谨，此其所以不及古人也与！"④可见，本章与首章"学而时习"及"孰为好学"等章，都从不同侧面诠释了儒家之"学"重在"德性"（virtue）而非"智慧"（wisdom）。

此外，杨伯峻《论语译注》在该章注释中又指出，此处之"君子"大概指"有德者"，因为很多地方较难分出是"有德者"还是"有位者"。⑤如前所述，《论语》中许为"君子"之人固然"有德"，但多半也是"有位"之人，所以不必强求某处之"君子"到底是"有德者"还是"有位者"。而理雅各在此章随文翻译"君子"一词，似更为贴近本章之"主旨"。

---

① （魏）何晏等注，（宋）邢昺疏：《论语注疏》，见于《十三经注疏》（下册），北京：中华书局影印世界书局阮元校刻本，1980年，第2458页下栏。

② （唐）韩愈等：《论语笔解》，民国十年上海博古斋景行《墨海金壶》本，第2页a。

③ （明）王恕：《石渠意见》卷二《论语》，清光绪二十二年重刊《惜阴轩丛书》本，第2页a。

④ 同上。

⑤ 杨伯峻译注：《论语译注》，北京：中华书局，2005年，第9页。

第三节 《论语·学而》第十五至十六章

第十五章 / 一节 · 子贡曰："贫而无谄，富而无骄，何如？"子曰："可也；未若贫而乐，富而好礼者也。"

J. L. XV.1. Tsze-kung said, 'What do you pronounce concerning the poor man who yet does not flatter, and the rich man who is not proud?' The Master replied, 'They will do; but they are not equal to him, who, though poor, is yet cheerful, and to him, who, though rich, loves the rules of propriety.'

J. M. XV.1. Chee-koong says, call it be, that the poor shall not be adulatory and the rich not haughty? Chee says, it can. May not the poor possess contentment, and the rich, true politeness?

D. C. XV.1. Tsze Loo asked what may be said of him who is poor, yet free from servile adulation; rich yet void of haughtiness. Confucius replied, he may pass, but is not equal to him who though poor, yet joyful; rich yet a lover of propriety.

W. J. XV.1. Tsz-kung asked, 'What say you, sir, of the poor who do not cringe and fawn; and what of the rich who are without pride and haughtiness?' 'They are passable,' the Master replied; 'yet they are scarcely in the same category as the poor who are happy, and the rich who love propriety.'

W. S. XV.1. "What do you think," asked Tzŭ Kung, "of the man who is poor yet not servile, or who is rich yet not proud?" "He will do," replied the Master, "but he is not equal to the man who is poor and yet happy, or rich and yet loves Courtesy."[①]

---

① 按："Courtesy" 在［英］苏慧廉《论语》"世经本"（p.7）中作 "courtesy"。

朱注：乐，音洛。好，去声。谄，卑屈也。骄，矜肆也。常人溺于贫
富之中，而不知所以自守，故必有二者之病。无谄无骄，则知
自守矣，而未能超乎贫富之外也。凡曰可者，仅可而有所未尽
之辞也。乐则心广体胖而忘其贫，好礼则安处善，乐循理，亦
不自知其富矣。子贡货殖，盖先贫后富，而尝用力于自守者，
故以此为问。而夫子答之如此，盖许其所已能，而勉其所未至
也。（第 52—53 页）

33. 释"贫而乐"

清陈鳣（1753—1817）《论语古训》对"未若贫而乐"注曰："郑
《注》本无'道'字，《集解》兼采《古论》，下引孔曰'能贫而乐道'，
是孔注《古论》本有'道'字。司马迁从孔安国问《古文尚书》，《史记》
所载语亦是《古论》，《仲尼弟子传》引《论语》曰'不如贫而乐道'，正
与孔合。"[①] 由此可知，"贫而乐"在《古论》中应作"贫而乐道"，但是现
在的通行本均依郑玄而无"道"字，朱熹《论语集注》亦是如此。但若从
上下文的对应关系来看，"乐道"正可与"好礼"相对，则似应有此"道"
字。不过，上述五位译者无论是在译文中还是在注释中，都未提到这一
点。当然，这多半也是因为朱注的缘故，若朱熹认为应该或者提到可能有
此"道"字，那么在五位译者的译文或注释中必然会有所体现。

威妥玛在其《论语》译本中虽也将"贫而乐"译为"though poor, is
happy"，但在注释中却指出，有的文本表明"乐"后面应该有"道"字，
即"the poor rejoice in wisdom"，句法结构也可以证明这一点。[②] 而从阿
瑟·韦利开始，很多译者都直接将"道"字体现在译文之中，现将部分译
本的译文列表如下：

---

① （清）陈鳣：《论语古训》卷一，清光绪九年浙江书局刊本，第 7 页 a。
② 参见［英］威妥玛译《论语：被西方世界作为 Confucius 而知晓的孔子的言论》
（Thomas Francis Wade, trans., *The Lun Yü: Being Utterances of Kung Tzǔ, Known to the Western
World as Confucius*, Hertford: Stephen Austin, 1869, p.6）。

译　者	贫而乐（道）
阿瑟·韦利（Arthur Waley），1938	Poor, yet delighting in the Way [1]
刘殿爵（D. C. Lau），1979	Poor yet delighting in the Way [2]
杜胜（Raymond Dawson），1993	Poor but delighting in the Way [3]
黄继忠（Chichung Huang），1997	one who is Poor but delights in the Way [4]
大卫·欣顿（David Hinton），1998	*When poor, delighting in the Way* [5]
安乐哲、罗思文（Roger T. Ames and Henry Rosemont, Jr.），1998	Poor but enjoying the way (*dao* 道) [6]
华兹生（Burton Watson），2007	poor but happy in the Way [7]

我们可以看到这些译文都大体相仿，并且共同体现出朱注在某些方面逐渐被淡化的倾向。

校释者按

在高大卫的译文中，出现了一个令人匪夷所思的错误。本章对话者为子贡和孔子，但是高大卫却将章首的"子贡"译成了"子路"（Tsze Loo），而注释中却又谈及"子路"先贫后富之事（D. C.: 65）。此事亦应源于朱注，但朱注中明明说的是"子贡"。当然，这本可以被认为是一时疏忽而产生的错误。不过，在本章下一节中，高大卫又将赋《诗》作答的

---

① ［英］阿瑟·韦利译：《论语》（Arthur Waley, trans., *The Analects of Confucius*, New York: Vintage Books, 1989, p.87）。

② 刘殿爵译：《论语》（D. C. Lau, trans., *The Analects*, Hong Kong: The Chinese University Press, 2010, p.7）。

③ ［英］杜胜译：《论语》（Raymond Dawson, trans., *The Analects*, Oxford: Oxford University Press, 2008, p.5）。

④ ［美］黄继忠译：《论语》（Chichung Huang, trans., *The Analects of Confucius: A Literal Translation with an Introduction and Notes*, Oxford: Oxford University Press, 1997, p.50）。

⑤ ［美］大卫·欣顿译：《论语》（David Hinton, trans., *The Analects*, Berkeley: Counterpoint, 1998, p.7）。

　　按：该段引文在原文中即为"斜体"。

⑥ ［美］安乐哲、罗思文译：《论语：一种哲学化的翻译》（Roger T. Ames and Henry Rosemont, Jr., trans., *The Analects of Confucius: A Philosophical Translation*, New York: Ballantine Books, 1999, p.75）。

⑦ ［美］华兹生译：《论语》（Burton Watson, trans., *The Analects of Confucius*, New York: Columbia University Press, 2007, p.18）。

人归于"子贡",并在注释中指出"子贡"听说了孔子对"子路"的回答,然后引《诗》以明夫子隐而未发之义(D. C.: 65)。这一牵合前一错误的说法,实在让人有些无奈。

第十五章 / 二节·子贡曰:"《诗》云:'如切如磋,如琢如磨',其斯之谓与?"

J. L. XV.2. **Tsze-kung replied, 'It is said in the Book of Poetry, "As you cut and then file, as you carve and then polish." —The meaning is the same, I apprehend, as that which you have just expressed.'**

J. M. XV.2. Chee-koong says, the See has it written, "First cut, then smoothe; carve, then polish." This is rightly said.

D. C. XV.2. Tsze Kung replied, the ode says, cut then smooth, carve then polish.

W. J. XV.2. 'In the *Book of the Odes*,' Tsz-kung went on to say, 'we read of one

"Polished, as by the knife and file,

The graving-tool, the smoothing-stone."

Does that coincide with your remark?' ①

W. S. XV.2. Tzŭ Kung remarked: ('The Ode says this is)②

"The Ode says: —

'Like cutting, then filing;

Like chiselling, then grinding.'

That is the meaning of your remark, is it not? "

朱注:磋,七多反。与,平声。《诗·卫风·淇澳》之篇,言治骨角者,既切之而复磋之;治玉石者,既琢之而复磨之;治之已

---

① 按:"*Book of the Odes*"在〔英〕詹宁斯《论语》"东方文学本"(p.9)和"流行经典本"(p.11)中为"正体"并被加上"引号",而后面所引《诗经》中的诗句却未加"引号"。

② 按:括号里的字为〔英〕苏慧廉《论语》"世经本"(p.7)中的"异文",且后面所引《诗经》中的诗句未加"引号"。

精，而益求其精也。子贡自以无谄无骄为至矣，闻夫子之言，又知义理之无穷，虽有得焉，而未可遽自足也，故引是诗以明之。(第 53 页)

34. 释"如切如磋，如琢如磨"

"如切如磋，如琢如磨"本《毛诗·卫风·淇奥》之句，其《序》曰："《淇奥》，美武公之德也。有文章，又能听其规谏，以礼自防，故能入相于周，美而作是诗也。"①子贡"断章取义"，以发夫子教训之微旨。朱熹对该句的解释为："言治骨角者，既切之而复磋之；治玉石者，既琢之而复磨之；治之已精，而益求其精也。"因此，我们可以看到，除詹宁斯之外，其他四位译者对"如切如磋，如琢如磨"的翻译均采用了"…then…"的句式。"then"在此应该表示一种"承递关系"，并在某种程度上可与朱注之"既……而复……"相对应。

然而，何晏引"孔注"曰"能贫而乐道，富而好礼者，能自切磋琢磨"，②似无朱熹"精益求精"之义。清刘台拱（1751—1805）《论语骈枝》也曾指出："《释器》云：'骨谓之切，象谓之磋，玉谓之琢，石谓之磨。'《释训》云：'如切如磋，道学也；如琢如磨，自修也。'三百篇古训古义存者仅矣。独此二句，则此章问答之旨，断可识矣。盖无谄无骄者，生质之美；乐道好礼者，学问之功。"③进而，刘台拱对前人的注疏亦提出了批评：

> 《集解》及皇、邢二《疏》，并鹘突不分明。朱《注》不用《尔雅》，而创为已精益精之说。推是义不过以切、琢喻可也，磋、磨喻未若。比例虽切，而于圣人之意初无所引申，何足发告往知来之叹。

---

① （汉）毛公传，（汉）郑玄笺，（唐）孔颖达等正义：《毛诗正义》，见于《十三经注疏》（上册），北京：中华书局影印世界书局阮元校刻本，1980 年，第 320 页下栏。

② （魏）何晏等注，（宋）邢昺疏：《论语注疏》，见于《十三经注疏》（下册），北京：中华书局影印世界书局阮元校刻本，1980 年，第 2458 页下栏。

③ （清）刘台拱：《论语骈枝》，清咸丰十一年《皇清经解》（卷七百九十八）补刊本，第 1 页 a。

况此例句法本篇即有"如金如锡，如圭如璧"，综计全经"如山如阜，如冈如陵"之类，不下十数句，皆一字一义，不以缀属联贯为文，以是推之《尔雅》旧义，恐不可复易也。[①]

总体而言，刘氏之说若是解释《诗经》本文可能确实较为合理。但如前所述，子贡是"断章取义"，其以"赋《诗》"所言之"志"，我们似不应完全从所谓《诗》之"本义"上来考查。若就上下文而言，朱子之说亦不无可取之处。

校释者按

在同一时期，选本以外的译者大都未采用"…then…"这一"承递关系"的句式，而是代之以"并列关系"。特别值得我们注意的是理雅各，他在《论语》中虽然采用了前一种句式，但在具体翻译《诗经》时却改为了后一种。其"散文体"《诗经》对"如切如磋，如琢如磨"的翻译为"As from the knife and file, As from the chisel and the polisher"，[②]而"韵文体"亦为"As knife and file make smooth the bone, As jade by chisel wrought and stone"。[③]其实，亦如前述，子贡在《论语》中"断章取义"，而理雅各于《诗经》本文另作处理也属当然。此外，清代以后的《论语》英译本也多采用"并列句式"，现将选本时期与其后译本的相关译文列表

---

① （清）刘台拱：《论语骈枝》，清咸丰十一年《皇清经解》（卷七百九十八）补刊本，第1页 a—b。

② ［英］理雅各译：《中国经典：附有译文、注疏、绪论及详细索引》港大本／第四卷（James Legge, trans., *The Chinese Classics: With a Translation, Critical and Exegetical Notes, Prolegomena, and Copious Indexes*, vol. IV, *The She-King, or The Book of Poetry*, Hong Kong: Hong Kong University Press, 1960, p.91）。

③ ［英］理雅各译：《中国经典：已被译成英文并附介绍性文章及注释》现代本／第三卷（James Legge, trans., *The Chinese Classics: Translated into English, with Preliminary Essays and Explanatory Notes*, vol.III, *The She King; or, The Book of Poetry*, London: Trübner & Co., 1876, p.102）。

如下：

译　者	如切如磋，如琢如磨
威妥玛（Thomas Wade），1869	as [the bone, or ivory] is cut, is polished; [as the stone] is worked into pieces, is made smooth. ①
詹宁斯（William Jennings），1895	"Polished, as by the knife and file, The graving-tool, the smoothing-stone."
辜鸿铭（Ku Hung-ming），1898	'We must cut, we must file, 'Must chisel and must grind.' ②
赖发洛（Leonard Lyall），1909	'If ye cut, if ye file. If ye polish and grind'; ③
阿瑟·韦利（Arthur Waley），1938	As thing cut, as thing filed, As thing chiselled, as thing polished ④
刘殿爵（D. C. Lau），1979	Like bone cut, like horn polished, Like jade carved, like stone ground. ⑤
杜胜（Raymond Dawson），1993	"As cut, as filed, as chiselled, as polished." ⑥
黄继忠（Chichung Huang），1997	'Like carving, like filing; Like chiseling, like polishing.' ⑦
西蒙·莱斯（Simon Leys），1997	'Like carving horn, like sculpting ivory, like cutting jade, like polishing stone.' ⑧

---

①　[英]威妥玛译：《论语：被西方世界作为 Confucius 而知晓的孔子的言论》（Thomas Francis Wade, trans., *The Lun Yü: Being Utterances of Kung Tzǔ, Known to the Western World as Confucius*, Hertford: Stephen Austin, 1869, p.6）。

②　辜鸿铭译：《论语：新颖而别致的译本，以引用歌德和其他作家来进行阐释》（Ku Hung-ming, trans., *The Discourses and Sayings of Confucius: A New Special Translation, Illustrated with Quotations from Goethe and Other Writers*, Shanghai: Kelly and Walsh, 1898, p.6）。

③　[英]赖发洛译：《论语》（Leonard A. Lyall, trans., *The Sayings of Confucius*, London: Longmans, Green and Co., 1909, p.3）。

④　[英]阿瑟·韦利译：《论语》（Arthur Waley, trans., *The Analects of Confucius*, New York: Vintage Books, 1989, p.87）。

⑤　刘殿爵译：《论语》（D. C. Lau, trans., *The Analects*, Hong Kong: The Chinese University Press, 2010, p.7）。

⑥　[英]杜胜译：《论语》（Raymond Dawson, trans., *The Analects*, Oxford: Oxford University Press, 2008, p.5）。

⑦　[美]黄继忠译：《论语》（Chichung Huang, trans., *The Analects of Confucius: A Literal Translation with an Introduction and Notes*, Oxford: Oxford University Press, 1997, p.50）。

⑧　[澳]西蒙·莱斯译：《论语》（Simon Leys, trans., *The Analects of Confucius*, New York: W.W. Norton, 1997, p.5）。

续表

译　者	如切如磋，如琢如磨
大卫·欣顿（David Hinton），1998	*as if cut, as if polished,* *as if carved, as if burnished.* ①
安乐哲、罗思文（Roger T. Ames and Henry Rosemont, Jr.），1998	Like bone carved and polished, Like jade cut and ground. ②
森舸澜（Edward Slingerland），2003	'As if cut, as if polished; As if carved, as if ground.' ③
华兹生（Burton Watson），2007	*As something cut, something filed,* *something ground, something polished* ④

　　仅就上述译文而言，可谓"大同小异"，然而，各位译者是否"有意"采用"并列句式"，则值得细细体味。前面曾几次提到威妥玛在注释中使用汉魏古注，并且他的中国助手也以"汉学"见长。所以，威氏采用"并列句式"可能受到其助手的影响。而对于詹宁斯是否了解清代"汉学"与"宋学"的关系，我们表示谨慎的怀疑。实际上，在翻译《论语》之前詹宁斯已于1891年出版了《诗经》译本，其在《论语》中对于"如切如磋，如琢如磨"的翻译与《诗经》中的几乎完全相同。⑤至于辜鸿铭，其理应清楚"如切如磋，如琢如磨"在《毛诗》及《尔雅》中的意义，但他的译文选择是否真的经过这番"深思熟虑"我们已无从查考。

----

　　① ［美］大卫·欣顿译：《论语》（David Hinton, trans., *The Analects*, Berkeley: Counterpoint, 1998, p.7）。
　　按：该段引文在原文中即为"斜体"。
　　② ［美］安乐哲、罗思文译：《论语：一种哲学化的翻译》（Roger T. Ames and Henry Rosemont, Jr., trans., *The Analects of Confucius: A Philosophical Translation*, New York: Ballantine Books, 1999, p.75）。
　　③ ［美］森舸澜译：《论语：附以部分传统注疏》（Edward Slingerland, trans., *Confucius Analects: With Selections from Traditional Commentaries*, Indianapolis: Hackett, 2003, p.6）。
　　④ ［美］华兹生译：《论语》（Burton Watson, trans., *The Analects of Confucius*, New York: Columbia University Press, 2007, p.18）。
　　按：该段引文在原文中即为"斜体"。
　　⑤ 参见［英］詹宁斯译《诗经：严整的韵文体译本并附注释》（William Jennings, trans., *The Shi King: The Old "Poetry Classic" of the Chinese, a Close Metrical Translation, with Annotations*, London: George Routledge and Sons, 1891, p.81）。
　　按：《诗经》译本中的译文仅在"as"前加了一个"—"。

　　不过，阿瑟·韦利的译文似乎应该有着较为审慎的学术考虑，尤其是他对程朱等人将《论语》意义"理学化"的作法颇为不满。[①] 然而，他对汉魏古注也表现出怀疑的态度，[②] 所以，其《论语》的翻译和诠释必然会较多地倚重于清儒。前文曾提到阿瑟·韦利对于"贤贤易色"的翻译，该译文明显源于毛奇龄对朱熹的批评。我们再来看看刘殿爵的译文，他将"骨、角、玉、石"分别与"切、磋、琢、磨"相对应，这实际上亦是秉承了刘台拱"一字一义"之说。但是，不知为何他用"角"来对应"磋"，这一对应较合于朱注，却与《尔雅》"象谓之磋"稍异。

　　至于其他译者的译文，恐怕都是"因循"胜于"洞见"。尤其是森舸澜，他的译文虽然采用了"并列句式"，但是他在注释中却认为：

　　　　"切和磋"与骨和象牙相关，而"琢和磨"则与玉石相关：切和琢是初始的原料阶段，而磋和磨则是后期的加工。在此处"自修"（self-cultivation）被隐喻性的理解为一个艰难的过程：原料的切割，进而（and then）努力完成对这些坚硬材料的加工。[③]

这一解释表明，"切和磋"与"琢和磨"应为"承递关系"，这实际上又与朱注相合，而森舸澜在注释中也确实翻译了朱熹对此章的大部分注文，并且表示了极大的赞许。[④]

　　此外，从上述分析亦可知，《论语》英译者们大都没有注意到中国古代"赋《诗》言志"的传统。不过，对此我们也不应强求，因为即便是刘台拱也没有意识到"《诗经》本文"与"赋《诗》言志"之间的分别。而且，即使是偶有涉及者，也不能从诠释理论上予以明辨。《论语义疏》引江熙云："古者赋《诗》见志。子贡意见，故曰'可与言《诗》矣'。夫所

---

　　① 参见 [英] 阿瑟·韦利《论语·附录 I》（Arthur Waley, Appendix I, *The Analects of Confucius*, by Arthur Waley, trans. New York: Vintage Books, 1989, pp.72–77）。

　　② 同上书，第 71—72 页。

　　③ [美] 森舸澜译:《论语：附以部分传统注疏》（Edward Slingerland, trans., *Confucius Analects: With Selections from Traditional Commentaries*, Indianapolis: Hackett, 2003, p.7）。

　　④ 同上。

贵悟言者，既得其言，又得其旨也。告往事而知将来，谓闻夷齐之贤可以知不为卫君。不欲指言其语，故举其类耳。"① 可见，江熙也只是从现象上指出 "赋《诗》言志" 的问题，而对这一 "意指过程" 中的复杂层次却未予阐明。其实，"翻译" 也是一种跨语言、跨文化的 "意指行为"，甚至可以说是最为广义的 "赋诗言志"；那么，研究者即应尽其所能不断扩大其研究视域，"以意逆志"，是于文化间的交流互进略有所得。

第十五章 / 三节·子曰："赐也，始可与言《诗》已矣，告诸往而知来者。"

J. L. XV.3.　**The Master said, 'With one like Ts'ze,② I can begin to talk about the odes.③ I told him one point, and he knew its proper sequence.'**

J. M. XV.3.　Chee says, Chhee is now able to quote the See. Tell him the past, and he knows what is to come.

D. C. XV.3.　Confucius answered Ssze (Tsze Kung) begins to be capable of quoting the poets. Tell him the past, and he knows the future, (or give him a hint and he knows the conclusion.)

W. J. XV.3.　'Ah! such as you,' replied the Master, 'may well commence a discussion on the Odes. If one tell you how a thing *goes*, you know what ought to *come*.' ④

W. S. XV.3.　"Tz'ŭ⑤!" said the Master. "Now indeed I can begin to talk with him about the Odes, for when I tell him the premise he

---

① （梁）皇侃撰，高尚榘校点：《论语义疏》，北京：中华书局，2013 年，第 21 页。

② 按："Ts'ze" 在 [英] 理雅各《中国经典》第一卷 "初版本"（p.9）和 "现代本"（p.121）中均作 "Tsze"。

③ 按："odes" 在 [英] 理雅各《中国经典》第一卷 "初版本"（p.9）和 "现代本"（p.121）中均作 "Odes"。

④ 按："*goes*" 和 "*come*" 在 [英] 詹宁斯《论语》"东方文学本"（p.9）和 "流行经典本"（p.11）中均为 "正体"。

⑤ 按："Tz'ŭ" 在 [英] 苏慧廉《论语》"世经本"（p.7）中作 "Tz'ŭ"。

knows the conclusion."

朱注：往者，其所已言者。来者，其所未言者。

愚按：此章问答，其浅深高下，固不待辨说而明矣。然不切则磋无所施，不琢则磨无所措。故学者虽不可安于小成，而不求造道之极致；亦不可骛于虚远，而不察切己之实病也。（第53页）

35. 释"往""来"

理雅各将"告诸往而知来者"译为"I told him one point, and he knew its proper sequence"。朱熹释"往者"为"其所已言者"，"来者"为"其所未言者"。可见，理雅各的译文与朱注较为一致。苏慧廉亦将该句译为"when I tell him the premise he knows the conclusion"，与理雅各的译文在意义上并无分歧。而马士曼的译文则为"Tell him the past, and he knows what is to come"，此亦可以说是直译"往""来"。高大卫与詹宁斯亦与之相仿，其译文分别为"Tell him the past, and he knows the future"和"If one tell you how a thing *goes*, you know what ought to *come*"。只是对于一般的英语读者而言，直译"往""来"恐怕很难与前面孔子和子贡的对话及子贡赋《诗》形成一个完整的意义关联。

何晏引"孔注"曰："子贡知引《诗》以成孔子义，善取类，故然之。往告之以贫而乐道，来答以切磋琢磨。"① 众所周知，《诗》长于"比兴"，故多"连类取譬"，子贡得孔子语，而能引《诗》以类比、引申之，故孔子云"始可与言《诗》"。因此，就此章的意义整体而言，理雅各与苏慧廉的"意译"选择还是更为可取的。而高大卫在译文的括号里又将"告诸往而知来者"译为"give him a hint and he knows the conclusion"，可见这一解释性的翻译才使得全章之旨较为显豁。

---

① （魏）何晏等注，（宋）邢昺疏：《论语注疏》，见于《十三经注疏》（下册），北京：中华书局影印世界书局阮元校刻本，1980年，第2458页下栏。

校释者按

就一般意义而言，"始可与言《诗》已矣"之"言"，即为"谈论"之义。但也许是出于子贡"赋"《诗》的缘故，马士曼将此处的"言"字译作"quote"，并且在脚注中也认为该句或可译为"begins to be capable of quoting the See"（J. M.: 66）。而更加有趣的是，高大卫对该句的翻译又与马士曼脚注中的译文如出一辙。二人很可能是想强调子贡赋《诗》或引《诗》这一行为，然而可惜的是，他们并未进一步涉及"引用"（quote）这一"互文现象"背后所潜藏的"意义衍生"问题。

第十六章·子曰："不患人之不己知，患不知人也。"

J. L. XVI. The Master said, 'I will not be afflicted at men's not knowing me; I will be afflicted that I do not know men.'

J. M. XVI. Chee says, grieve not that men know not you; be grieved that you are ignorant of men.

D. C. XVI. Confucius says, be not sorry that men do not know you, but be sorry that you are ignorant of men.

W. J. XVI. ' It does not greatly concern me,' said the Master, 'that men do not know me; my great concern is, my not knowing them.'

W. S. XVI. The Master said: "I will not grieve that men do not know me; I will grieve that I do not know men."

朱注：尹氏曰："君子求在我者，故不患人之不己知。不知人，则是非邪正或不能辨，故以为患也。"（第 53 页）

36. 释"知人"

对于此章之翻译，有四位译者以"men"作结，其与《论语》原文相一致，唯有詹宁斯以"them"代替"men"。从詹宁斯的其他译文可以看出，其好变换词语、句式以别于他人之翻译。而且在译本《导言》中，他也曾表示自己不愿意总是使用"The Master said"（子曰）这一程式化表达，而是以各种不同的形式来替换（W. J.: 35）。但是，《论语》"不患人之不己知，患不知人也"一句，前后两个"人"的内涵是不一致的：前一个"人"可以理解为"他人"，后一个"人"虽然也有"他人"的意思，但亦可引申为"人本身"，即"人之为人的根本"。如朱子引尹焞之语："不知人，则是非邪正或不能辨，故以为患也。"因此，后一个"人"若以"them"代替，则使前后两个"人"均指"他人"，不免使本章之旨大为简化。

校释者按

其实，此章作为《学而》篇之末章正与首章"人不知而不愠"相呼应，又可与其他篇章互参其义：

> 樊迟问仁。子曰："爱人。"问知。子曰："知人。"（《论语·颜渊》）①

> 孔子曰："不知命，无以为君子也；不知礼，无以立也；不知言，无以知人也。"（《论语·尧曰》）②

而"不知言，无以知人也"又是整部《论语》的最后一句，可见编辑者之良苦用心。此亦可明，皇侃所述《论语》一书"义含妙理，经纶今古，自首臻末，轮环不穷"③之语，非虚言也。

《礼记·中庸》曰："仁者人也，亲亲为大。"④《孟子·尽心下》亦曰："仁也者，人也。"⑤是"仁"与"人"可互训，如若我们假之以做过度诠释

---

① （魏）何晏等注，（宋）邢昺疏：《论语注疏》，见于《十三经注疏》（下册），北京：中华书局影印世界书局阮元校刻本，1980年，第2504页下栏。

② 同上书，第2536页上栏。

③ （南朝梁）皇侃撰，高尚榘校点：《论语义疏自叙》，见于（梁）皇侃撰，高尚榘校点《论语义疏》，北京：中华书局，2013年，第3页。

④ （汉）郑玄注，（唐）孔颖达等正义：《礼记正义》，见于《十三经注疏》（下册），北京：中华书局影印世界书局阮元校刻本，1980年，第1629页中栏。

⑤ （汉）赵岐注，（宋）孙奭疏：《孟子注疏》，见于《十三经注疏》（下册），北京：中华书局影印世界书局阮元校刻本，1980年，第2774页下栏。

的话，"知人"亦即"知仁"也。所以，儒家之"知"乃是"知成人（仁）之根本"，其与"学"相同，均以"克己修身"为本务，"非徒记诵辞章而已"。①

---

① （明）王恕:《石渠意见》卷二《论语》，清光绪二十二年重刊《惜阴轩丛书》本，第2页 a。

附　录

作为"补充"的"译名"
——理雅各中国经典翻译中的"上帝"与"圣经"之辨

在正文中，我们已经对《论语·学而》英译选本进行了汇校集释，然而，由于受到这一方法的限制，我们对于其中的某些理论问题未能展开详细的讨论。在本书的结尾部分，我们以理雅各为例，对其在中国经典翻译中所体现的"译名问题"，从"中西经文辩读"的意义上重新展开思考，并力求在某种程度上揭示出中西经文互译过程中某些问题的特殊性与复杂性。

一　"礼仪之争"与"译名之争"

众所周知，新教传教士利用《中国丛报》(*Chinese Repository*)、《教务杂志》(*The Chinese Recorder and Missionary Journal*)等刊物就"Deus/God"这一神学术语的翻译问题展开了旷日持久的"译名之争"(Term Question)。对于这一争论所涉及的具体史实及主要问题，中外学者已有不少论文和专著予以讨论，在此我们仅对一些相关情况加以简要介绍。

理雅各在给《东方圣书》的出版人及翻译赞助人马克斯·缪勒教授的一封信中，曾将新教传教士有关"Deus /God"的中文"译名之争"分为三个阵营。第一个阵营较大，其中的传教士主张用"帝"(Tî)或"上帝"(Shang Tî)来翻译"God"，而用"神"(Shăn)来翻译"Spirit"。① 理

---

① ［英］理雅各:《给马克斯·缪勒教授的一封信——主要就中文术语"帝"与"上帝"的英文译名回复1880年5—6月号〈教务杂志〉署名"询问者"的一封信》(James Legge, "A Letter to Professor F. Max Müller. Chiefly on the Translation into English of the Chinese Terms Tî and Shang Tî in reply to a Letter to him by 'Inquirer' in the 'Chinese Recorder and Missionary Journal' for May–June, 1880," *The Chinese Recorder and Missionary Journal*, vol.12, no.1, [Jan.–Feb.],1881, p.50)。

雅各将自己归于这一阵营，并且认为："无论这一阵营中的所有人是否与我一起说中国经典中的'上帝'就是'God, the true God, our God'，还是其中的一些人回避这种坦诚的自我表达，这都不会破坏在他们为唤醒中国人所做的布道、写作和翻译之中的这种和谐感。"①属于第二个阵营的传教士也很多，他们主张用第一阵营和罗马、希腊教会的传教士用来翻译"Spirit"的"神"来翻译"God"，所以他们又选用了"灵"（Ling）这一术语来翻译"Spirit"。②第三阵营的人数最少，他们追随罗马天主教用"天主"（Thien Kû）来翻译"God"。但是，他们在"Spirit"的翻译上却存在分歧：一部分人同意罗马天主教和第一阵营而使用"神"，另一部分人则因与第二阵营一致而使用"灵"。③

　　实际上，"译名之争"并非始于新教传教士，在清初发生的所谓"礼仪之争"中，"译名"问题也是其争执的核心之一，而这时的传教士均为天主教传教士（Catholic missionary）。不过，《圣经》翻译的"译名"问题似乎还可以追溯至更早，④其实只要存在着"翻译"就必然会伴随着"译名"问题。而清初的"礼仪之争"，也首先以"译名"问题开始。在意大利籍耶稣会（the Society of Jesus）中国会长利玛窦（Matteo Ricci，1552—1610）去世之后，首先在耶稣会内部，继而其他来华天主教修会也参与其间，他们反对罗明坚、利玛窦等人以"天主"、"天"和"上帝"来翻译"Deus"，这些反对者大都赞成西班牙传教士沙勿略（Francis Xavier，1506—1552）使用"徒斯"（或"斗斯"）这一"音译"之名。⑤

　　诚如许多学者所言，新教传教士时期的"译名之争"已经超越了"音

---

　　①　［英］理雅各：《给马克斯·缪勒教授的一封信——主要就中文术语"帝"与"上帝"的英文译名回复 1880 年 5—6 月号〈教务杂志〉署名"询问者"的一封信》（James Legge, "A Letter to Professor F. Max Müller. Chiefly on the Translation into English of the Chinese Terms Tî and Shang Tî in reply to a Letter to him by 'Inquirer' in the 'Chinese Recorder and Missionary Journal' for May–June, 1880," *The Chinese Recorder and Missionary Journal*, vol.12, no.1, [Jan.–Feb.],1881, p.50）。

　　②　同上。

　　③　同上。

　　④　参见李天纲：《中国礼仪之争：历史·文献和意义》，上海：上海古籍出版社，1998 年，第 16 页。

　　⑤　关于"Deus"一词在天主教传教士中的中文翻译问题，可参见戚印平《"Deus"的汉语译词以及相关问题的考察》，《世界宗教研究》2003 年第 2 期，第 88—97 页。

译"的层面，而是集中在如何选择"恰当"的汉语词汇来翻译"Deus/
God"的问题。但是，这一问题体现在理雅各身上又显得更为复杂，他不
仅主张以"帝"或"上帝"来翻译《圣经》中的"God"，而且在其翻译
的《中国经典》及《东方圣书》各分卷中也将其中的"帝"或"上帝"译
作"God"。理雅各这一主张的原因似乎很简单，他在许多相关的论文及
书信中都一再重申：通过多年对中国经典文献的研究和翻译，我认为中国
先民拥有"God"的观念。为了证明这一观点，理雅各广泛列举了中国古
典文献、辞书中的相关材料，甚至还包括明代皇帝敬拜"皇天上帝"的祷
文。① 然而，这些证据无论再丰富也根本不值一驳，因为中国先民不可能
拥有西方人的"上帝"观念！不过，真正的问题并不在此，而在于理雅各
为什么一定要将中国古典文献中的"帝"或"上帝"译作"God"。

　　如前所述，在很多相关的论文和书信中，理雅各一直都在"证明"他
使用"God"来翻译"帝"或"上帝"的合理性，但是这其中很难让我们
窥见他的真实想法。不过，值得注意的是，理雅各曾为 1877 年在上海举
行的新教传教士第一届代表大会撰写了一篇题为《儒教与基督教的关系》
的论文，② 正是该篇论文向我们揭示出理雅各在中国经典翻译中所渗透的
传教策略。在本文中，理雅各还是一如既往地首先申明："中国经典中的
'帝'与'上帝'就是 God—our God—the true God。"③ 然而，紧随其后理
雅各却给出了一段非常重要的表述：

　　　　为了让我们的中国读者和听众也能像我们一样思考上帝，传教
　　士必须在儒家典籍（Confucian books）中大量补充（supplement）有
　　关上帝（Him）的陈述——这要远远超过与犹太人打交道时我们必

---

　　① 参见［英］海伦·伊迪丝·莱格《理雅各：传教士与学者》（Helen Edith Legge, *James
Legge: Missionary and Scholar*, London: The Religious Tract Society, 1905, pp.68–74 ）。
　　② 按：在这次会上很多新教传教士都不赞成理雅各的"译名"选择，因此他们通过投票
拒绝将这篇文章收录在会议论文集里。不过，理雅各的这篇文章后来还是得以单独出版发行，本
文使用的就是这一版本。
　　③ ［英］理雅各：《儒教与基督教的关系》（James Legge, *Confucianism in Relation to
Christianity*, Shanghai: Kelley & Welsh; London: Trübner & Co., 1877, p.3 ）。

须在《旧约》中所补充（supplement）的有关上帝的证据。然而，我们其中哪一个人不是年复一年通过各种思想的研究和努力来增加（adding）有关上帝的知识，并充实（enlarging）他的名的意义？①

在接下来的一段中，理雅各指出"儒教"中的"天"常可以与"帝"互换，而《新约》中的"Heaven"与"God"亦是如此。进而，理雅各又提出了与前段引文极为相似的观点：

> 我希望将来在中国的基督教文献仍能如此；不过，当我们启示性的《圣经》在这个国家里逐渐成为熟悉的书籍时，非人称的"天"将越来越被有人称的"天"所取代（give place to），并且现在被教导的对上帝的敬畏终将会把爱的关注和真诚的信赖加入（will have superadded）他们中间，而这种关注和信赖就是应归于我们的在天之父（Father）、拯救的上帝。②

至此，我们可以很清楚地看到，理雅各之所以用"God"来翻译中国经典中的"帝"或"上帝"就是想用基督教有关"God"的观念来"补充"——或者更准确地说是"取代"——中国人有关"帝"或"上帝"的观念。因此，理雅各所谓"儒教与基督教的关系"，表面上似乎是有"互通性"可循的，但实际上只是一种"被取代"与"取代"的关系。而且，至少就"译名"而言，大部分的"取代"是成功的。当今的中国人在提到"上帝""天主""圣经"等词语时，还会有多少人知道这些都是中国古代典籍中早已存在的词语呢？

---

① ［英］理雅各：《儒教与基督教的关系》（James Legge, *Confucianism in Relation to Christianity*, Shanghai: Kelley & Welsh; London: Trübner & Co., 1877, pp.3-4）。

　　按：译文中的着重号为笔者所加。

② 同上书，第 4 页。

　　按：译文中的着重号为笔者所加。

二 "意义"即"补替"

"补替"（supplément）是法国解构主义哲学家雅克·德里达（Jacques Derrida，1930—2004）在《论文字学》（De la grammatologie）中使用的一个重要概念，其与"延异"（différance）、"踪迹"（trace）、"播撒"（dissémination）等概念共同构成了对西方"在场形而上学"的解构。然而，本文却并不想在解构主义的意义上来使用"补替"；与之相反，我们恰恰看到了这一概念中所蕴涵的"意义建构"的可能性。

在《论文字学》中，"补替"概念的出现主要是为了对卢梭（Jean-Jacques Rousseau，1712—1778）的《爱弥儿或论教育》（Emile ou de l'éducation）一书进行解构式的阅读。德里达指出"补替"包涵两层含义，其第一层意义为：

> 补替补充自身（s'ajoute），它是剩余之物（surplus），是一种完满丰富另一种完满，是完全（comble）的在场。它堆积和积累在场。于是艺术、技艺（technè）、表象、图像、习俗等都以自然的补替而出现，并且富有一切积累的功能。①

德里达对"补替"的第二层意义又给出了下面的表述：

> 但是补替也进行补替（Mais le supplément supplée）。它只为了替换（remplacer）而补充自身（s'ajoute）。它介入或潜入替换性（à-la-place-de）；如果它进行填补，它就如同在填补虚空。如果它进行表象或制造图像，那也是通过在场原有的欠缺。补替既是补充又是替代，它是附属之物（adjoint），是进行替代（tient-lieu）的从属

---

① ［法］雅克·德里达：《论文字学》（Jacques Derrida, De la grammatologie, Paris: Les Éditions de Minuit, 1967, p.208）。

按：加着重号的字在原文中为斜体。

事例。^①

此外，德里达还进一步强调"补替的第二层意义与第一层无法分开"。^②实际上，"补充"和"替换"就是法语"supplément"的两个最主要的义项，而德里达的"补替"概念也正好是"哲学化"地运用了这一点。

值得我们注意的是，在前引《儒教与基督教的关系》这篇论文的几段文字中，理雅各也使用了一个与法语"supplément"同源的英语词语"supplement"。而我们之所以将其译为"补充"而不是"补替"，主要是因为在现代英语中"supplement"作为"替换"或"替代"的意义已经基本消失。^③所以，在该文的结尾之处，理雅各又似乎有些自相矛盾地指出："基督教不能被作为异教信仰的补充（supplement）而添加于其上，也不能在没有重要改变和增加（addition）的情况下将异教信仰挪为己用。"^④这种表面上的矛盾，只能说是现代英语在表达上的一种限度罢了。就理雅各自己而言，这其实一点也不矛盾：对中国经典的"翻译"就是对其进行"基督教教义"的"补充"和"增加"，最终的目的就是"取而代之"。在前面的引文中，我们可以很清楚地看到，理雅各虽然首先使用了"补充"一词，但紧随其后又"加上"了增加（adding）、充实（enlarging）、取代（give place to）和加入（will have superadded）等词语。之所以如此，当然是儒家思想较之于基督教凸显出其"不完善性"。如正文中所述，理雅各在对孟子的学说表示赞赏之后立即指出：

　　当然我并非坚持认为他（孟子）的有关人性的学说是完整的

---

① ［法］雅克·德里达：《论文字学》（Jacques Derrida, *De la grammatologie*, Paris: Les Éditions de Minuit, 1967, p.208）。

　　按：加着重号的字在原文中为斜体。

② 同上。

③ 参见［英］约翰·辛普森、埃德蒙·韦纳编《牛津英语大词典》（J. A. Simpson and E. S. C. Weiner, eds., *The Oxford English Dictionary*, vol.XVII, Oxford: Clarendon Press, 1989, pp.254–257）。

④ ［英］理雅各：《儒教与基督教的关系》（James Legge, *Confucianism in Relation to Christianity*, Shanghai: Kelley & Welsh; London: Trübner & Co., 1877, p.12）。

（complete），在任何方面都是正确的。当他断言圣人总是具有完善的德行或已经如此，他是自以为是和错误的。他所谈论的导致性善之人误入歧途的原因，其中大部分都是重要且有价值的；但是在现实的人与理想之间存在着矛盾，对此无论是孔子还是其前与其后的中国思想家都未能阐明。对于传教士而言应该在这方面对儒教有所补充（supplement）。①

在其后不远处，理雅各又提出了类似的看法："儒教关于人的义务的学说是精彩而令人钦佩的。但是却不完善（not perfect）。它并非肇始于这首要而伟大的戒律：'你要尽心、尽性、尽力爱耶和华你的神'……"②

此外，理雅各在该文中还常常将儒家学说与犹太人的《旧约》相提并论，甚至还引入了圣保罗在解释《旧约》与《新约》的关系时所使用的"预表法"："保罗对包括在《旧约》中的律法所做的判断是，'它是将我们引向基督的教师'；并且我认为儒教中的大量思想也可以在中国人中服务于相似的目的。"③美国印第安纳大学学者赫伯特·马克斯（Herbert Marks）在《保罗的预表法和修正的批评》（"Pauline Typology and Revisionary Criticism"）一文中曾指出：

> 在埃里希·奥尔巴赫（Erich Auerbach）的经典定义中，预表的或形象的（figural）解释"在两个事件或人物之间建立了联系，第一个不仅意指自身也意指第二个，而第二个则完成或实现了第一个"。这种联系是对立的，包涵一种在范型（type）与对型（antitype）之间的否定性对比，格哈德·冯·拉德（Gerhard von Rad）恰当地将其指称为"替代元素"（element of supersession）。既然与后者相较前者被宣称缺少实体性，那么《旧约》文本的"实现"就可以说必然同

---

① ［英］理雅各：《儒教与基督教的关系》（James Legge, *Confucianism in Relation to Christianity*, Shanghai: Kelley & Welsh; London: Trübner & Co., 1877, p.7）。

② 同上书，第9页。

③ 同上书，第11页。

时导致其自身的废除（annulment）。①

从某种意义上说，"预表法"是为了统一《新约》与《旧约》，或者更准确地说是以《新约》来统一《旧约》，而产生的神学诠释学方法。用理雅各本人的话来说，就是在《旧约》中"补充"有关"上帝的证据"，而这种"补充"实际上削弱了《旧约》的"实体性"，这使得《新约》在某种程度上"代替"了《旧约》。

　　按照这一思路我们可以做进一步的思考，《旧约》实际上也是某种"补充／替代"的产物。具体而言，《旧约》对古代近东的神话故事和历史传说进行了选择性的"编排"，最重要的是"补充"了上帝的"道德律法"，进而才"取而代之"成为犹太人的经典。我们也可以以此来追问英语中"god"的意义内涵，它首先当然不是作为基督教《圣经》中的"上帝"而出现的。《牛津英语大词典》在对"god"进行解释时，首先就指出该词具有原初的"前基督教"（pre-Christian）的意义：即由于具有超越自然和人类命运的力量而受到崇拜的超人（a superhuman person）。② 当然，辞典中也指出即使现在我们不在基督教的意义上来使用"god"，但其内涵仍然受到了后者的影响：

　　　　甚至当我们把这个词用于多神崇拜的对象时，它也经常会染上由基督教的联想而产生的色彩。当上帝（*God*）作为专名已经在整个英语文学时期占据主导地位之时，人们很自然地有时将这种原初的异教意义（the original heathen sense）理解为对这个专名的转用。以此观之，"神"（"*a god*"）是被置于上帝（*God*）之位的假定的存在，或者是在上帝（*God*）的品性或关系中不完善（imperfect）的概念。③

---

　　① ［美］赫伯特·马克斯:《保罗的预表法和修正的批评》（Herbert Marks, "Pauline Typology and Revisionary Criticism," *Journal of the American Academy of Religion*, vol.52, no.1, 1984, p.78）。

　　② ［英］约翰·辛普森、埃德蒙·韦纳编:《牛津英语大词典》（J. A. Simpson and E. S. C. Weiner, eds., *The Oxford English Dictionary*, vol.VI, Oxford: Clarendon Press, 1989, p.639）。

　　③ 同上。

因此，我们无法否认，即使是理雅各自己所使用的"God"这一基督教概念本身，也同样是对异教名词"god"进行"补充"和"替代"的产物。而且，无论是《新约》之于《旧约》，还是"God"之于"god"，甚至是基督教的"God"之于中国的"上帝"，其无一例外地都是一种"后来者居上"的"补充"和"替代"。当然，在一个更为本质的意义上而言，哪一种"意义"的产生与发展不是"补替"的结果呢？

三　作为"Classic"的"中国经典"

让我们把思考再次转回到"译名"的问题上来，在儒家经典的翻译中，理雅各把汉语的"经"字译为"Classic"，如五卷本的《中国经典》其英文书名即为"The Chinese Classics"。此外，理雅各也使用音译"King"来翻译"经"字，这在《中国经典》中也是常例。而这两个"译名"，与理雅各将"帝"或"上帝"译为"God"大为不同，它们不但在当时没有遭到其他传教士的反对，而且在后来的中西学界似乎也一直未受到应有的关注。

众所周知，"classic"一词主要是用来指称"古希腊、罗马的经典著作"，其在时间上确实与中国儒家经典相接近。然而，有一点必须提及的是，我们现在所看到的这些"古希腊、罗马的经典著作"几乎全都经过中世纪基督教学者的编辑与整理。基督教学者对"异教"经典的整理与校勘，一方面可以显示其自身的博学，另一方面也可以利用其中的哲学思辨来辅助对《圣经》经文的理解与解释。即便如此，大部分早期及中世纪的基督教学者、神学家也绝不会将《圣经》与古希腊、罗马的著作等量齐观。在《犹太教与基督教对古希腊智性文化的移置》（"The Jewish and Christian Transposition of Greek Intellectual Culture"）这篇论文中，美国贝勒大学学者丹尼尔·威廉姆斯（Daniel H. Williams）通过对斐洛（Philo，前20—50）、克雷芒（Clement，150—215）和巴西勒（Basil，329/330—379）的分析表明了这一观点：

他们对古希腊诸种思想的采用绝不会动摇他们，以致将古希腊

的宗教或哲学作为"平等对话的伙伴"，或者认为古希腊哲学理念中
的精华可以与上帝在摩西和耶稣中的启示分有同等的价值。任何想在
现代宗教历史中发现平行关系的意图都将是徒劳的。古代基督教最重
要的思想家们绝不会同意或认可属于古希腊传统主流的宗教融合观念
（syncretism）。①

因此，作为新教传教士的理雅各将中国儒家经典的"经"字译为
"classic"，实际上也是出于同样的思想理路：作为异教国家之经典的"五
经"、"六经"或《十三经》，即便其中包含了"上帝的观念"，也绝不
能与《圣经》同日而语。理雅各之所以不采用"Bible"、"Scripture"或
"Canon"来翻译"经"字，无论其有意无意都是在以"classic"来"补
充"和"替换"儒家"经典"的意义内涵，从而削弱甚至取消其在中国传
统文化中"神圣性"。

然而与"God"相同，即使是用以指称基督教《圣经》的"Bible"、
"Scripture"和"Canon"，也仍无法摆脱其"原初的异教意义"。让我们首
先来考查"Bible"一词，《国际标准〈圣经〉百科全书》对其意义内涵是
这样给出的：

> "Bible"一词相当于希腊语的"*biblía*"（小化词为"*biblos*"，其
> 意义为纸莎草的芯），其原初的意义为"books"。作为"the books"
> 的意义表达出现在《但以理书》的第9章第2节，指对预言的记录。
> 在《西拉书》（其余的书"the rest of the books"）的序言中，它通
> 常指《旧约》；相似的用法也出现在《马加比前书》的第12章第9
> 节中（神圣的书"the holy books"）。这一指代《旧约》的用法也被
> 基督教会获准使用（《克利免后书》第14章第2节），最后（公元5

---

① ［美］丹尼尔·威廉姆斯著，柳博赟译：《犹太人与基督徒对希腊知识文化之转移》，《基
督教文化学刊》2012年第27辑，第162页。译文有改动。

世纪）被扩展到全部《圣经》（Scriptures）。①

从这一表述中，我们可以很清楚地看到"Bible"从一个具体名词而逐渐被"神圣化"及"独断论化"的过程。此外，"Bible"一词"后来还经历了一个从复数意义向单数意义的重要变化"，而这一变化更是彰显了《圣经》的神圣统一性。②

其次，从上段引文我们看到，"Scriptures"也常常用来指代《圣经》。几乎与"Bible"一样，它的"原初意义"为"writings"，也只是一个普通名词，后来逐渐成为对上帝言行与意图的神圣记录。《国际标准〈圣经〉百科全书》将"Scripture"追溯至希腊文的"graphē"，并且通过引用各种版本的《圣经》以证明这是"一个被用于《新约》英语版本中以指示《旧约》的神圣著作的词"。③其具体解释则为：

> 希腊文 *graphē* 的单数（常与定冠词连用）经常被用来表示《旧约》中被引用的单独段落……但也可以指涉作为整体的《旧约》经文……复数 hai graphai 则总是被用于指示《旧约》经文的整体……而在《彼得二书》被写作的时代，"Scriptures"已被扩展为包括保罗书信。（2 Pet. 3:16）④

如前所述，"Canon"也常常可以用来指代《圣经》，但是该词更加强调的是《圣经》作为"正经"或"正典"的意义内涵。美国圣母大学希伯

---

① ［英］杰弗里·布罗米利主编：《国际标准〈圣经〉百科全书》（Geoffrey W. Bromiley, ed. *The International Standard Bible Encyclopedia: A–D*, Grand Rapids: Wm. B. Eerdmans Publishing, 1979, p.482）。

按：引文中提到的《西拉书》、《马加比前书》和《克利免后书》都是《圣经》的"次经"（Apocrypha）。

② 同上。

③ 同上书，第 361 页。

④ ［英］杰弗里·布罗米利主编：《国际标准〈圣经〉百科全书》（Geoffrey W. Bromiley, ed. *The International Standard Bible Encyclopedia: Q–Z*, Grand Rapids: Wm. B. Eerdmans Publishing, 1988, p.361）。

来《圣经》与神学教授尤金·乌尔里希（Eugene Ulrich，1938—），在《正经的概念与定义》（"The Notion and Definition of Canon"）一文中将"Canon"定义为："关于神圣的、权威的书的明确目录，这些书构成了主要宗教团体所认可和接受的《圣经》体系，是经过严肃审议之后的包容性与排他性并存的结果。"① 而《国际标准〈圣经〉百科全书》又一次向我们展示了"Canon"一词发展演化的历史过程：

> "canon"一词根源于基督教，来自于希腊语的"*kanón*"，而"*kanón*"则源于闪族语词根…… 这一词根又借自苏美尔语 gi-na，"芦苇"（reed）。从"芦苇"进而又形成了测量用的苇杆（rod）的观念，后来又有了信仰的规则或标准的内涵，最后就成为了目录或列表。在现在的用法中，它表示受神意启示的宗教著作的结集，因此，它具有了权威的、标准的、神圣的和有约束力的含义。"*kanón*"一词出现在《加拉太书》第 6 章第 16 节和《哥林多后书》第 10 章第 13 至 16 节；但其在术语上首次作为神圣著作的标准结集或体系而被运用于《圣经》，则是在公元 4 世纪的教会教父时代……②

通过上述引证，我们又可以毫无争议的得出这样的结论："Bible"、"Scripture"和"Canon"之所以能够由普通名词转变为基督教的专名，又是在其"原初的异教意义"上被"后来居上的基督教意义"不断"补充"和"替换"的结果。

当然，值得一提的是，理雅各在翻译《尚书》（《中国经典》第三卷）的《尧典》（The Canon of Yaou）和《舜典》（The Canon of Shun）时也使用了"Canon"一词。然而，这里的"Canon"主要是为了对应汉语的

① ［美］尤金·乌尔里希：《正经的概念与定义》（Eugene Ulrich, "The Notion and Definition of Canon," in *The Canon Debate*, Ed. Lee Martin McDonald and James A. Sanders, Peabody: Hendrickson Publishers, 2002, p.29）。

② ［英］杰弗里·布罗米利主编：《国际标准〈圣经〉百科全书》（Geoffrey W. Bromiley, ed. *The International Standard Bible Encyclopedia: A–D*, Grand Rapids: Wm. B. Eerdmans Publishing, 1979, pp.591–592）。

"典"字，即便在古代汉语中"经"和"典"常可互训，理雅各在这里也绝不是在《圣经》正典的意义上来使用"Canon"，更不可能将《尧典》《舜典》与《圣经》等而视之。对于这一点，我们从理雅各对《尚书》书名的翻译即可明白，该书的英文译名为"The Shoo King, or The Book of Historical Documents"。前一个为"音译"自不必说，后一个也只是普通的历史书或历史文献。然而，《尚书》在中国传统经学中却有着极高的地位。《尚书序》唐孔颖达疏曰：

> 道本冲寂，非有名言。既形以道生，物由名举，则凡诸经史，因物立名。物有本形，形从事著，圣贤阐教，事显于言，言惬群心，书而示法，既书有法，因号曰《书》。后人见其久远，自于上世。尚者，上也。言此上代以来之书，故曰《尚书》。①

其后又曰："郑氏云：'尚者，上也。尊而重之，若天书然，故曰《尚书》。'"②

因此，"尚"既有"上古"的时间意义，也有"尊重""崇尚"的价值内涵。而"书"也不是一般的历史书写或文献记录，而是"圣贤阐教"以为后世之法的"物质铭刻"。因此，理雅各的"The Shoo King, or The Book of Historical Documents"，其无论如何也无法唤起传统中国人对《尚书》所"固有"的意义联想。

四　作为"圣经"的"Bible"

与理雅各将《尚书》之"书"译为"book"或将"经"译为"classic"形成鲜明对比的是，很多西方来华传教士都将"Bibliae/Bible"或"Sacrae Bibliae/Holy Bible"译为"圣经"。然而，与"上帝"颇为相

---

① （汉）孔安国传，（唐）孔颖达等正义：《尚书正义》，见于《十三经注疏》（上册），北京：中华书局影印世界书局阮元校刻本，1980年，第113页上栏。
② 同上书，第115页中栏。

似的是，"圣经"也是汉语中本有的词语，同样出现得"很早"。从整个中国历史言之，"圣经"在大部分情况下指称的就是理雅各所翻译的《中国经典》。当然，我们也必须承认，在现有文献中"圣经"一词可能最早出现在《太平经》（又名《太平清领书》）这一后来被作为道教之经典的文本中。《后汉书·郎顗襄楷传》载："初，顺帝时，琅邪宫崇诣阙，上其师干吉于曲阳泉水上所得神书百七十卷，皆缥白素朱介青首朱目，号《太平清领书》。"①然而，我们现在所见到的《太平经》仅残存57卷，见于明英宗正统九年（1444）所修的道藏之中。②上述"圣经"最早见于《太平经》的判断若能成立，那么其条件必须是明道藏中的《太平经》就是《后汉书》中所载之《太平经》或大体上保存了其"原初"文本。在该书中，"圣经"位于"天经"之后"德经""贤经"之前，是指"古圣人"之经。③不过，道教（家）之"圣人"概念自与儒家有所不同。

　　以"圣经"之名指称儒家经典之例，较早地可追溯至隋代思想家王通（580—617），《文中子中说·天地篇》曰："子谓陈寿有志于史，依大义而削异端；谓范宁有志于《春秋》，征圣经而诘众传。"④此处之"圣经"，即是指"五经"之中的《春秋》。同样，韩愈在《答殷侍御书》中亦以"圣经"指代《春秋》，其曰："况近世公羊学几绝，何氏注外，不见他书。圣经贤传屏而不省，要妙之义无自而寻。"⑤及至两宋，随着"圣经"一词被理学家们的广泛使用，它几乎已经成为儒家经典之"专名"。

　　然而，这一"专名"亦有其"原初"意义的"踪迹"可循。《说文解字》曰："经（經），织也。从糸、坙声。"⑥而《说文解字注》则作："经

---

①　（南朝宋）范晔撰，（唐）李贤等注：《后汉书》（第四册），北京：中华书局，1973年，第1084页。

②　参见王明编《太平经合校》前言，北京：中华书局，1979年，第1页。

③　参见王明编《太平经合校》，北京：中华书局，1979年，第83页。

④　（隋）王通撰，（宋）阮逸注：《文中子中说》，见于《二十二子》，上海：上海古籍出版社缩印浙江书局汇刻本，1986年，第1313页中栏。

⑤　（唐）韩愈：《答殷侍御书》，见于（唐）韩愈撰，马其昶校注，马茂元整理《韩昌黎文集校注》，上海：上海古籍出版社，1986年，第209页。

⑥　（汉）许慎：《说文解字》，北京：中华书局影印清同治十二年陈昌治刻本，1978年，第271页。

（經），织从（今作纵）丝也。从糸，巠声"。[1]作为"经（經）"之声旁的"巠"，《说文解字》曰："巠，水脉也。从川在一下。一，地也。"[2]郭沫若（1892—1978）在《金文丛考·释巠》中认为"说殊迂阔"，并且指出："余意巠盖经之初字也。观其字形……均象织机之纵线形。从糸作之经，字之稍后起者也。"[3]我们认为郭沫若把"巠"作为"经"之初文的做法比较妥当，因为"巠"从象形的角度确实酷似一架被俯视的"织机"，其中最醒目的就是"织机"上的"纵线"。而在《释名·释典艺》中，"经"已经被解释为"常典"，其曰："经，径也，常典也。如径路无所不通，可常用也。"[4]实际上，就"常典"及"权威性"的意义而言，儒家之"五经"、"六经"或《十三经》与英文"Canon"最为接近。此外，《玉篇》也同样训"经"为"常"，其曰："经，常也。经纬以成缯帛也。法也。义也。"[5]

然而，值得我们注意的是，在《国学讲演录·经学略说》的开篇，章太炎（1869—1936）以语造平淡却暗含否定的口吻将"经"解释为普通的"线装书"："经之训常，乃后起之义：《韩非·内外储》首冠经名，其意殆如后之目录，并无常义。今人书册用纸，贯之以线。古代无纸，以青丝绳贯竹简为之。用绳贯穿，故谓之经。经者，今所谓线装书矣。"[6]而在《国学概论》一书中，章太炎又几乎以同样的方式驳斥了汉代经学对"经"所带有的宗教性崇拜：

---

① （汉）许慎撰，（清）段玉裁注：《说文解字注》，上海：上海古籍出版社影印经韵楼藏版，1981年，第644页。

按：括号里的字为笔者所加。

② （汉）许慎：《说文解字》，北京：中华书局影印清同治十二年陈昌治刻本，1978年，第239页。

③ 郭沫若：《金文丛考》，北京：人民出版社，1954年，第182页b。

④ （清）王先谦撰集：《释名疏证补》第六卷《释典艺》，清光绪二十一年刻本，第12页a。

按："常典也"三字下，王先谦引毕沅曰："今本脱此三字，据《御览》引补。"

⑤ （南朝梁）顾野王撰，（唐）孙强增字，（宋）陈彭年等重修：《宋本玉篇》，北京：中国书店影印张氏泽存堂本，1983年，第488页。

⑥ 章太炎著，傅杰校订：《国学讲演录》，上海：华东师范大学出版社，1995年，第44页。

　　经字原意只是一经一纬的经，即是一根线，所谓经书只是一种线
装书罢了。……古代记事书于简。不及百名者书于方，事多一简不能
尽，遂连数简以记之。这连各简的线，就是"经"。可见"经"不过
是当代记述较多而常要翻阅的几部书罢了。非但没含宗教的意味，就
是汉时训"经"为"常道"，也非本意。①

至此，我们不禁发现，章太炎将"经"解释为普通的"线装书"（book）
与理雅各以"classic"、"book"或"King"来翻译"经"竟有异曲同工之
妙，二者对汉语的"经"都带有某种否定性：前者是否定其"宗教"意
味；后者则否定其与基督教《圣经》具有同等的道德伦理价值。

　　当然，我们无法否定章太炎之所谓"经之训常，乃后起之义"，其实
也不必否定。汉人训"经"为"常"自然是对"经"之"原初意义"的
"补充"与"替换"，"圣经"一词在汉语中的出现及其"专名化"亦不
能自外。然而，我们也必须指出章太炎将"经"解释为"线装书"也并
非"经"之"本义"，所谓的"本义"或"原初意义"也只能是理论上
的"假设"而已。这其实也是德里达们的"解构主义"得以维系的一个
理论基点：我们无法达到所谓的"原初"存在，我们只能依稀处于"延
异"、"补替"和"播撒"着的"踪迹"之中。但是，对于我们而言至关
重要的是，这些"踪迹"就是"意义的踪迹"或"意义发生的踪迹"，有
"解构"的地方就必然会有"意义的建构"。而且，这种意义的"发生"与
"建构"绝不会以突发奇想或随心所欲的方式来进行。无论是理雅各将中
国经典中的"帝"或"上帝"译为"God"，还是将"经"译为"classic"、
"book"或"King"，这种通过中西经文互译而进行的"补充"和"替换"
行为（也是意义建构的行为），始终无法跳出其作为新教传教士的"理解
视域"。

　　　①　章太炎著，曹聚仁编：《国学概论》，上海：泰东图书局，1923 年，第 6 页。

参考书目

一　中文文献

（一）《论语》及"四书"类 ①

（魏）何晏集解，（南朝梁）皇侃义疏：《论语集解义疏》，见《知不足斋丛书》（第七集），民国十年古书流通处景行。

（魏）何晏等注，（宋）邢昺疏：《论语注疏》，见《十三经注疏》（下册），北京：中华书局影印世界书局阮元校刻本，1980年。

（南朝梁）皇侃撰，高尚榘校点：《论语义疏》，北京：中华书局，2013。

（唐）韩愈等：《论语笔解》，民国十年上海博古斋景行墨海金壶本。

（宋）尹焞：《论语解》，明末祁氏澹生堂抄本。

（宋）张栻：《癸巳论语解》，见王云五主编《丛书集成初编》，上海：商务印书馆据学津讨原本排印，1937年。

（宋）朱熹：《论语或问》，见《朱子遗书》（五），清康熙中御儿吕氏宝诰堂重刊白鹿洞原本。

（宋）朱熹辑：《论语精义》，见《朱子遗书》（十三），清康熙中御儿吕氏宝诰堂重刊白鹿洞原本。

（宋）朱熹：《论语集注》，见《覆淳祐本四书》，民国十六年寿春孙氏小墨妙亭刊本。

---

① 按：此部分书目按第一责任人所属朝代排列，同朝代者则按其姓氏在汉语拼音中的顺序排列，其他部分书目总体上与之相同。

（宋）朱熹：《四书章句集注》，北京：中华书局，1983年。

（宋）朱熹撰，徐德明校点：《四书章句集注》，见（宋）朱熹撰，朱杰人、严佐之、刘永翔主编《朱子全书》（第六册），上海：上海古籍出版社，合肥：安徽教育出版社，2002年。

（宋）朱熹：《四书章句集注》，杭州：浙江大学出版社影印清嘉庆十六年吴县吴志忠刊本，2012年。

（元）陈天祥：《四书辨疑》，清钦定四库全书本。

（元）胡炳文：《四书通》，清康熙十九年刻通志堂经解本。

（明）蔡清：《四书蒙引》，明嘉靖六年刻本。

（明）邓林撰，（清）邓煜编次，（清）祁文友重校，（清）杜定基增订：《四书备旨》，民国十年宝庆澹雅局刊本。

（明）张居正：《四书直解》，明天启元年长庚馆重刊本。

（清）常增：《四书纬》，清道光十六年刻本。

（清）陈鳣：《论语古训》，清光绪九年浙江书局刊本。

（清）宦懋庸：《论语稽》，民国二年维新印书馆刊印。

（清）黄式三：《论语后案》，见《儆居遗书》，光绪九年浙江书局刻本。

（清）焦循：《论语补疏》，清咸丰十一年皇清经解补刊本。

（清）刘宝楠撰：《论语正义》，清光绪十四年南菁书院刻皇清经解续编本。

（清）刘宝楠撰：《论语正义》，北京：中华书局，2011年。

（清）刘台拱：《论语骈枝》，清咸丰十一年皇清经解补刊本。

（清）毛奇龄：《论语稽求篇》，清咸丰十一年皇清经解补刊本。

（清）毛奇龄：《四书改错》，清嘉庆十六年金孝柏学圃刻本。

（清）宋翔凤：《论语说义》，清光绪十四年南菁书院刻皇清经解续编本。

（清）王步青：《四书朱子本义汇参》，清乾隆十年敦复堂刻本。

（清）翁复：《四书合讲》，清雍正八年酌雅斋藏板。

（清）吴昌宗：《四书经注集证》，清嘉庆三年汪廷机刻本。

（清）翟灏:《四书考异》，清乾隆三十四年刻本。

程树德撰，程俊英、蒋见元点校:《论语集释》，北京：中华书局，1990年。

钱穆:《论语新解》，见《钱宾四先生全集》（第三册），台北：联经出版事业公司，1998年。

杨伯峻译注:《论语译注》，北京：中华书局，2005年。

杨逢彬著，陈云豪校:《论语新注新译》，北京：北京大学出版社，2016年。

杨树达:《论语疏证》，见《杨树达文集之十六》，上海：上海古籍出版社，1986年。

（二）其他经史类[①]

（汉）孔安国传，（唐）孔颖达等正:《尚书正义》，见《十三经注疏》（上册），北京：中华书局影印世界书局阮元校刻本，1980年。

（汉）毛公传，（汉）郑玄笺，（唐）孔颖达等正义:《毛诗正义》，见《十三经注疏》（上册），北京：中华书局影印世界书局阮元校刻本，1980年。

（汉）郑玄注，（唐）孔颖达等正义:《礼记正义》，见《十三经注疏》（下册），北京：中华书局影印世界书局阮元校刻本，1980年。

（汉）赵岐注，（宋）孙奭疏:《孟子注疏》，见《十三经注疏》（下册），北京：中华书局影印世界书局阮元校刻本，1980年。

（汉）班固等:《白虎通》，见王云五主编《丛书集成初编》，上海：商务印书馆影印抱经堂丛书本，1936年。

（唐）陆德明:《经典释文》，上海：上海古籍出版社影印北京图书馆藏宋刻本，1985年。

（清）永瑢、纪昀等:《四库全书总目》，北京：中华书局影印浙江杭州本，1965年。

---

① 按：此部分书目按照先经后史的顺序排列，《十三经注疏》与"二十四史"中的文献依其本来顺序。

（清）俞樾：《群经平议》，清光绪十四年南菁书院刻皇清经解续编本。

（汉）司马迁撰，（南朝宋）裴骃集解，（唐）司马贞索隐，（唐）张守节正义：《史记》，北京：中华书局，1963年。

（汉）班固撰，（唐）颜师古注：《汉书》，北京：中华书局，1964年。

（南朝宋）范晔撰，（唐）李贤等注：《后汉书》，北京：中华书局，1973年。

（三）小学类 ①

（汉）刘熙：《释名》，见《四部丛刊初编·经部》，上海：商务印书馆影印江南图书馆藏明嘉靖翻宋本，1929年。

（汉）许慎：《说文解字》，北京：中华书局影印清同治十二年陈昌治刻本，1978年。

（汉）许慎撰，（清）段玉裁：《说文解字注》，上海：上海古籍出版社影印经韵楼藏版，1981年。

（南朝梁）顾野王撰，（唐）孙强增字，（宋）陈彭年等重修：《宋本玉篇》，北京：中国书店影印张氏泽存堂本，1983年。

（南唐）徐锴：《说文解字系传》，北京：中华书局影印道光十九年重雕宋钞本，1987年。

（清）郝懿行：《尔雅义疏》，上海：上海古籍出版社影印上海图书馆藏同治四年郝氏家刻本，1983年。

（清）沙木集注：《艺文备览》，清嘉庆十一年刊本。

（清）王念孙：《广雅疏证》，清嘉庆元年刻本。

（清）王先谦撰集：《释名疏证补》，清光绪二十一年刻本。

（清）王筠撰集：《说文句读》，北京：中国书店影印1882年尊经书局刊本，1983年。

［英］湛约翰编：《康熙字典撮要》，光绪四年广东伦敦教会藏板。

（清）张玉书，陈廷敬等编撰：《康熙字典》，康熙五十五年武英殿刻本。

---

① 按："小学类"本应在"经部"之内，为便于检索，故将其独列出。

（清）朱骏声：《说文通训定声》，清道光二十八年刻本。

（四）子集类

（周）管仲撰，（唐）房玄龄注，（明）刘绩增注：《管子》，见《二十二子》，上海：上海古籍出版社缩印浙江书局汇刻本，1986年。

（周）荀况撰，（唐）杨倞注，（清）卢文弨、谢墉校：《荀子》，见《二十二子》，上海：上海古籍出版社缩印浙江书局汇刻本，1986年。

（汉）刘向：《说苑》，见《四部丛刊初编·子部》，上海：商务印书馆景印平湖葛氏传朴堂藏明钞本，1929年。

（汉）刘向：《别录》，见（清）严可均校辑《全上古三代秦汉三国六朝文》，北京：中华书局影印清光绪年间王毓藻等校刻本，1958年。

（汉）刘歆：《移书让太常博士》，见（清）严可均校辑《全上古三代秦汉三国六朝文》，北京：中华书局影印清光绪年间王毓藻等校刻本，1958年。

（汉）王充：《论衡》，见王云五主编《丛书集成初编》，长沙：商务印书馆影印王谟刻本，1939年。

（隋）王通撰，（宋）阮逸注：《文中子中说》，见《二十二子》，上海：上海古籍出版社缩印浙江书局汇刻本，1986年。

（唐）韩愈：《答殷侍御书》，见（唐）韩愈撰，马其昶校注，马茂元整理《韩昌黎文集校注》，上海：上海古籍出版社，1986年。

（宋）黄震：《黄氏日钞》，元至元三年刻本。

（宋）黎靖德编，王星贤点校：《朱子语类》，北京：中华书局，1986年。

（宋）程颢、程颐：《河南程氏经说》，同治十年六安求我斋刊板。

（宋）程颢、程颐撰，朱熹编：《河南程氏外书》，同治十年六安求我斋刊板。

（金）王若虚：《滹南遗老集》，见《四部丛刊初编·集部》，上海：商务印书馆景印上海涵芬楼藏旧钞本，1929年。

（明）焦竑：《焦氏笔乘》，见《粤雅堂丛书》（第一集），清道光至光绪间南海伍氏刊本。

（明）王恕：《石渠意见》，清光绪二十二年重刊惜阴轩丛书本。

（清）陈祖范：《陈司业遗书》，清光绪十七年广雅书局校刊本。

（清）桂馥：《札朴》，清嘉庆十八年李宏信小李山房刻本。

（清）黄以周：《儆季杂著》，清光绪二十年江苏南菁讲舍刻本。

（清）阮元：《揅经室集》，见《四部丛刊初编·集部》，上海：商务印书馆景印原刊初印本，1929 年。

（清）汪中：《述学》，见《四部丛刊初编·集部》，上海：商务印书馆影印无锡孙氏藏本，1929 年。

（清）章学诚：《校雠通义》，见《粤雅堂丛书》（第五集），清道光至光绪间南海伍氏刊本。

（五）著作论文类

鲍延毅：《"子"作尊称及其所构成的尊称词说略》，《湖南教育学院学报》1990 年第 4 期。

端木敏静：《融通中西、守望记忆——英国传教士、汉学家苏慧廉研究》，博士学位论文，杭州：浙江大学，2014 年。

邓秉元：《什么是理想的新经学》，《文汇报》2017 年 3 月 17 日。

高志强：《"去圣"与"一词一译"——阿瑟·韦利的〈论语〉导论研究》，《中国文化研究》2013 年春之卷。

高志强：《二战前〈论语〉英译研究》，博士后研究工作报告，北京：中国人民大学，2013 年。

耿幼壮：《关于"汉学主义"的几点思考》，《跨文化对话》2011 年第 28 辑。

管恩森：《中西"经文辩读"的历史实践与现代价值》，《中国人民大学学报》2012 年第 5 期。

郭磊：《新教传教士柯大卫英译〈四书〉之研究》，博士学位论文，北京：北京外国语大学，2014 年。

郭沫若：《金文丛考》，北京：人民出版社，1954 年。

康太一：《东方智者的话语——19 世纪初期第一部英译〈论语〉之历史研究》，《北京行政学院学报》2012 年第 6 期。

康太一：《从英译〈论语〉到汉译〈圣经〉：马士曼与早期中西对话初

探》，博士学位论文，北京：北京外国语大学，2013 年。

季旭昇：《说文新证》，台北：艺文印书馆，2014 年。

赖区平：《〈四书章句集注〉校读记》，见北京大学儒藏编纂与研究中心编《儒家典籍与思想研究》（第八辑），北京：北京大学出版社，2016 年。

李丽琴：《理雅各英译〈论语〉"贤贤易色"辨》，《中国文化研究》2014 年夏之卷。

李天纲：《中国礼仪之争：历史·文献和意义》，上海：上海古籍出版社，1998 年。

李新德：《耶稣会士对〈四书〉的翻译与阐释》，《孔子研究》2011 年第 1 期。

李致忠：《小议〈四书章句集注〉》，《文献》2010 年第 2 期。

林沄：《从武丁时代的几种"子卜辞"试论商代的家族形态》，《古文字研究》1979 年第 1 期。

陆宗达，王宁：《训诂方法论》，北京：中国社会科学出版社，1983 年。

马宗霍：《中国经学史》，上海：商务印书馆，1937 年。

[法] 梅谦立：《〈孔夫子〉：最初西文翻译的儒家经典》，《中山大学学报》（社会科学版）2008 年第 2 期。

戚印平：《"Deus"的汉语译词以及相关问题的考察》，《世界宗教研究》2003 年第 2 期。

钱穆：《朱子新学案》，台北：三民书局，1989 年。

黔容：《"贤贤易色"再析疑》，《孔子研究》1992 年第 1 期。

裘锡圭：《关于商代的宗族组织与贵族和平民两个阶级的初步研究》，见裘锡圭《古代文史研究新探》，南京：江苏古籍出版社，1992 年。

沈迦：《寻找·苏慧廉》，北京：新星出版社，2013 年。

陶湘编：《清代殿板书目》，见陶湘编，窦水勇校点《书目丛刊》（一），沈阳：辽宁教育出版社，2000 年。

唐兰：《殷虚文字记》，北京：中华书局，1981 年。

汪诗珮：《择选眼光与翻译策略：德庇时"中国戏剧推荐书单"初探》，《台大中文学报》2016 年第 53 期。

王辉：《〈论语〉中基本概念词的英译》，《深圳大学学报》（人文社会科学版）2001年第5期。

王慧宇：《早期来华耶稣会士对儒家经典的解释与翻译——以罗明坚〈中庸〉手稿为例》，《国际汉学》2016年第4期。

王明编：《太平经合校》，北京：中华书局，1979年。

王韬著，李天纲编校：《弢园文新编》，上海：中西书局，2012年。

肖娅曼：《中华民族的"是"观念来源于"时"——上古汉语"是"与"时"的考察》，《四川大学学报》（哲学社会科学版）2003年第1期。

徐德明：《〈四书章句集注〉版本考略》，《华东师范大学学报》（哲学社会科学版）1998年第4期。

徐中舒主编：《甲骨文字典》，成都：四川辞书出版社，1990年。

杨慧林：《中西之间的"经文辩读"》，《河南大学学报》（社会科学版）2009年第3期。

杨慧林：《中西"经文辩读"的可能性及其价值——以理雅各的中国经典翻译为中心》，《中国社会科学》2011年第1期。

杨慧林：《"经文辩读"与"诠释的循环"》，《中国人民大学学报》2012年第5期。

杨慧林：《主持人语：中国思想何以进入西方的概念系统》，《中国文化研究》2013年春之卷。

杨宽：《我国古代大学的特点及其起源——兼论教师称"师"和"夫子"的来历》，《学术月刊》1962年第8期。

［日］影山辉国：《评〈儒藏〉本〈论语义疏〉》，见北京大学儒藏编纂与研究中心编《儒家典籍与思想研究》（第二辑），北京：北京大学出版社，2010年。

章太炎著，傅杰校订：《国学讲演录》，上海：华东师范大学出版社，1995年。

章太炎著，曹聚仁编：《国学概论》，上海：泰东图书局，1923年。

张汝伦：《朱子的释义学》，见洪汉鼎，傅永军主编《中国诠释学》（第三辑），济南：山东人民出版社，2006年。

张西平：《应重视对西方早期汉学的研究》，《国际汉学》2002第7辑。

赵纪彬：《论语新探》，北京：人民出版社，1976年。

（六）译著类

[美]本杰明·艾尔曼著，王艺译：《〈论语义疏〉与皇侃"叙"在德川时代日本的复活及其在浙东的刊印》，见《全祖望与浙东学术文化国际研讨会论文集》，北京：中国社会科学出版社，2010年。

[美]丹尼尔·威廉姆斯著，柳博赟译：《犹太人与基督徒对希腊知识文化之转移》，《基督教文化学刊》2012年第27辑。

[德]汉斯-格奥尔格·伽达默尔著，洪汉鼎译：《诠释学 I：真理与方法》，北京：商务印书馆，2007年。

[德]马丁·海德格尔著，陈嘉映、王庆节合译：《存在与时间》，北京：生活·读书·新知三联书店，2006年。

[意]麦克雷著，张晶晶译：《〈论语〉在西方的第一个译本：罗明坚手稿翻译与研究》，《国际汉学》2016年第4期。

[法]雅克·德里达著，汪堂家译：《论文字学》，上海：上海译文出版社，1999年。

二　西文文献

（一）《论语》及"四书"译著类

Ames, Roger T. and Henry Rosemont, Jr., trans., *The Analects of Confucius: A Philosophical Translation*, New York: Ballantine Books, 1999.

Collie, David. trans., *The Chinese Classical Work Commonly Called the Four Books; Translated, and Illustrated with Notes*, Malacca: The Mission Press, 1828.

—. trans., *The Chinese Classical Work Commonly Called the Four Books; Translated, and Illustrated with Notes*, Gainesville: Scholars' Facsimiles & Reprints, 1970.

Couplet, Philippe. et al., *Confucius sinarum philosophus, sive Scientia sinensis latine exposita*, Parisiis: Apud Danielem Horthemels, 1687.

Cousin, Louis. ou Jean de La Brune, trad., *La Morale de Confucius, philoso-*

phe de la Chine, Amsterdam: Pierre Savouret, 1688.

Couvreur, Séraphin. *Les Quatre livres: avec un commentaire abrégé en chinois, une double traduction en français et en latin, et un vocabulaire des lettres et des noms propres*, Ho Kien Fou: Imprimerie de la Mission catholique, 1895.

Dawson, Raymond. trans., *The Analects*, Oxford: Oxford University Press, 2008.

Giles, Lionel. trans., *The Sayings of Confucius: A New Translation of the Greater Part of the Confucian Analects*, London: John Murray, 1907.

Hinton, David. trans., *The Analects*, Berkeley: Counterpoint, 1998.

Huang, Chichung. trans., *The Analects of Confucius: A Literal Translation with an Introduction and Notes*, Oxford: Oxford University Press, 1997.

Jennings, William. trans., *The Confucian Analects: A Translation, with Annotations and an Introduction*, London: George Routledge and Sons, 1895.

—. trans., *The Analects of Confucius*, In: Epiphanius Wilson, ed., *Oriental Literature*, vol. IV, New York: The Colonial Press, 1900: 3–93.

—. trans., *The Wisdom of Confucius*, In: Epiphanius Wilson, ed., *The Wisdom of Confucius*, New York: Books, Inc., 1900: 3–110.

Ku, Hung-ming. trans., *The Discourses and Sayings of Confucius: A New Special Translation, Illustrated with Quotations from Goethe and Other Writers*, Shanghai: Kelly and Walsh, 1898.

Lau, D. C. trans., *The Analects*, Hong Kong: The Chinese University Press, 2010.

Legge, James. trans., *The Chinese Classics: With a Translation, Critical and Exegetical Notes, Prolegomena, and Copious Indexes*, vol. I, *Containing Confucian Analects, the Great Learning, and the Doctrine of the Mean*, Hong Kong: At the Author's; London: Trübner & Co., 1861.

—. trans., *The Chinese Classics: Translated into English, with Preliminary Essays and Explanatory Notes*, vol. I, *The Life and Teachings of Confucius*, London: N. Trübner & Co., 1867.

—. trans., *The Chinese Classics: With a Translation, Critical and Exegetical Notes, Prolegomena, and Copious Indexes*, vol. I, *Containing Confucian Analects, the Great Learning, and the Doctrine of the Mean*, Oxford: The Clarendon Press, 1893.

—. trans., *The Chinese Classics: With a Translation, Critical and Exegetical Notes, Prolegomena, and Copious Indexes*, vol. I, *Containing Confucian Analects, the Great Learning, and the Doctrine of the Mean*, Peking: Wen Tien Ko, 1939/1940.

—. trans., *The Chinese Classics: With a Translation, Critical and Exegetical Notes, Prolegomena, and Copious Indexes*, vol. I, *Containing Confucian Analects, the Great Learning, and the Doctrine of the Mean*, Hong Kong: Hong Kong University Press, 1960.

—. trans., *The Chinese Classics: With a Translation, Critical and Exegetical Notes, Prolegomena, and Copious Indexes*, vol. I, *Containing Confucian Analects, the Great Learning, and the Doctrine of the Mean*, Shanghai: East China Normal University Press, 2011.

Leys, Simon. trans., *The Analects of Confucius*, New York: W.W. Norton, 1997.

Lyall, Leonard A. trans., *The Sayings of Confucius*, London: Longmans, Green and Co., 1909; 1925; 1935.

Marshman, Joshua. trans., *The Works of Confucius; Containing the Original Text, with a Translation. To Which Is Prefixed a Dissertation on the Chinese Language and Character*, vol. I, Serampore: The Mission Press, 1809.

The Morals of Confucius. A Chinese Philosopher, Who Flourished Above Five Hundred Years Before the Coming of Our Lord and Saviour Jesus Christ. Being One of the Most Choicest Pieces of Learning Remaining of That Nation, London: Randal Taylor near Stationers Hall, 1691.

Pound, Ezra. trans., *Confucius: The Great Digest, The Unwobbling Pivot, and The Analects*, New York: New Directions Publishing Corporation, 1969.

Slingerland, Edward. trans., *Confucius Analects: With Selections from Traditional Commentaries*, Indianapolis: Hackett, 2003.

Soothill, William Edward. trans., *The Analects of Confucius*, Yokohama: Fukuin Printing Company, 1910.

—. trans., *The Analects; or, The Conversations of Confucius with His Disciples and Certain Others*, The World's Classics 442. Lady Hosie, ed., London: Oxford University Press, 1937.

Wade, Thomas Francis. trans., *The Lun Yü: Being Utterances of Kung Tzǔ, Known to the Western World as Confucius*, Hertford: Stephen Austin, 1869.

Waley, Arthur. trans., *The Analects of Confucius*, New York: Vintage Books, 1989.

Watson, Burton. trans., *The Analects of Confucius*, New York: Columbia University Press, 2007.

Wilhelm, Richard. *Kung-Futse: Gespräche [Lun Yü]*, Jena: Eugen Diederichs, 1921.

Zottoli, Angelo. *Cursus litteraturae Sinicae*, vol. II, Chang-hai: Missionis Catholicae, 1879.

（二）其他中国经典译著类

Abel-Rémusat, Jean-Pierre. trad., *L'invariable milieu, ouvrage moral de Tsèu-ssê*, Paris: L'imprimerie royale, 1817.

Chalmers, John. trans., *The Speculations on Metaphysics, Polity and Morality, of "The Old Philosopher," Lau-tsze*, London: Trübner & Co., 1868.

Davis, John Francis. trans., *Hān Koong Tsew, or The Sorrows of Hān: A Chinese Tragedy, Translated from the Original, with Notes*, London: The Oriental Translation Fund, 1829.

Jennings, William. trans., *The Shi King: The Old "Poetry Classic" of the Chinese, a Close Metrical Translation, with Annotations*, London: George Routledge and Sons, 1891.

Julien, Stanislas Aignan. *Meng tseu, vel; Mencium inter Sinenses philosophos ingenio, doctrina, nominisque claritate Confucio proximum*, pars prior, Lutetiae Parisiorum: Societatis Asiaticae et Comitis de Lasteyrie impensis, 1824.

Legge, James. trans., *The Chinese Classics: With a Translation, Critical and Exegetical Notes, Prolegomena, and Copious Indexes*, vol. II, *Containing The Works of Mencius*, Hong Kong: At the Author's; London: Trübner & Co., 1861.

—. trans., *The Chinese Classics: With a Translation, Critical and Exegetical Notes, Prolegomena, and Copious Indexes*, vol. III. part I, *Containing the First Parts of the Shoo-King, or the Books of T'ang; the Books of Yu; the Books of Hea; the Books of Shang; and the Prolegomena*, Hong Kong: At the Author's; London: Trübner & Co., 1865.

—. trans., *The Chinese Classics: With a Translation, Critical and Exegetical Notes, Prolegomena, and Copious Indexes*, vol. III. part II, *Containing the Fifth Part of the Shoo-King, or the Books of Chow; and the Indexes*, Hong Kong: At the Author's; London: Trübner & Co., 1865.

—. trans., *The Chinese Classics: With a Translation, Critical and Exegetical Notes, Prolegomena, and Copious Indexes*, vol. IV. part I, *Containing the First Part of the She-King, or the Lessons from the States; and the Prolegomena*, Hong Kong: Lane, Crawford & Co.; London: Trübner & Co., London: Trübner & Co., 1871.

—. trans., *The Chinese Classics: With a Translation, Critical and Exegetical Notes, Prolegomena, and Copious Indexes*, vol. IV. part II, *Containing the Second, Third, and Fourth Parts of the She-King, or the Minor Odes of the Kingdom; the Greater Odes of the Kingdom; the Sacrificial Odes and Praise-Songs; and the Indexes*, Hong Kong: Lane, Crawford & Co.; London: Trübner & Co., London: Trübner & Co., 1871.

—. trans., *The Chinese Classics: With a Translation, Critical and Exegetical Notes, Prolegomena, and Copious Indexes*, vol. V. *The Ch'un Ts'ew, with The Tso Chuen*, part I, *Containing Dukes of Yin, Hwan, Chwang, Min, He, Wan, Seuen, and Ch'ing; and the Prolegomena*, Hong Kong: Lane, Crawford & Co.; London:

Trübner & Co., London: Trübner & Co., 1872.

—. trans., *The Chinese Classics: With a Translation, Critical and Exegetical Notes, Prolegomena, and Copious Indexes*, vol. V. *The Ch'un Ts'ew, with The Tso Chuen*, part II, *Containing Dukes of Seang, Ch'aou, Ting, and Gae, with Tso's Appendix; and the Indexes*, Hong Kong: Lane, Crawford & Co.; London: Trübner & Co., London: Trübner & Co., 1872.

—. trans., *The Chinese Classics: Translated into English, with Preliminary Essays and Explanatory Notes*, vol. II, *The Life and Teachings of Mencius*, London: Trübner & Co., 1875.

—. trans., *The Chinese Classics: Translated into English, with Preliminary Essays and Explanatory Notes*, vol. III, *The She King; or, The Book of Poetry*, London: Trübner & Co., 1876.

—. trans., *The Texts of Confucianism, Part I, The Shû King, The Religious Portions of the Shih King, The Hsiâo King*, In: F. Max Müller, ed., *The Sacred Books of the East*, vol. III, London: The Clarendon Press, 1879.

—. trans., *The Texts of Confucianism, Part II, The Yî King*, In: F. Max Müller, ed., *The Sacred Books of the East*, vol. XVI, London: The Clarendon Press, 1882.

—. trans., *The Texts of Confucianism, Part III, The Lî Kî, I–X*, In: F. Max Müller, ed., *The Sacred Books of the East*, vol. XXVII, London: The Clarendon Press, 1885.

—. trans., *The Texts of Confucianism, Part IV, The Lî Kî, XI–XLVI*, In: F. Max Müller, ed., *The Sacred Books of the East*, vol. XXVIII, London: The Clarendon Press, 1885.

—. trans., *A Record of Buddhistic Kingdoms, Being an Account by the Chinese Monk, Fâ-Hien of His Travels in India and Ceylon (A. D. 399–414) in Search of the Buddhist Books of Discipline*, Oxford: Clarendon Press, 1886.

—. trans., *The Nestorian Monument of Hsî-an Fû in Shen-hsî, China, Relating to the Diffusion of Christianity in China in the Seventh and Eighth Centuries with the Chinese Text of the Inscription, a Translation, and Notes and a Lecture on* the Monument, with a Sketch of Subsequent Christian Missions in China and Their Present State, London: Trubner & Co., 1888.

—. trans., The Texts of Tâoism, Part I, The Tâo Teh King, The Writings of Kwang-3ze, I–XVII, In: F. Max Müller, ed., The Sacred Books of the East, vol. XXXIX, London: The Clarendon Press, 1891.

—. trans., The Texts of Tâoism, Part II, The Writings of Kwang-3ze, XVIII–XXXIII, In: F. Max Müller, ed., The Sacred Books of the East, vol. XL, London: The Clarendon Press, 1891.

—. "The Lî Sâo Poem and Its Author," Journal of the Royal Asiatic Society of Great Britain and Ireland, Jan., 1895: 77–92; Jul., 1895: 571–599; Oct., 1895: 839–864.

—. trans., The Chinese Classics: With a Translation, Critical and Exegetical Notes, Prolegomena, and Copious Indexes, vol. II, Containing The Works of Mencius, Oxford: The Clarendon Press, 1895.

—. trans., The Chinese Classics: With a Translation, Critical and Exegetical Notes, Prolegomena, and Copious Indexes, vol. III–V, London: Henry Frowde, Oxford University Press Warehouse, 1895(?).

—. trans., The Chinese Classics: With a Translation, Critical and Exegetical Notes, Prolegomena, and Copious Indexes, vol. II–V, Peking: Wen Tien Ko, 1939/1940.

—. trans., The Chinese Classics: With a Translation, Critical and Exegetical Notes, Prolegomena, and Copious Indexes, vol. II–V, Hong Kong: Hong Kong University Press, 1960.

—. trans., The Chinese Classics: With a Translation, Critical and Exegetical Notes, Prolegomena, and Copious Indexes, vol. II–V, Shanghai: East China Normal University Press, 2011.

（三）著作论文类

Battezzato, Luigi. "Renaissance Philology: Johannes Livineius (1546–1599) and the Birth of the Apparatus Criticus," In: C. R. Ligota and J.-L. Quantin, eds.,

History of Scholarship: A Selection of Papers from the Seminar on the History of Scholarship Held Annually at the Warburg Institute, Oxford: Oxford University Press, 2006: 75–111.

Boys-Stones, G. R. ed., *Metaphor, Allegory, and the Classical Tradition: Ancient Thought and Modern Revisions*, Oxford: Oxford University Press, 2003.

Brisson, Luc. *How Philosophers Saved Myths: Allegorical Interpretation and Classical Mythology*, Trans. Catherine Tihanyi, Chicago: University of Chicago Press, 2004.

Bromiley, Geoffrey W. ed., *The International Standard Bible Encyclopedia: A–D*, Grand Rapids: Wm. B. Eerdmans Publishing, 1979.

—. ed., *The International Standard Bible Encyclopedia: K–P*, Grand Rapids: Wm. B. Eerdmans Publishing, 1986.

—. ed., *The International Standard Bible Encyclopedia: Q–Z*, Grand Rapids: Wm. B. Eerdmans Publishing, 1988.

Carey, William. "The First Serampore Memoir, 1808," *Transactions of the Baptist Historical Society*, vol.5, no.1, 1916: 44–64.

Chalmers, John. *A Chinese Phonetic Vocabulary, Containing All the Most Common Characters, with Their Sounds in the Canton Dialect*, Hong Kong: The London Missionary Society's Press, 1855.

—. *An English and Cantonese Pocket-Dictionary, for the Use of Those Who Wish to Learn the Spoken Language of Canton Province*, Hong Kong: The London Missionary Society's Press, 1859.

—. *An Account of the Structure of Chinese Characters Under 300 Primary Forms; After the* Shwoh-Wan*, 100, A.D., and The* Phonetic Shwoh-Wan, *1833*, London: Trübner & Co., 1882.

Cheang, Alice W. "The Master's Voice: On Reading, Translating and Interpreting the *Analects* of Confucius," *The Review of Politics*, 2000, 62(3): 563–581.

Cohen, Paul A. *Between Tradition and Modernity: Wang T'ao and Reform in*

Late Ch'ing China, Cambridge: Harvard University Press, 1974.

Comte, M. Auguste. *Cours de philosophie positive*, 6 tomes, Paris: Bachelier,1830–1842.

Cordier, Henri. "Thomas Francis Wade," *T'oung Pao*, 1895, 6(4): 407–412.

Couplet, Philippe. *Catalogus patrum Societas Jesu Qui Post Obitum S. Francisci Xaverii primo sæculo, sive ab anno 1581. usque ad 1681. in Imperio Sinarum Jesu-Christi fidem propagarunt.*, 1686.

Damrosch, David. *What Is World Literature?*, Princeton: Princeton University Press, 2003.

Derrida, Jacques. *De la grammatologie*, Paris: Les Éditions de Minuit, 1967.

—. *Of Grammatology*, Trans. Gayatri Chakravorty Spivak, Baltimore: Johns Hopkins University Press, 1997.

Drane, John. *Introducing the New Testament*, Oxford: Lion Hudson Plc, 2010.

Ebeling, Gerhard. „Hermeneutik, " In: Kurt Galling und Hans Campenhausen, Hrsg., *Die Religion in Geschichte und Gegenwart: Handwör-terbuch für Theologie und Religionswissenschaft*, Bd.3, Tübingen: J. C. B. Mohr (Paul Siebeck), 1959: 242–262.

Fenwick, John. ed., *Biographical Sketches of Joshua Marshman, D. D., of Serampore*, Newcastle upon Tyne: Emerson Charnley, 1843.

Ford, Andrew. *The Origins of Criticism: Literary Culture and Poetic Theory in Classical Greece*, Princeton: Princeton University Press, 2002.

Ford, David F. and C. C. Pecknold, eds., *The Promise of Scriptural Reasoning*, Malden: Blackwell Publishing Ltd., 2006.

Gadamer, Hans-Georg. *Hermeneutik I: Wahrheit und Methode*, In: *Hans-Georg Gadamer Gesammelte Werke*, Bd.1, Tübingen: J. C. B. Mohr (Paul Siebeck), 1990.

—. *Truth and Method*, Trans. Garrett Barden and John Cumming, New York: Seabury Press, 1975.

—. *Truth and Method*, Trans. Joel Weinsheimer, London: Continuum, 2006.

Girardot, Norman J. *The Victorian Translation of China: James Legge's Oriental Pilgrimage*, Berkeley: University of California Press, 2002.

Goethe, Johann Wolfgang von. *Faust: Eine Tragödie*, Erster Theil, New York: Leypoldt & Holt, 1870.

The Greek New Testament, London: Bibles.org.uk, 2005.

Gu, Ming Dong. *Sinologism: An Alternative to Orientalism and Postcolonialism*, London: Routledge, 2013.

Hall, J. Carey. "Confucius and Comte," *The Positivist Review*, 1907, 15(169):4–9.

Hamilton, Thomas. "Marshman, Joshua," In: Sidney Lee, ed., *The Dictionary of National Biography (Malthus-Mason)*, vol.XXXVI, London: Smith, Elder, & Co., 1893: 255–256.

Harrison, Brian. *Waiting for China: The Anglo-Chinese College at Malacca, 1818–1843, and Early Nineteenth-Century Missions*, Hong Kong: Hong Kong University Press, 1979.

Heidegger, Martin. *Sein und Zeit*, in *Martin Heidegger Gesamtausgabe*, Bd.2, Frankfurt am Main: Vittorio Klostermann, 1977.

—. *Being and Time*, Trans. John Macquarrie and Edward Robinson, New York: Harper Collins Publishers, 1962.

—. *Being and Time*, Trans. Joan Stambaugh, Albany: State University of New York Press, 1996.

Hodge, Bob. and Kam Louie, *The Politics of Chinese Language and Culture*, London: Routledge, 1998.

Hsia, Adrian. *Chinesia: The European Construction of China in the Literature of the 17th and 18th Centuries*, Tübingen: Niemeyer, 1998.

Jeanrond, Werner G. *Theological Hermeneutics: Development and Significance*, London: Macmillan Academic and Professional Ltd, 1991.

Jennings, William. trans., *The Dramatic Poem of Job: A Close Metrical Translation with Critical and Explanatory Notes*, London: Methuen & Co. Ltd.,

1912.

—. trans., *The Song of Songs: A New Metrical Translation Arranged as a Drama, with Introduction and Notes*, Oxford: Parker & Co., 1914.

—. *Lexicon to the Syriac New Testament (Peshitta): With Copious References, Dictions, Names of Persons and Places and Some Various Readings Found in the Curetonian, Sinaitic Palimpsest Philoxenian and Other Mss.*, Rev. ed. Ulric Gantillon, Oxford: The Clarendon Press, 1926.

Lafitte, M. Pierre. *Considérations générales sur l'ensemble de la civilisation chinoise et sur les relations de l'Occident avec la Chine*, Paris: Dunod, 1861.

—. *A General View of Chinese Civilization and of the Relations of the West with China*, Trans. John Carey Hall, London: Trübner & Co., 1887.

Lampe, G. W. H. "The Reasonableness of Typology," In: *Essays on Typology*, Chatham: W. and J. Mackay Co. Ltd., 1957: 9–38.

Lau, D. C. "On the Expression *Fu Yen* 復言 ," *Bulletin of the School of Oriental and African Studies*, 1973, 36(2): 324–333.

Lau, Tze-yui. "James Legge (1815–1897) and Chinese Culture: A Missiological Study in Scholarship, Translation and Evangelization," Diss., Edinburgh: The University of Edinburgh, 1994.

Lee, Chi-fang. "Wang T'ao (1828–1897): His Life, Thought, Scholarship, and Literary Achievement," Diss., Madison: University of Wisconsin, 1973.

—. "Wang T'ao's Contribution to James Legge's Translation of the *Chinese Classics*," *Tamkang Review*, 1986, 17(1): 47–67.

Legge, Helen Edith. *James Legge: Missionary and Scholar*, London: The Religious Tract Society, 1905.

Legge, James. *Confucianism in Relation to Christianity*, Shanghai: Kelley & Welsh; London: Trübner & Co., 1877.

—. "A Letter to Professor F. Max Müller. Chiefly on the Translation into English of the Chinese Terms Tî and Shang Tî in reply to a Letter to him by 'Inquirer' in the 'Chinese Recorder and Missionary Journal' for May–June,

1880," *The Chinese Recorder and Missionary Journal*, (Jan.–Feb.) 1881, 12(1): 35–53.

——. *Notes of My Life*, MS. Eng. misc. d.1265. Weston Library of Bodleian Libraries, Oxford: University of Oxford, 1896.

Liddell, Henry George and Robert Scott. comp. *A Greek-English Lexicon*, Oxford: Clarendon Press, 1996.

Lin, Yutang. *The Wisdom of Confucius*, New York: Modern Library, 1938.

Lister, Alfred. "Dr. Legge's Metrical Shi-king," *The China Review: or, Notes and Queries on the Far East*, 1876, 5(1): 1–8.

Lubbock, John. *The Pleasures of Life*, London: Macmillan and Co., Limited, 1913.

Lyly, John. *Euphues; or, The Anatomy of Wit*, London: Gabriel Cawood, 1579.

Marks, Herbert. "Pauline Typology and Revisionary Criticism," *Journal of the American Academy of Religion*, 1984, 52(1): 71–92.

Marshman, John Clark. *The Life and Times of Carey, Marshman, and Word, Embracing the History of the Serampore Mission*, 2 vols, London: Longman, Brown, Green, Longmans, & Roberts, 1859.

Marshman, Joshua. *Clavis Sinica, or Elements of Chinese Grammar, with a Preliminary Dissertation on the Characters and the Colloquial Medium of the Chinese, and an Appendix Containing the* Ta-Hyoh *of Confucius with a Translation*, Serampore: at the Mission Press,1814.

Meynard, Thierry. S. J. ed. *Confucius Sinarum Philosophus (1687): The First Translation of the Confucian Classics*, Rome: Institutum Historicum Societatis Iesu, 2011.

Morrison, Eliza. comp., *Memoirs of the Life and Labours of Robert Morrison*, vol. II, London: Longman, Orme, Brown, Green, and Longmans, 1839.

Morrison, Robert. *A Dictionary of the Chinese Language*, 3 parts, Macao: The Honorable East India Company's Press, 1815–1823.

Neily, Kate J. *Fine Feathers Do Not Make Fine Birds*, Boston: Lee and Shepard, 1869.

Palmer, Richard E. *Hermeneutics: Interpretation Theory in Schleiermacher, Dilthey, Heidegger, and Gadamer*, Evanston: Northwestern University Press, 1988.

Pfister, F. Lauren. "Serving or Suffocating the Sage? Reviewing the Efforts of Three Nineteenth Century Translators of *The Four Books*, with Special Emphasis on James Legge (A.D.1815–1897)," *The Hong Kong Linguist*, (Spring/ Autumn) 1990: 25–55.

—. *Striving for "The Whole Duty of Man": James Legge and the Scottish Protestant Encounter with China*, 2 vols., Frankfurt am Main: Peter Lang, 2004.

—. "James Legge's Metrical *Book of Poetry*," *Bulletin of the School of Oriental and African Studies*, 1997, 60(1): 64–85.

Pfister, Louis. *Notices biographiques et bibliographiques sur les jésuites de l'ancienne mission de Chine. 1552–1773*, 2 tomes, Chang–hai: Imprimerie de la Mission catholique, 1932–1934.

Reiter, Robert E. "On Biblical Typology and the Interpretation of Literature," *College English*, 1969, 30(7): 562–571.

Shadick, Harold. Rev. of *The Chinese Classics*, by James Legge, *The Journal of Asian Studies*, 1963, 22(2): 202–204.

Simpson, J. A. and E. S. C. Weiner, eds., *Oxford English Dictionary*, Oxford: Clarendon Press, 1989.

The Sixth Annual Report of the Anglo-Chinese College; MDCCCXXVIII, with an Appendix, Malacca: The Mission Press, 1828.

Soothill, Lucy. *A Passport to China*, London: Hodder and Stoughton, 1931.

Soothill, William Edward. *A Mission in China*, London: Oliphant, Anderson & Ferrier, 1907.

—. *The Three Religions of China: Lectures Delivered at Oxford*, London: Hodder and Stoughton, 1913.

—. and Lewis Hodous, *A Dictionary of Chinese Buddhist Terms: with San-*

skrit and English Equivalents and a Sanskrit-Pali Index, London: K. Paul, Trench, Trubner, & Co., 1937.

Souter, Alexander et al. eds., *Oxford Latin Dictionary*, Oxford: Clarendon Press, 1968.

Spence, Jonathan. "What Confucius Said," Rev. of *The Analects of Confucius*, by Simon Leys, *The New York Review of Books*, 10 Apr. 1997: 8–13.

Ulrich, Eugene. "The Notion and Definition of Canon," In: Lee Martin McDonald and James A. Sanders, eds., *The Canon Debate*, Peabody: Hendrickson Publishers, 2002: 22–35.

Waley, Arthur. "Notes on Mencius," *Asia Major*, 1949, 1(1): 99–108.

Weber, Ralph and Garrett Barden, "Rhetorics of Authority: Leviticus and the *Analects* Compared," *Asiatische Studien/Études Asiatiques*, 2010, 64(1): 173–240.

West, Martin L. *Textual Criticism and Editorial Technique*, Stuttgart: B. G. Teubner, 1973.

Whitman, Jon. ed., *Interpretation and Allegory: Antiquity to the Modern Period*, Leiden: Brill Academic Publishers, 2003.

Williams, Samuel Wells. *A Syllabic Dictionary of the Chinese Language; Arranged According to* The Wu-Fang Yuen Yin, *with the Pronunciation of the Characters as Heard in Peking, Canton, Amoy, and Shanghai*, Shanghai: American Presbyterian Mission Press, 1874.

Wolfendale, Stuart. *Imperial to International: A History of St John's Cathedral, Hong Kong*, Hong Kong: Hong Kong University Press, 2013.

Wong, Man Kong. *James Legge: A Pioneer at Crossroads of East and West*, Hong Kong: Hong Kong Educational Publishing Co., 1996.

Woollcombe, K. J. "The Biblical Origins and Patristic Development of Typology," In: *Essays on Typology*, Chatham: W. and J. Mackay Co. Ltd., 1957: 39–75.

Wylie, Alexander. *Memorials of Protestant Missionaries to the Chinese: Giving a List of Their Publications, and Obituary Notices of the Deceased*, Shanghae:

American Presbyterian Mission Press, 1867.

Yang, Huilin. "James Legge: Between Literature and Religion," *Revue de littérature comparée*, 2011, (337): 85–92.

后 记

在获得复旦大学比较文学与世界文学博士学位之后，我于 2011 年 9 月进入中国人民大学博士后流动站，并有幸参与杨慧林教授主持的国家社科基金重大项目"中国古代典籍英译本汇释汇校"的研究工作。因此，我的博士后研究报告也围绕这一项目而展开，其研究重点主要集中在两个方面：其一，如何将"汇释汇校"这一中国传统的校释方法延伸到中国古代典籍的翻译整理与研究之中，并在中西方学术文化相交汇的视域下阐明这种跨语言、跨文化的校释活动所蕴涵的理论意义；其二，以《论语·学而》中的"关键词"为例，沉入中国古代经典注疏与西方《圣经》诠释传统，探讨在翻译过程中所形成的跨信仰的"互文关系"。2013 年 7 月，我顺利通过博士后出站答辩，并来到沈阳师范大学文学院工作。由于 2015 年获批有关《论语》英译的国家社科基金项目，我也得以将博士后研究报告中所涉及的五部《论语》英译选本进行了完整的汇校。本书即是在此次汇校和博士后研究报告的基础上调整、修订、增补而成。

在本书成书的这段时间里，有我人生中非常重要的时刻，那就是女儿的降生。她带给我很多快乐，尤其是常常用一些稀奇古怪的问题和方式来打断我的读书、写作与思考。当然，也有人生中最大的遗憾——父母的相继离世。但我总觉得他们好像并未走远，就在身边默默地关注着我，感谢父母一直以来对我的支持与照顾！

感谢杨慧林教授和我的博士导师杨乃乔教授，感谢两位杨老师在学术和生活上对我的关怀与帮助！感谢香港浸会大学的费乐仁教授，上海师范大学的丁大刚老师、郭西安老师，郑州师范学院的郭磊老师，四川大学的李果老师和香港大学的魏琛琳博士，感谢他们在文献资料方面给予的诸多帮助！

最后，感谢我的爱人李颖，是你的理解与付出才使得现在的一切成为现实！

2019 年 1 月 12 日

于沈阳师范大学汇文楼